日本刀が語る歴史と文化

宮崎政久 著

雄山閣

すべての先人、同人に感謝する。

古典、歴史書、先人の案内なしには、歩を進めることはできなかった。

日本刀の鑑定・目利きについて、浅学ながらその理解に関して、同好の諸先輩、また友人たちの教えによるところが大きい。

武術の理解では、既に亡くなられて久しいが、柳生月神流第十七代、故岡田了雲斎先生はじめ、同門の士に導かれた。太刀打ちの実際、日本刀の姿の意味、技の理合いにはじめて眼を開かれた。

◎日本刀が語る歴史と文化◎目次

序章

本書は、過去十年余、筆者が主として日本刀愛好家団体の機関誌上で発表してきた論考に章を追加し、加筆、訂正して一冊にまとめたものである。

刀剣を軸にして、日本刀が実際に使用された時代の背景や文化風俗の理解を追究したものである。直刀を生み出した古代中国から始めて、日本刀の誕生した平安中期以降江戸時代まで編年形式でまとめている。

日本刀の背後にある歴史、文化を私自身の疑問から発して、なんとか解き明かそうともがいた結果である。参考にし、また引用した情報、書籍は、すべてそれほど特殊なものではない。少し探求すれば、目にし、あるいは手に入るものばかりである。そうした情報、文章の意味するところを、なんとか感じ取ることができたとすれば、ひとえに刀剣鑑定、古武術を学んだことに帰するものと思っている。それらがなくしては、到底理解することも感じることも出来なかった。

およそ優美な反りを持つ長寸の日本刀の誕生については、日本人の美意識、感性によるところが大きい。そして誕生から発展すべてに兵《つわもの》・武士が関係している。

反りの成立について、これまで流布されて来たのは、騎乗でよりよく斬れるようにするためという説である。それはかなり疑わしいと考えている。反りは、良質な鉄の製造、鍛錬技術、研磨技術が向上して、よりよく斬れるようになった結果である。素早い操刀のために、刀の元から鋒方向へ刃がスムースに逃げていくようにするのが合理的になったのである。目を転ずれば、すでに紀元前から遊牧民族などが持つ短刀に反りが認められ、また皮などを剝ぐために尖った切っ先を有していたのであるから、反りは日本刀の専売特許ではない。内反り傾向のある長寸の騎兵用直刀に反りが出来たことに意味がある。さらに真鉄《まがね》と称される美しい地鉄《じがね》、水の流れ、あるいは雲の様、花弁の状を映したような刃文を生み出したのは、日本人の美意識、改良への追求心によるものである。

日本刀が、今日に至るまで遺され、賞玩されてきたのは、日本の文化といえる。古墳時代以降平安末期まで遺された刀剣が見られない「日本刀の空白時代」が存在する。平安末期から今日太刀と称される日本刀が残されるようになるのである。それは、武家の歴史表舞台への登場と軌を一にする。「武」が世を治めるための最重要な要件となったからである。後世に残された優秀な日本刀は、そのほとんどが神社、仏閣への奉納によるものである。一部、優秀な実戦刀や儀仗刀は、その特筆すべき来歴から代々、家々に伝えられた宝刀となり、後世に遺された。実戦で使用され、傷つき、消耗した刀剣の大部分は、再び刀剣へと鍛錬し直され、また農具、建築用具へと姿を変えたのである。格闘武器がその用を終えて、姿を留めなくなり後世に遺されないのは、本来、日本を含めて世界共通の流れである。ひとり日本のみが、刀剣に神性を見出して、世々伝え、刀剣を鍛える技を高めてきたといえる。

一方、身分を示し、あるいは慶弔時のあらたまった場で、帯びる腰刀（脇差など）は、一般庶民にまで普及して、明治の廃刀令まで禁止されることはなかった。これが今日に至るまで陸続と日本刀が新発見され、銃刀法規制の下に登録審査に提出される由縁《ゆえん》である。

今日、多くの人々が持つ日本刀、剣術に関する知識、イメージは江戸時代以降に形成されたものである。しかし、江戸時代は、実に戦いとは無縁になった時代であって、江戸時代以前の刀法は、江戸のそれとは、かなり異なっていた。また、現在の防具を着け、竹刀《しない》で打ち合う「剣道」は、単純にスポーツと考えるほうが的を得ている。また正坐したかたちから大刀《だいとう》を抜き、差しする現代居合道は、刀を抜いて戦うことの無くなった時代に、刀の扱いを忘れないようにするため、また心身を鍛えるための方便と考えたほうが良い。

実際、「剣道」では、両手で刀を持って戦うのが当然のことと認識されているが、江戸時代より前は、刀は、片手で扱うことの方が多かった。甲冑を着て、騎乗の場合は、弓を抱えて、手綱を持ったりする必要上、片手使いとなる。徒歩格闘戦で、長柄《ながえ》の打ち物（槍、長巻・薙刀）、あるいは大太刀（野太刀）の時にはじめて両手使いとなるものである。映画などで甲冑を着た敵を真っ向から、あるいは袈裟掛けに斬って、いとも簡単に倒してしまう映像があるが、実際は、有り得ないことである。甲冑を刀で斬れないのは分かりきっている。防具の外れを突いたり、差し入れて擦り斬ることになる。防具の外れとは、「眼（目庇《まびさし》）の下」、「脇」、「小手裏」、「会陰」、「膝裏」などである。さらには、兜の錣《しころ》の隙間から刀を差し入れて頸を擦り斬るという戦いになる。格闘戦段階で武将も徒歩が主体になった戦国後期では、槍が主要格闘兵器であり、打刀は、最後の武器となっているから、それを使用せざるを得なくなった格闘戦は、凄惨な状況であると想像できる。

江戸時代は、甲冑を着て戦うことが無くなり、兜や、袖・杏葉が腕の上げ、下げを邪魔しないので、自由な形が生まれて、道場では両手使いが当然となったのである。

歴とした官位を授けられているくらいの武士の戦闘様式を時代に即して見れば、平安時代から室町初期ころまでは、騎兵であった。

平安から鎌倉時代にかけての武士の嗜みは、「弓馬の道」と云われたように、弓矢が、勝敗の行方を左右する主武器であり、戦いに際しては、敵味方ともに矢を防ぐ「楯突く」かたちでまみえるのが通常であった。それ故に、矢戦から始まって、その膠着状態を突破して、味方に勝利を導く勇敢な一騎掛けなどの行為は、大いに称賛された。当時の鎧が、馬上で矢を防ぐために小さな楯を多数備えたようなもの（大鎧）になったのは、当然といえる。楯突く矢戦《やいくさ》段階から格闘段階に入ると、味方を後ろから射ることはできないから、打ち物（太刀、刀、鋒、薙刀など）を使用することになる。騎馬武者同士は、太刀で戦うが、多くは、当初太刀で数合打ち合うと「組討ち」になって、得物は、腰刀（刺刀《さすが》・短刀）に変わり、敵の首を掻いて闘いは終わる。

元寇の影響があった鎌倉末期には、今我々が「槍」と呼んでいる格闘武器が初めて登場してくる。通常槍は、実戦用の位置づけであるから、後世に残りにくいものであるが、鎌倉末期の名匠のひとりである山城の「来國次」、大和の「千手院」などの槍が今に残されている。これは、武将による徒歩格闘が行われたことを想像させる。但しまだ一部にとどまっていたと思われる。

南北朝時代は、徒歩戦《かちいくさ》が大いに進展した。身軽に走歩できる腹巻（現在の胴丸）が、鎧の主流となった。槍の登場と合わせて考えるのが合理的に思えるが、大太刀が延文・貞治年間（一三五六〜一三六七）から登場してくる。現実にも刃長三尺（九〇センチ）をはるかに超える大太刀が残されている。こうした得物が薙刀などとともに実使用されたことは、膝を守るための大立挙脛当《おおたてあげすねあて》の登場でそれと理解される。立挙付きの脛当は、この時代以降の甲冑に常備されることになる。

陰流の伝書などを見れば、南北朝から室町前期には、槍を意識した大太刀刀法の発生もありえたと考えられる。大太刀を振るうのは、小兵では無理があるので、以降、体格の良い武士の得物として続くことになったであろう。室町前期の『応永記』（別名『大内義弘退治記』）には、堺における戦闘で大内義弘が大太刀を振って縦横に斬ってまわる様が描かれている。こうした戦記物では、よく騎乗しての戦いであるかのような記述があるが、大太刀自体の重量と、相当な長さになる柄の存在を考えれば、後世に加えられた物語上の脚色であると考える。

鎌倉末期から南北朝時代、室町時代初期までは、主戦法の軸が騎兵と歩兵の間を行きつ、戻りつしているように見える。戦乱期の実戦と安定期の懐旧的・儀仗的思考とが入り組んでくるからであろう。

少なくとも室町中期以降、騎乗の武士は、馬を主に移動のために使い、集団格闘戦段階では、歩兵として戦う形が増加したと考えられる。集団格闘戦が増加して、徒歩による集団戦の時代となる。応仁・文明の乱ころには、槍部隊の存在が確認できて、戦いは一層多人数で激しいものになる。しかしまだ槍は、下卒のものであり、ひとかどの武士が得物として持つものではなかった。それが室町後期の天文年間（一五三二～一五五五）あたりから武将も槍を振るうようになってくる。そうした変化は、刀剣にも表れて、応仁・文明ころまでは武将が打ち物をフル装備すると、長巻あるいは薙刀、太刀、片手打ち刀、馬手差《めてざ》し（寸詰り短刀・六寸程度）となるが、武将が槍を持つようになると、それらは、槍と太刀あるいは打ち刀、寸延び短刀（一尺を超える程度）の組み合わせが主流になる。その変化は、格闘戦において、組討ちを行って短刀で留めを差して首を掻くかたちから、組討ちではなく、離れた位置から槍で決着を付けた後に、寸延び短刀で首を圧《へ》し切るかたちへ変化したからである。

江戸期に入って、大坂の陣で豊臣氏が滅亡、元和偃武《げんなえんぶ》となって平和の時代が訪れる。寛永十四年～十五年（一六三七～一六三八）の島原の乱以降は、幕末まで大規模な内戦は無くなり、武士のアイデンティティーが問われることになる。戦国後期以降鉄砲、大砲など火器が戦いの趨勢を決定づけるものであることは、当時の幕府、諸大名は十二分に理解していた。幕府は、徳川家を頂点とする秩序、安定を最重要課題として位置づけ、身分秩序を厳格化するとともに、安定を脅かす兵器である鉄砲類、槍などを厳しく規制した。日本刀の大小（大刀と脇差）二本差しを、武士の表象として機能させるようになる。

裃《かみしも》用の大小、儀礼の際の太刀や小さ刀など規定の刀剣拵《こしら》えを帯びる一方、大名たちは、私的な場で、様々に趣向を凝らした拵え、時代時代に流行った刀（長さ、反り、刃文）を楽しんだ。一方、富裕な町人、農民たちは、脇差の拵えに贅を凝らして楽しんだのである。

第一章　日本刀の源流―その遺伝子―

日本刀は、戦闘のための合理性と美意識によって、生み出されたものであるといえよう。しかし、そのうちに秘められた遺伝子ともいうべきものは、どこから組み込まれたのか。

優美な反りを生み出した合理性とは、どのようなものか。始まりのはじまりから見てみよう。

平安から鎌倉初期の古太刀の形状を見るに、その刃長は二尺五寸前後であり騎兵のために生まれてきた直刀の刃長に準じている上に、もの打ちあたりが「伏さっている」(1)と形容される古太刀は、まさに直刀の姿を残していると見ることができる。また古太刀が鎬《しのぎ》造りとなっている点では、西から伝わった切刃造りの系譜を引いていることは紛れもない。切先が「カマス」切先(2)（図1）となっているものは、直刀の流れであることを窺わせる。

結論的にいえば、日本刀の淵源は直刀(3)にある。直刀は、中国の漢代のころから直接、あるいは朝鮮半島経由で日本（当時の倭国）にもたらされていた。それ以前に、青銅製の剣(4)が、兵仗に、また祭祀・儀仗用に日本列島に将来されて、矛や鏡同様に国内で生産されるようになっていた。何故鉄剣が主流とはならず鉄刀となり、日本刀へとつながっていくのか。中国の話から始めよう。

1　中国における直刀の出現とその用法

直刀は、騎兵用の格闘兵器として誕生した。紀元前三世紀から前二世紀のことである。

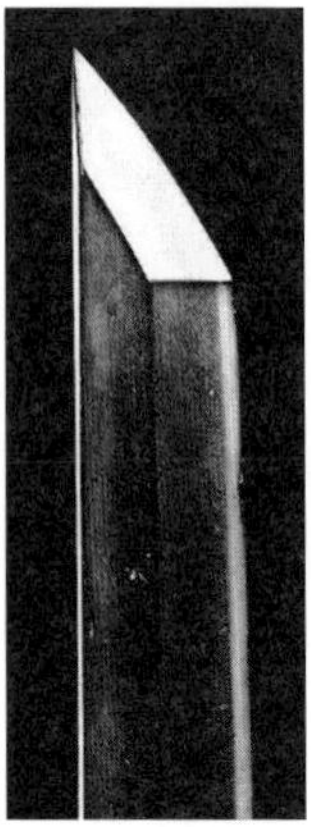

図１　カマス切先
太刀　無銘　平安時代
［愛媛県大山祇神社蔵］

中国では、春秋時代から戦国時代にかけて、会戦では馬に曳かせる戦車（戦闘用馬車）を主力としていた。二頭立てあるいは四頭立てで、通常、中央に御者、左に指揮を執る者が射手（車左）となり、右側に戈などを持って斬撃を担当する兵士[6]（車右）の合計三名が乗車する。そうした軍編成が北方遊牧民族の機動性高い騎兵に苦しめられたことから、戦国時代の趙の武霊王は、自軍に「胡服騎射」を取り入れ軍事力の増大を図った。紀元前三〇七年のことである。直刀（鉄環首刀）誕生の契機となる武霊王の歴史的決断を、司馬遷[7]は、以下のように記す。武霊王の野望とそのための不退転の決意が漢文の簡潔な表現によって見事に表現されている。

『史記』[1]　巻四十三　趙世家第十三　武霊王十九年（ルビ、読みは著者）

「今中山在我腹心、北有燕、東有胡、西有林胡、樓煩《ろうはん》、秦、韓之邊、而無彊兵之救《しかるにこれを援ける強兵はいない》、是亡社稷《これは国を滅ぼすものである》、奈何　夫有高世之名、必有遺俗之累《古風の憂い》。吾欲胡服」。樓緩曰「善」。群臣皆不欲。

そして、

王曰「吾不疑胡服也、吾恐天下笑我也。狂夫之樂、智者哀焉愚者所笑、賢者祭焉《うれうる》。世有順我者、胡服之功《胡服の功は》未可知也《計りしれないほど大きい》。雖驅世似笑我《世の人が挙って我を嗤うとも》、胡地中山吾必有之《胡と中山は必ず我が物とする》」。於是遂胡服矣。

武霊王は、趙を強国とし、胡地と中山を我が物とするには、「胡服騎射」しかないではないか、笑わば笑え、とついに決断するのである。

そして次の展開は、前漢武帝の時代である。匈奴の侵攻に苦しめられていた漢は、主に懐柔政策によって対応していたが、武帝は、強攻策を採り、騎兵を中心とした軍編成によって匈奴制圧に成功する。紀元前二世紀中から後半である。

胡服騎射を蛮夷の法としてなかなか受容しなかった中原における戦闘思想から脱却して、ようやくその機動力に着目し、積極的に騎兵をその軍制に取り入れたことによる成功であった。

そしてその時の騎兵が格闘兵器として装備したのが直刀であった。漢代に入るまで騎兵の主要格闘兵器として用いられてきたのは、青銅製の剣であり、鋳造技術が上がるにつれて前三世紀前半頃には刃長が一メートルに達するものが作られていた。剣は刺撃に利を求めたものだが、併せて斬撃でも威力を持たせるために刃をごく薄く作りこみ、秦代には「薄如紙的刃」とまで形容されるものが製造されるようになっていた。そうした姿そのままを受け継いだ形で鍛鉄製の鉄剣が、戦国末期には作られるようになってくる。それが、武帝のころに、鉄の生産量は増大して、鍛造技術の向上とも相まって銅剣を駆逐し鉄剣が主要な短兵となっていく。

そうした過程にあって、騎兵重視の思想が主流となり、騎兵用格闘兵器として問題になったのは、ごく薄い両刃仕立てとなっている銅剣、あるいは鉄剣の強靭性であった。

なぜそうなのかを述べる前に、騎兵の刀による戦闘法を説明しておく必要がある。攻撃における騎兵のいのちは、機動力にあり弓箭による遠射から、突進力を利用する格闘段階に移行した時の武器は、比較的短い柄を有する戟や刀による「斬撃」である。[8]

即ち、刀剣等によって、機動力を活かして敵を撃破していくためには、突進力を損なう「刺撃」ではなく頸部や脇などを狙った「斬撃」[9]となる。一部で想定されるような騎兵同士が、すれ違いざまに相互に「刺撃」を加えるという行為は、成功しても肩を抜いてしまったり、更に刺撃時の衝撃によって落馬の危険が大きい関係上、まずありえないことである。

図2　鉄環首刀〔初期直刀〕　前漢　1968年河北満城出土

さて先に述べたように漢代における長剣（銅製）は、その形から柳の葉と形容され、断面は鋳造品として極限にまで薄くなっていた。それを受け継いだ鉄剣においても、その薄さ故に騎馬の突進力を利用した斬撃によって曲がったり、折れたりする事が弱点となっていた。この問題の解消に採用されたのが、片側の刃を無くし、厚みのある棟とすることであった。即ち、長剣から直刀への移行である。

騎兵用として登場してきた直刀は、その用法からあまり刺撃を意識して制作されていなかったのである。そのことは、初期の直刀（図2）が刺撃時に手を守るべき滑り止め、即ち鐔（中国では、格と呼ぶ）を持たなかった事からも明らかである。またわが国に伝世している直刀で、その切先が刺撃に適していないものを、まま見かけるのはこのことによるのである。

こうして登場してきた直刀は、漢代以降、三国、魏晋南北朝に最盛期を迎え、隋を経て唐帝国にいたる騎兵を主戦力とした千年に及ぶ期間、主要な格闘兵器として用いられたのである。

初期の簡素な環頭大刀（中国では鉄環首刀）は、鉄の生産力の増大と鍛造技術の発展によって、徐々に騎兵から歩兵にまで装備されるようになり（漢から魏晋南北朝時代）、隋唐時代には、柄先端に「環」を持たず、鐔を有する短柄の長刀《ちょうとう》、わが国でいうところの唐様大刀・横刀[10]が出現する。これは歩兵にまで装備することが出来るようになるにつれて、刺撃も有効な用法となった結果、手を守るための鐔（格）を持たせる必要が生じたためと考えられる。故に当初の鐔は唐鐔でも見られるように刃と平行する方向に広い面積を有する。

今日我々が認識している直刀は、中国で騎兵用に考案され、その用法は片手使いの「斬撃」が基本であり、そのために短柄となっていたこと、そして歩兵への装備から突く、すなわち「刺撃」にも適した様式に変化していったのである。

2　古代日本の軍制と直刀

ここでは、古代すなわち奈良、平安時代以前の古墳時代のことにも触れる必要がある。というのは、特に古墳時代後期（四世紀後半以降）にあっては、その副葬品から騎兵重視の考えが色濃く読み取ることができるからである。

それは鞍、鐙、騎馬服のズボンを締めるための革帯に用いられるバックル（鉸具）、留め金（帯鉤）、騎兵を描いた壁画もその時代の古墳に見られることからも充分に理解される。そして重要なことは、そこでしばしば大量に副葬されている刀は、中国で開発された「直刀」であることで、これは何より当時の日本が、軍制から軍用装備品に至るまで中国の影響を大きく受けていたことの証左である。先に述べたように漢代から顕著になってきた騎兵重視の軍制が、魏晋南北朝の時代になって大きな流れとして日本へも伝播し、日本の統一王朝にふさわしい規模、実力を持つに至った大和朝廷が、中国の軍制に倣って騎兵重視の体制を敷くようになったと考えるべきものである。北東アジアの胡族の風に倣ったのではなく、中国の軍制に倣ったのである。それを直刀その他が示しているのである。

古代にあって、各地に官牧が設置されていたが、このことも騎兵重視を裏付けるものである。近畿における南摂津から河内一帯は、馬の飼育、馬具の制作に重要な地域であり、大陸から良馬を輸入し、かつまたそうした馬を渡来系を中心とした人々が飼育して、騎馬戦力を高めていた。

続く奈良時代から平安時代初期にかけても、一定以上の位の官人は当然の如く騎兵たるべきものであった。たとえば、『伊勢物語』に登場する恋多き男とされる在原業平（八二五～八八〇）の東下りさえ「騎乗」によるものであったことを思い起こすのである。この当時は、軍制、そしてその軍備まで唐様を導入していたのであって、直刀は、疑いも無く騎兵が持つべき兵器であり、その用法は先に述べた如く斬撃を想定したものである。遠射から敵と接触し、長・短柄兵器を持った歩兵による格闘段階に入る、そしてその後、騎兵の突撃によって敵を撃破するという戦法の中に日本の古代直刀は、おかれていた。

3　日本の古代刀

日本における鉄製古代刀は、大陸に淵源を持つ長寸の直刀であり、騎兵用の武器であったことは先に述べたとおりである。

直刀は、前漢の武帝ころから唐代に至るまで七百年を超えて用いられてきた。中国の唐代には、刃の元から伸びる茎《なかご》を木柄に差し込んで留める形式（木柄茎形式）の直刀が用いられるようになっている。柄の先端に「環」を持つ共《とも》鉄柄《てつづか》形式の鉄環首刀は、主に宮廷での衛兵が持つ杖刀《じょうとう》として残っていたと思われる。柄先端まで含めると四尺（一二〇センチ）を超える長寸のものもあり、柄を上に、鞘尻を地に着けて、胸の前に両手で持つ。唐、武庫令にいう「障刀」に当てることができよう（図3）。古墳時代の我が国における「杖刀人」の警護スタイルは、これであったろうか。

一方、八世紀当時の木柄茎形式の直刀は、正倉院に保存されている。金銀鈿装唐大刀《きんぎんでんそうのからたち》、黒作刀などであり、それぞれ「儀刀」、「横刀」に相当すると思われる。

また、七世紀から九世紀にかけて主に東北地方で使用された刀に「蕨手刀《わらびてとう》」というものがある。比較的短寸の直刀

図3　杖刀人　唐の衛兵の図
唐代　1973年陝西三原出土石槨

で、柄が刃部分と一体化した共鉄柄形式となっている。柄は、先に行くにつれて細くなり、その終端が刃方に丸く渦を巻いた形になっていることが、蕨のかたちに似ていることから、近代に入って命名されたものである。それが九世紀に入り、まず柄が棟方に反り（柄反り）、その後刀身にも反りが出る。十世紀に入ると見られなくなった刀である。そのゆえに日本刀の反りはこの蕨手刀に起源を持つものとみなされてきた。大和朝廷との交戦、交流によって平安中期に、蝦夷《えみし》のもつ蕨手刀[11]（図4）が長寸化するとともに反りを加え、弯刀《わんとう》化することにより日本刀が出現したというのである。しかし、近年の刀剣出土品の整理、分析によってその流れは、否定されつつある。まずは「蕨手刀」に触れてみよう。

4　蕨手刀

「わらびてとう」という言葉の響きは、東北の方にとっては、地元に繋がる古代のロマンあふれるものであろう。騎馬で疾駆し、馬上から矢を巧みに射て、反りのある刀を振り下ろす。若い世代では、宮崎駿監督によるアニメ「もののけ姫」の主人公アシタカの使っていた短寸の刀を思い起こす向きもあろう。蕨手刀の実際については、石井昌国氏の研究から年月を経てあらたな研究も発表されているにもかかわらず、情報の欠落を、かなり無理した飛躍によって紡いだ仮説が、いまだに定説となって浸透しているのが現状である。日本刀をよりよく理解するためには、その歴

図4　蕨手刀（長野県小県郡長和町出土）7〜8世紀　長49cm

史認識を新たにしていく必要があろう。その意味で、今回日本刀の起源といわれてきた「蕨手刀」についてあらたに論じるには、文献的に、あるいは発掘調査による考古学的情報、制作技術（史）の観点も併せた上で、広い視野での考察が必要であろう。

そもそも蕨手刀とは、いかなるものであるのか。通説は以下のようである。

・「蝦夷《えみし》」[12]といわれる人たちによって使用された刀である。
・その地理的分布は、中部地方から現在の東北地方を中心として、主に出土品として見られる。
・時代的には、七世紀から九世紀にかけて使用された。
・形状的には、突くことを主とした用法から斬ることを主体とした属性変化によって、共柄の中央に透かしが入ることになった。共柄の透かしは、斬る時の手元への衝撃を緩和して、その斬撃力を増大させることになり蝦夷の攻撃力を高めることとなった。

云々……

こうした認識であるが、個別に検討してみる。

5　蕨手刀出現の背景

地理的にその出土分布は、現在の東北地方を中心としている。しかし蕨手刀研究から早期の蕨手刀は、現在の茨城、長野、群馬などから登場してきたと判明している。蕨手刀は、七世紀に登場し、先述の地方で生み出され、七世紀後半に入って東北地方に伝わったのである。

奈良時代早々に築かれた多賀城[13]に残された碑文[2]（図5）に次のように記されている。

「多賀城　去京一千五百里
　　　　　去蝦夷国界一百廿里
　　　　　去常陸国界四百十二里
　　　　　去下野国界二百七十四里
　　　　　去靺鞨国界三千里……
　　　　　　天平宝字六年十二月一日」（一部略）

図5　多賀城碑文

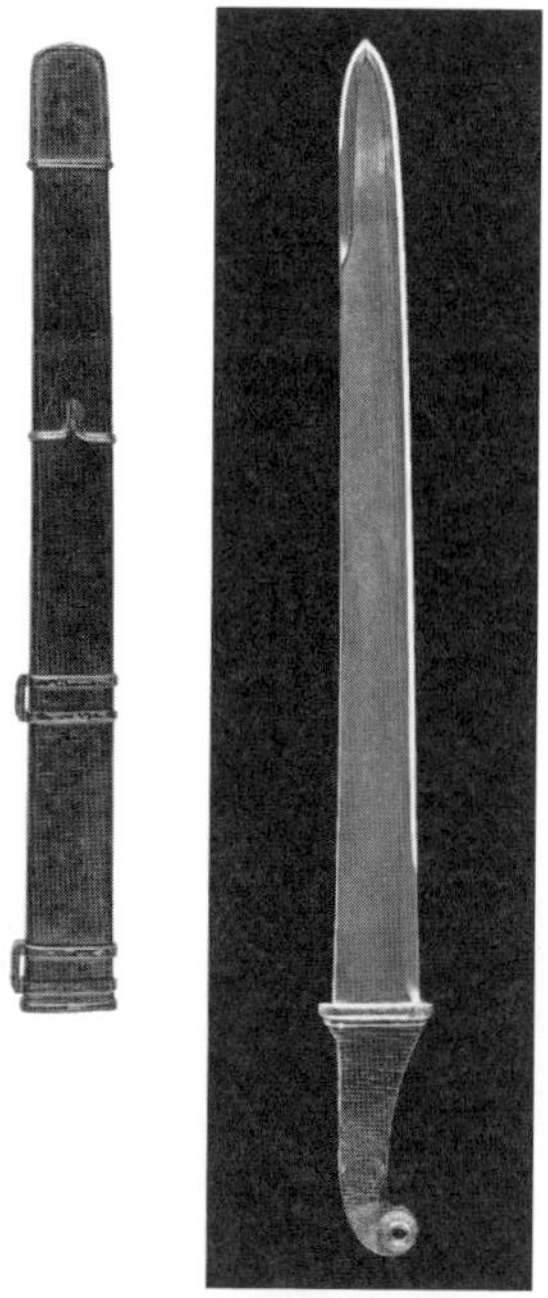

図6　鋒両刃蕨手刀
（正倉院黒作大刀第8号）

「靺鞨」[14]からの里程が記されているのは、驚きであると同時に東アジアを強く意識していた奈良時代らしいと感ずるが、多賀城の位置は、蝦夷国との境界から一二〇里、当時一里は三〇〇歩、一歩は六尺四寸、尺の規定にもよるが、およそ六三〜六八キロメートル離れている。これは、宮城県と岩手県の国境あたりであろう。当時の大和朝廷（以下「政権」）は、岩手県から北は蝦夷の国と理解していたのであり、長野（信濃）、群馬（上野）あたりから始まっ

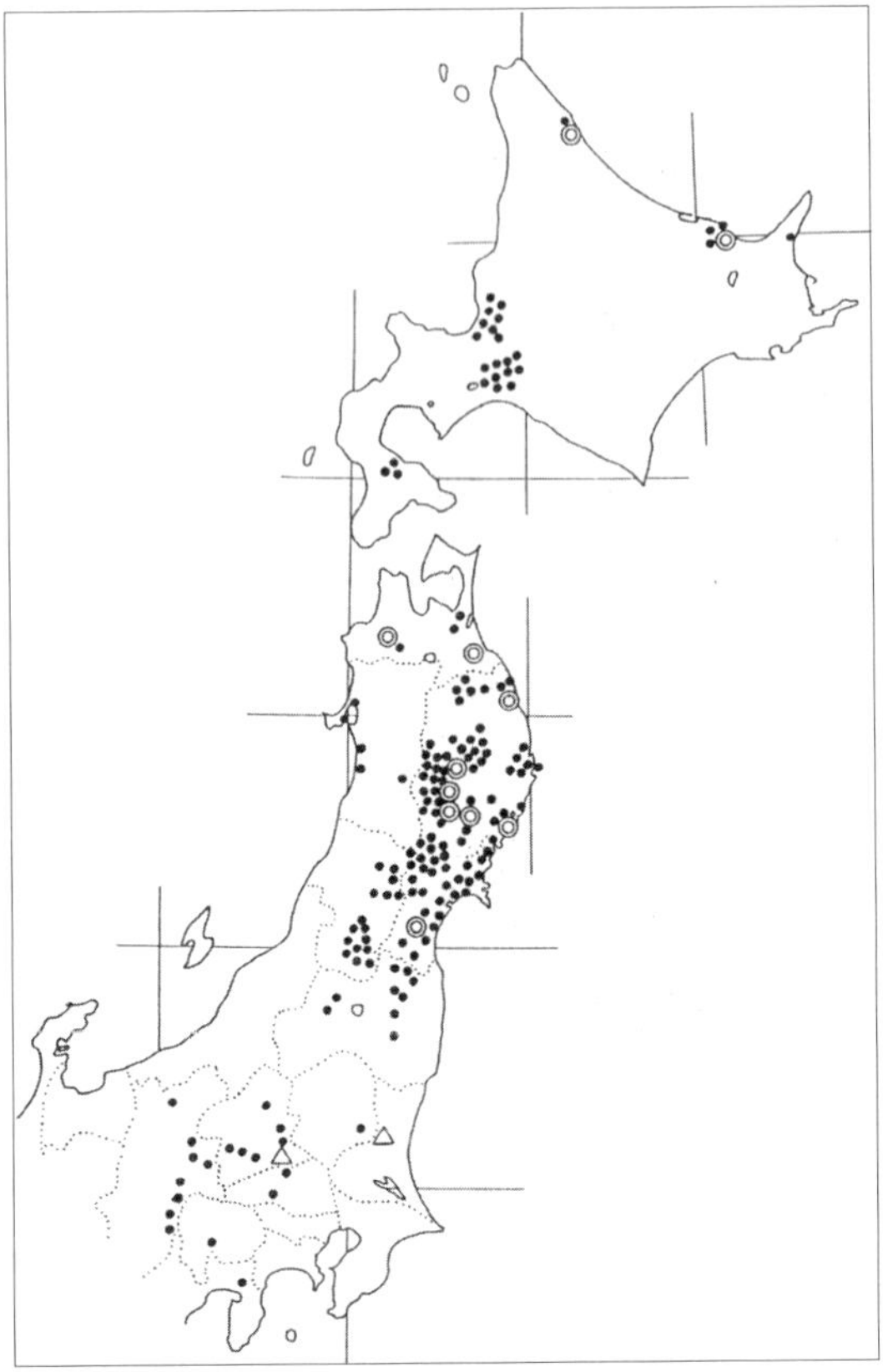

図7　蕨手刀出土分布地域

た蕨手刀は蝦夷によって生み出されたものではないのである。さらに蕨手刀出土の時代は主に八世紀から九世紀であり、政権を中心とした以南の地域では、刀剣類が副葬品として古墳から出土する時代はほぼ終わっており、刀剣の研究資料としては空白の時代となっている。この空白時代に政権側の地域に蕨手刀はなかったといえるのか。おそらく残っていたであろう。わずかながら近畿以西でも残されており、正倉院の鋒両刃（図6）で柄が樺で巻かれた蕨手刀はよく知られている。

しかし出土品の分布（図7）を見ても蕨手刀は、東北地方を中心に分布しており、同地方で広く用いられたのは間違いはない。では、なぜ蕨手刀は東北地方で広く用いられたのか。

当時の日本列島の状況として考慮すべきは、鉄の需給事情と刀剣の制作技術、加えて蝦夷に色濃く残っていた採集狩猟文化である。ここにその回答があるように思える。

第一に鉄の需給状況である。当時の東北地方で蝦夷は、鉄を潤沢に使用することが出来たであろうか。工芸製品では、交易にせよ、朝貢による下賜にせよ、政権の側から渡ったものが多いのである。鉄の場合、八世紀後半になっても次のような記述がある。

「無知の百姓、憲章を畏れずこの国家の貨を売り、彼の夷俘の物を買う。綿は、既に襖冑を着せ、鉄は、亦た敵に農器を作らしむ。」（『類聚三代格』延暦六年〈七八七〉正月二十一日官符）

第二に、刀剣制作体制及び制作技術の問題である。ここで「刀剣制作」という場合は、拵えなど刀装具も含めている。政権側では、ある程度の数量を、兵仗、儀仗ともに制作する体制が大和地域を中心として整っていたと考えられる。それは刀工、金工、木工、漆工などの技術の総合である。大和朝廷が、そうした生産体制を集中的にあるいは、統合的に整えていたことは、中国の体制に倣い、ある程度刀剣の規格化も行われていたことから明らかである。いまだ国家としての統一された体制をもたず、村落あるいはそれより広域的な集落ごとの統治段階にあった東北では、そうした統合的生産体制は、持ち得なかった。

そして核心の刀剣制作技術においては、大陸からの技術を吸収して高度な加工技術を我が物としていた大和政権側とはまだ大きな開きがあったと考えられる。「鍛錬技術」において、騎兵の伝統である二尺五寸前後に及ぶ長寸の刀を鍛錬する技術は、持ち合わせていなかったであろう。

また、刀身まわり、即ち刀装具、拵えの制作でも、政権中央において、木工、金工、漆工など、分業による制作が行われていたことは疑いがない。しかし、いまだ国家としてのかたちをもたない地域では、制作に困難を増すことは容易に想像しうる。

第三に、採集狩猟文化によって培われた弓射の技術である。

東北地方では、江戸時代においてさえ冷害などで度々飢饉が起きているのであるから、農業と併行して狩猟・採集は、東北の民にとって不可欠の「副業」であったろう。日常的に狩猟を行っていた彼らの弓射の技は、稽古でしか行わない以南の武人のそれを凌駕していたと考えられる。蝦夷が弓射に長けていたということは、当時の中国側資料でも確認できるものである。たとえば次のような記述が残されている。

「其の使、髭の長さ四尺、尤も弓矢を善くす。箭を首に挿し、人をして瓠《ひさご》を戴きて立たしめ、四十歩にして之を射て中らざること無し。大唐顕慶四年（六五九）十月、倭国の使人に随いて入朝す。」（『通典』[3]巻一八五 辺防）

勿論、当時東北地方でも、農業中心の社会へ移行していたと思われるが、なお生活あるいは文化的に必要な狩猟に、日常的に使用されていた弓矢の存在は、相対的に戦闘における刀剣の重要性あるいは、必要性を低下させていたという想定が成り立つ。

これら三つの状況を総合して考察すると、蕨手刀の東北普及の有様がみえてくる。つまり、不足気味の鉄需給状況、刀剣という武器の必要度、未発達の刀剣制作体制・技術、こうした実情に合わせた形で、蕨手刀は、地域に最もふさわしい刀剣として普及した。蕨手刀が出現したと考えられる蝦夷の地以南でも、当初は同様の状況であったろう。

「蕨手」と名づけられた特徴ある共鉄柄は、総合的かつ高度な刀剣制作分業体制の欠如によるものである。共鉄柄刀剣は、その制作工程のほとんどが、鍛冶仕事のみで完了する。その他の技術は、最小限で済ますことができたのである。

先に紹介した正倉院の鋒両刃蕨手刀は、刃文が焼き落としてあり[15]、鎺《はばき》の下地もなく、鞘口に鎺止めの堰《せき(とめ)》もない。そして刃長一尺五寸七分強（四七・八センチ）の比較的短寸であり、このことは、今、述べた状況を示すものと考えられる。

6　蕨手刀の用法及び騎乗との関係

『考古学雑誌』に発表された津野仁氏「日本刀の成立過程」[4]によれば、蕨手刀などの柄反り、腰反りは、茎形式の木柄にやや先行するということである。そして、柄反が出てくる所以を、刺す機能を考慮したものであるとしている。

「東北北部の刀は概して短寸である。…略…刃長平均一尺三・四寸である（八木氏一九九六）…。このような短寸は文献史料の九世紀後半以降の「刀」に類すると判断でき、同様の使用法であったと推定できる。…略…反りのある刀は柄を順手で握ると手首の角度からみて、刃は斜め上に向き、この角度は刺すのに効果的である。」

この見方は間違っているとはいえないが、刀剣の用法を単純化しすぎていると思われる。

蕨手刀の姿を見てみよう。柄の長さがごく短いのが分かる。これは、片手で操刀することを意味している。そして重心が刀身の方に大きく偏っていることから、共柄を握って刺撃の態勢を維持することが難しいことも理解できる。また甲冑を着けた敵との格闘を想像してみれば、突く体勢で蕨手刀を構え、突きを入れた場合、上から振り下ろされた一撃で、蕨手刀は、いとも簡単に叩き落されてしまうであろう。刺す・突くというのは、鉾や槍とは違って、柄が十分な長さを有していない時には、相当の危険を伴うものである。刺撃を主要な用法としていた「剣」の場合は、先に述べたように「紙のように薄い」刃として、重心バランスに配慮してあり、両刃で長い刃長が、剣による刺撃を有効なもの足らしめている。勿論、これによって、蕨手刀による刺撃操刀をすべて否定するつもりは無い。

蕨手刀の操刀を考えてみると、重量バランスからして、構えは、刀身を上から斜め上方にして、肩に担いでいると考えるのが素直に思える。この構えは、後々戦国時代に至るまで、戦闘時に刀を持って前進するときの体勢として受け継がれている。敵と接触して格闘戦に入る時、蕨手刀での初撃は、上方からの斬撃となるのが、刀を肩に担いだ体勢からして自然である。振り下ろした刀は、肩を軸とした振り子の反動を利用して、斜め上に突き上げる攻撃に移る。また、右上から左下に斬り下ろした時は、手首を返して、左下から右上へと斬り上げる。こうした流れが、攻撃のパターンとして考えられる。つまり、この場合、斬撃あっての刺撃というのが真実であろう。

蕨手刀と呼ばれる所以である柄部分の形状も、あきらかに斬撃を考慮したものである。柄頭に向かって柄がやや細くなり柄頭が刃方へ返っているのは斬る瞬間の指の動き・掛かりを考慮したものに他ならない。直刀や方頭柄刀の一部に中央（あるいは中央から先）がやや細く絞られた形に柄（あるいは茎）が作られているのは、こうした効果を狙ったものである。蕨手刀の姿は、短寸ながら、あるいは短寸ゆえに斬る効果をあげようとした結果といえる。

付け加えれば、東北での蕨手刀を武器としてのみ限定して見ることも再考すべきかもしれない。蝦夷と呼ばれる人々が採集・狩猟に出るときに「山刀」的に使用したのが東北での始まりかもしれないのである。

これまで一般的に述べられていた「蕨手刀に加えられた柄反りが、騎乗斬撃力を増加させ、それが当時の刀剣に反りを持たせる原動力となり、彎刀である日本刀が登場する契機となった」という認識は、改める必要があろう。騎乗して戦う為に、刀は長寸が望ましい、そしてその原型たる直刀と結びつけることの出来ない蕨手刀を、日本刀の源流とするのは、もともと無理があったのである。

蝦夷を語るときに欠かすことの出来ない「馬」にしても考古学的には、大陸の北方民族からオホーツク海を越えて渡ってきたというよりは、中国あるいは朝鮮半島経由で大和政権に伝わったものがさらに蝦夷に伝わったという認識がある。東北以北出土の馬具も政権に連なる形式のものが多く、大陸の沿海州地域で馬に関する出土資料が発見されないというのが真実である。

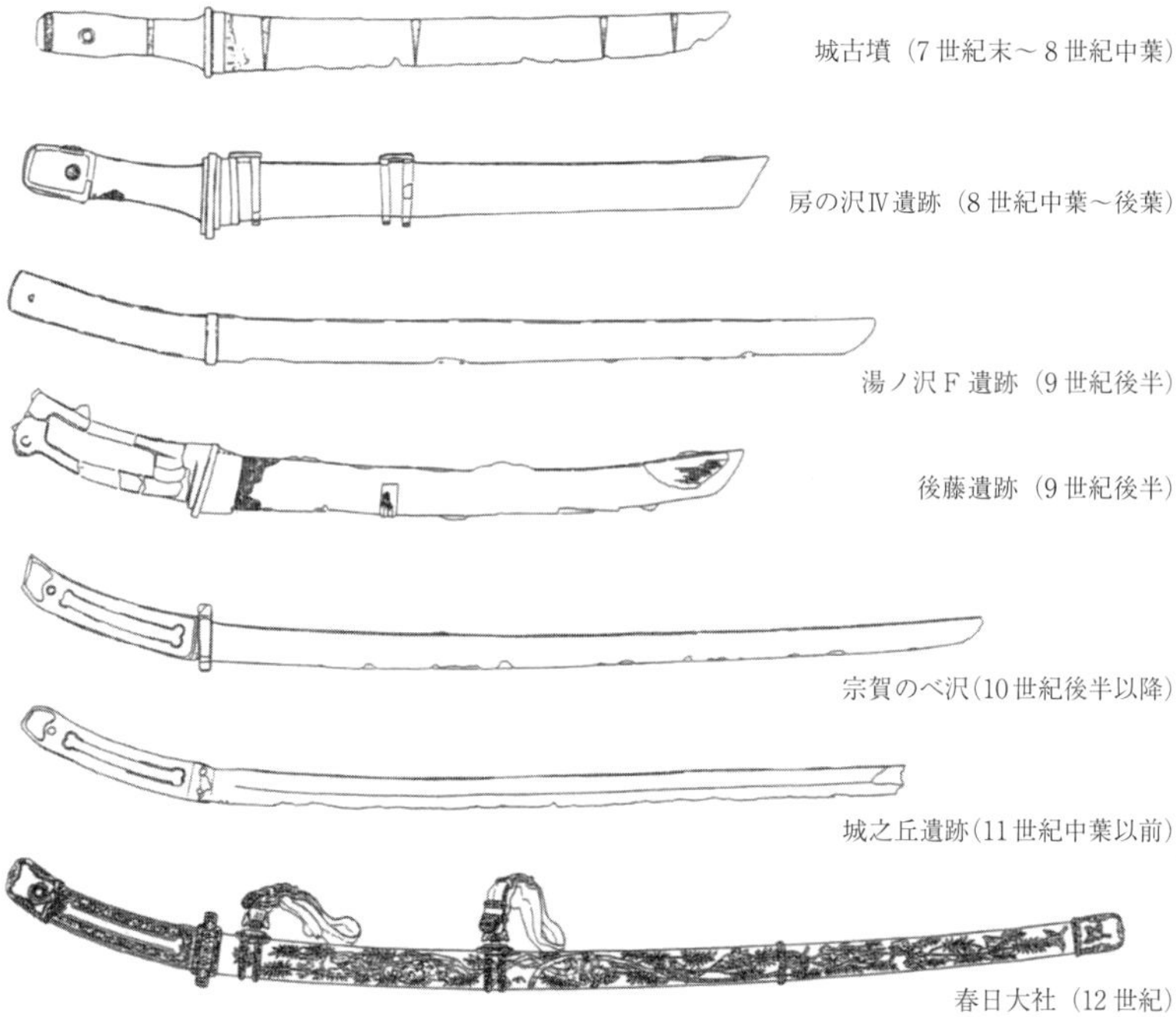

図8　方頭大刀から毛抜透太刀

蝦夷の騎乗、蕨手刀、弓射の関係について、筆者は次のような流れをひとつの仮説として提示したい。

①政権側との交流によって伝わった蕨手刀は、蝦夷にとって欠かすことのできない副業であった狩猟等用「山刀」的機能、そして勿論戦闘用にと複合的に用いられたのが当初であった。当時馬も主要な入手先であったのは、政権からのものであり、馬を戦闘用に使用（軍馬）する意識は、まだ濃くなかったと思われる。狩猟自体も徒歩《かち》によるものが主であったと思われる。

……七世紀から八世紀初

②馬の飼育も東北では、その気候、風土が合っていたため良馬を産出し、その数も増える。当然のことに戦闘に使用される機会も増えてくる。騎乗での狩猟、騎射も普及することになる。蕨手刀は、騎乗斬撃というよりは、矢を打ちつくしたりした時など、組み合っての

格闘戦で用いられる武器の位置づけであった。

……八世紀以降

③東北の馬の評価は定着。馬が戦闘に使用される頻度が増してくる。政権側の支配、課税を嫌う蝦夷の叛乱が増加して戦闘が拡大、激化することも多くなる。鉄の入手も比較的容易になり、また騎乗斬撃をより効果的にするために蕨手刀は長寸化するが、共鉄柄であるために重量・バランスが悪くなり、対策として柄に透かしをいれるようになる（同様に共鉄柄を持つ方頭共鉄柄刀も透かしをいれるようになる）。（図8参照）

……八世紀後半以降

④騎乗は板についたものとなってくる。[16] 蝦夷は、政権側に対して個々の叛乱、戦闘では勝利を得ることも少なくなかったのであるが、大きな組織、体制をもつ大和政権に従わざるを得ないことになり、大規模な叛乱は三十八年戦争[17]以降収束に向かう。蕨手刀は、重量・バランスの点から更なる長寸化には適さず、東北地方でも茎形式の刀に収斂されていく。しかし東北は良馬の産地として定着していく。

……九世紀以降

このように蕨手刀は、騎乗と生産体制の充実によって長寸化し、手元の重量軽減のために柄に透かしをいれるようになる。それは、比較的短寸の、東国で顕著に見られた方頭共鉄柄の刀と同様の流れであった。

註

（1）**伏さる**：もの打ち[5]あたりが直線状になっている、あるいは、刃方へ内反り的になっている。直截的な表現をすれば、反りが少なくなっている状態を指す。反りが少なくなったのは、どういう理由からであろうか。ひとつには、直刀からの名残を留めていることが考えられる。いまひとつは、刀剣の欠損は、切先に多く、それを砥ぎによって修復しようとすれば、刃側はできるだけ残そうとするものであり、棟方から欠損を修復することによって反りがなくなってくるというもの。各太刀によって異なるし、全部をひとくくりにどちらが「伏さる」理由かを決めつけることはできない。

（2）**カマス切先**：鋭角にとがった形をなす切先をいう。現在みる日本刀の切先は、刃から切先の先端に向かって曲線をなしている。この部分は、「フクラ」と呼ばれている。

（3）**直刀**：直刀に多い短かい柄は、片手使いによるものである。

（4）**剣**：両刃形式で鋭く尖った切先を有する。青銅器の時代から格闘兵器として造られた。鋳造の青銅製であったから、腐食に強く、鉄製に比して陵墓などで発見される割合が高い。中国の戦国時代末期ころにはその製法も精緻なものとなって、ごく刃の薄いものが生産されていた。やがて鉄製の刀剣に取って代わられることになる。

（5）**もの打ち**：刀剣の刃のうち、敵に打当て斬る部位の意味とされる。切先に至る三〜四寸（一〇センチ内外）の部分の呼称。但し、実際は、そこに当てて斬ると考えてはいけない。刃がもの打ちあたりに至ってもっとも切れる、その部分の名称と捉えるべきである。

（6）**馬車の右側に乗る兵士**：左側にある主君あるいは上司を守って武器を振るうため、上司側からこれを「右腕」といった。またこうしたことで、馬車に限らず、位の上の者が左側に位置するようになった。

（7）**司馬遷**：前漢の人。紀元前一四五〜八六、『史記』百三十巻を著した。武帝が匈奴を討つために遣わした李陵が敗れて捕虜となった時に、李陵の弁護をして武帝の怒りを買い、宮刑に処せられた。宮刑とは、子孫を残せなくするために男性器を切り取る。当時の思想からは、耐え難い刑罰であった。

（8）**短い柄**：戈や刀の柄の短いのは「片手使い」によるものである。騎乗では、左手で手綱を持ち、右手で兵器を持つ。

（9）**騎兵による斬撃**：主に「打ち斬り」であろう。敵に打ち当てて、すれ違う時の速度を利用して擦り斬る、のである。

（10）**唐様大刀・横刀**：刀剣の様式について唐時代には、唐六典、武庫令に「刀之制有四」とある。一、儀刀、二、障刀、三、横刀、四、陌刀であるが、「儀刀」は、儀杖用、「障刀」は守り刀、「横刀」は実戦用、陌刀は先陣、前列用の長さ一丈（三メートル）に及ぶ長柄の大刀といわれる。

(11) **蕨手刀**：柄が棟方へ反るというより、共柄の幅が柄頭へ向かって狭くなっていく形を採る。さらに蕨の渦は刃方へ巻いている。これによって斬撃力を増大させるものである。しばしば見かける内反りの直刀も同じ働きを期待されたものである。
(12) **蝦夷**：「かつて東北以北に住み、大和政権に従わず、以南の人々とは異なる生活文化を持っていた人々」とする。
(13) **多賀城**：神亀元年（七二四）に築かれたとされる大和朝廷の対蝦夷城柵。現在の宮城県多賀城市にある。こうした施設から鉄などの素材、稲作、刀剣鍛造などの工芸技術が伝播したと考えられる。
(14) **靺鞨**：六世紀から七世紀ころ大陸の沿海州に居住していたツングース系諸部族の統合的名称。これから分かれた渤海は、八世紀末から十世紀にかけて日本に貿易の利を求めて朝貢したこともある。
(15) **刃文の焼き落し**：刃文が茎に至る「刃区《はまち》」まで焼き入れられておらず、茎の手前で幅を細くしてなくしているもの。区によって鎺《はばき》を止める刀剣の姿以前に、刀の茎より少し上に小穴を開けて刀剣に鎺を取り付けた。その位置まで焼き入れが施されていると、堅くて小穴を開けにくいので、焼き落したもの。
(16)「弓馬の戦闘は夷獠の生習、平民の十もその一に敵するに能はず」（『続日本後紀』承和四年〈八三七〉二月八日条）
(17) **三十八年戦争**：宝亀五年（七七四）から弘仁二年（八一一）まで続いたとされる大和朝廷と蝦夷の個別あるいは部族連合との長期に亘った闘争。宝亀五年の按察使大伴駿河麻呂の蝦狄征討に始まり出羽の伊治公呰麻呂《これはるのきみあざまろ》の乱（宝亀十一年）、失敗に終わったとされる征東大使、紀古佐美らによる大規模な蝦夷征討（延暦八年）、阿弖利為《アテルイ》でもよく知られている坂上田村麻呂の遠征などを経て弘仁二年の文室綿麻呂による征討で終結したとされる。

第二章　日本刀の「反り」が意味するもの

彎刀、すなわち刀身に反りを持つ刀は、日本でどのようにして生まれてきたのであろうか。

栃木県埋蔵文化センターの津野仁氏は、最近の（二〇一〇年頃までの）出土資料を元に、九世紀ころから柄反り[18]が出始め、十世紀ころにはほぼ完成すること、東北地方の比較的短寸の刀が時期的に若干以南の刀に先んずることを明らかにした（「日本刀の成立過程」[4]二〇一〇年）。しかしながら、何故、反りが生まれたかについては、明確な文献史料が、存在しないこともあって、仮説はあっても、納得、得心にいたる仮説は提供されていないと思われる。

ここで、今ひとつの仮説を提供する。

1　直刀の意味

鉄環首刀[19]（環頭大刀）が、日本に将来されてから、彎刀が登場するまでに相当の年月が経過している。後漢時代にもたらされたとして八百年、三国時代としても七百年は経過していることになる。

刀剣は、焼き入れをして刃を作る時に、大なり小なり棟方に反るものである。真っ直ぐなあるいは内反りにするのは、通常の（外）反りを持たせるよりも制作に困難を伴うかもしれないのである。この間、なぜ反りをもたなかったのであろうか。いくつかの要因が考えられる。格闘用武器としての刀剣といっても、大きく二つの流れを考える必要がある。ひとつは、二尺五寸前後の長寸の大刀、いまひとつは、比較的短寸の刀（腰刀的）である。日本刀の反りを語る場合、

図9「戈《か》」　中国戦国時代　湖南省出土品描画

図10「鈎《こう》」　中国秦代　陝西省出土品描画

長寸の大刀を主に考えるべきである。日本刀という時には、主に平安期以降誕生した反りを持つ長寸の大刀の事を意味している。大刀が反りを持たなければ、大刀は、日本刀たりえなかったからである。

後年、日本刀の「太刀」となるべき大刀（直刀）が、永く反りを持たなかったのは次の要因が考えられる。

①戦闘様式要因：大刀による格闘は、主に騎兵によるものであり、歩兵による大刀での格闘は、まだ一般的ではなかった。騎兵用の大刀に反りが必要と云う認識はなかった。

鉄に希少性があり、刀剣を収める拵えの制作の難度も考慮すれば、長寸の大刀は、まだ貴族階級のものであった。騎乗での太刀使いは、機動力、突進力を活かした斬撃が主体となる。敵の頸部、脇などを狙って打ち当てるというべきか、さらに引っ掛けて、それから馬の走力を利用してそのまま刃を擦って斬るのである。

これは、甲冑を着ている敵に、効果的であったと思える。中国の戦車で用いられた「戈」[20]（図9）の形状が、内に湾曲していて、引っ掛ける形になっていたことも同じ効果を狙ったものと云える。さらに「鈎」[21]（図10）という短兵があって、両刃になっており、内側の形状を見れば引っ掛けて斬るという効果を考えたものと理解される。

故に斬ることをより効果的に行う「反り」の必要性を、古墳時代から平安前期にかけての騎兵は感じていなかった。また、馬上からの斬撃には、刀の長さも武器として重要なことであって、反りは寸を減じさせるため、そうした変化は求められなかった。

②刀剣の機能的要因：日本に将来された当初の直刀は、現在我々が考えているようには、斬れなかった。

当初の大刀は、さほど切れ味鋭くなかったことから、その用法は、敵に打当てて、引っ掛けるようなかたちで、抵抗力も利用して擦り斬ったと考えられる。より効果的に斬るためには、大刀の姿は、「直」あるいは、やや「内反り」の姿が求められていたと考えられる。世に残されている直刀のうち、相当数が、わざわざ内反りの姿になっていることから理解できよう。

③思想的要因：「直」であることをよしとする思想。

直刀は、前漢の時代から数えると九世紀前半で約千年の間使用されてきた。唐代では、古制に基づく儀仗刀、また宮城内を守る者の杖刀として用いられた。日本でも直刀は、伝統ある刀剣として「直」であることが重んじられたと思われる。「直」は、「正・善」であり、それに対応する「曲」は、「邪・不善」と考えられた。また「古制」を尊ぶ考えがある。これは弯刀が定着して以降も飭劔では、直刀が正式とされていたことからも考えうる。

そうした崩しがたい状況から、どのように反りを持つに至ったのか。

2　弯刀化の条件

一般に、日本における弯刀、即ち日本刀は、平安中期に、東国での蝦夷人という異種族との接触、そして交戦によって蕨手刀の利点を知り、蕨手刀が長寸化して、同時に反りを加えつつ弯刀化することにより日本刀が出現したといわれる。果たしてそうであろうか。

先に述べたように、大刀（直刀）は騎兵用の武器であったから、騎兵用に求められる機能、用法の要因から理解するのが合理的であろう。その時代の格闘戦での合理性は、思想性に優先するであろう。

大刀（直刀）の機能向上による変化

騎兵の第一義は、機動性にあって、その場合の大刀は、突進力、機動力を生かす用法である。そのために先に述べたように敵に引っ掛けて擦り斬ることが通常であった。打当てて敵と交差する時の抵抗力・摩擦も利用して斬るということは、今の日本刀に対する常識とは異なって、大刀があまり切れ味鋭くなかったことによるものであった。大陸から直刀が将来されて以降、鉄の質、鍛錬法の向上、研磨技術の向上などによって、大刀は、徐々に今日われわれが認識するような切れ味の鋭利な刀剣へ変化していったと考えられる。機動性を生かすには、敵と接触して斬撃した後に素早く次の行動に移せることが望ましい。斬る効果を、抵抗力、摩擦に求めなくとも、鋭利に斬れるのであれば、刃が当たった面を滑って、敵が進む方向とは逆に刀が進行方向へ逃げていくことが望ましい。

切れ味が鋭くなったことによって敵に打ち付けた後、「摩擦力で擦って、斬る」のではなくて、操刀の点で「刃を滑らせて、素早く斬る」ことが望まれる。それは、これまでの内反りとは逆の「(外) 反り[22]」を持つことであった。

馬上格闘の日本的変化

先に述べた騎兵重視の考えが崩れて軍制の上位にある官人達が軟弱な貴族化してしまうことが明確になるのは平安中期である。

寛平六年（八九四年）五月の『政事要略[23]』にあるように「……而頃上下惣好乗車」という状態となり女性用の乗り物と認識されていた車に貴族が挙って乗るようになったことが知られる。これは、唐・新羅といった大陸の国を想定した対外臨戦体制が終わり、比較的平和な時代の到来したこと、またそれと併行して有力官人が武人として機能しなくなり、文人として中央貴族化したことが大きいであろう。

新羅などとの国際的な緊張関係が減少して、国内でも大和朝廷の力が九州南部、東北にまで及び隼人、蝦夷人との抗争もほぼ収まった十世紀の環境にあって、国司などは名のみで赴任もせず、郡司以下に任せきりの状態も増えてくる。こうした時代にあって、騎馬にたくみであるのは、地方における郡司、名主《みょうしゅ》階級となり、律令体制における官人による騎兵とは異なってくる。

各地で反乱や、賊徒鎮圧の戦闘を担うものも、中央から徴兵によって組織された軍団から、地方で個別の権利、土地、族人を守るためのいわば私兵へと移行していくのである。

律令体制下の官人による軍団編成から変化して、地方から中央の本家、武家貴族の下に参集して、都での治安維持の奉公へ上がる各地兵団が奉公する傭兵的体制となる。異国の大軍や異種族との会戦を意識した軍制及び戦法から、中央での内乱、地方での反乱など、比較的小規模の戦闘が主であることを前提にした体制、戦法に変化するのである。そこで生まれたのが「一騎討ち」(24)という勝負作法である。これが頑固に「直」を受け継いでいた大刀に「反り」を生む大きな原動力のひとつになったと考えられるのである。

以下に「一騎討ち」の流れを簡単に述べてみる。

地方での争いの解決に、騎馬武者が「一騎討ち」を所望する場合、まず「名乗り（氏文読み）」を上げて敵手に己の支配する地と名前を明確にして相手に告げるのである。

自分が戦うにふさわしい敵手が見つかると、馬を巡らせながらある程度離れた距離から互いに矢を射掛け合うという「矢合わせ」に始まり、その後、駒を寄せての格闘段階に入る。暫く太刀を打ち合ってから、多くの場合、より近接した距離に入って組討ちとなる。そして多くは、首級を挙げることまではせず、降参すれば命は助けるというのが一般であったと思われる。

平家の侍大将である越中前司盛俊に押さえ込まれた武蔵国住人則綱は次のようにいう。

『平家物語』巻第九越中前司最期[5]

そもそも名乗るをばきき給ひてか。敵《かたき》をうつといふは、我も名乗つてきかせ、敵にも名乗らせて頸《くび》をとつたればこそ大功なれ。名も知らぬ頸《くび》とつては、何にかし給ふべき。

さらに、則綱は次のようにいう。

まさなや、降人《かうにん》の頸《くび》かく様《やう》や候ふ。

これに対して盛俊は、「「さらば助けん」とてひきおこす。」のである。

これは、源平合戦という敵を殲滅する総力戦である。またそれは一の谷合戦後のことで、盛俊は、その合戦の負けを認識していたにもかかわらず、身に付いた「一騎討ち」作法を申し掛けられると、つい応じてしまう哀しい性ともいうべき勘違いの逸話といえよう。

この「一騎討ち」での太刀打ちは、馬を疾走させてすれ違い様に攻撃を加えるのでなく、「駒を寄せて」の打ち合いである。そして太刀打ちでは、「刃」のみならず、「棟」も活用していたと考えられる。こんにち、その棟に切り込み痕のある古刀もまま見かけることがある。そのように棟で敵の刀を払うという防御のみならず、棟方で、敵を甲冑の上から「打つ（敲く）」という攻撃も加えられたであろうことは、実戦として想像に難くない。特に、日本の初期の兜は、その緒が、顎から外れやすい構造のものだったようである。「強く打たれると衝撃で脱げてしまい、その為に首をとられたという記述が平家物語延慶本にある」との近藤好和氏の指摘[25]がある。

こうした刃棟両方での文字通り「打つ」という攻撃において「反り」は、斬撃力を強化するとともに、「打つ」時の衝撃を和らげ、刀身を曲がりにくくするのにも有効であることが徐々に認識、理解されてくる。更に、攻防の中で打ち、払いするために「反り」は、太刀を手の内でくるり、くるりと反転させて刃側と棟側を持ち替えるに具合がよいのである。太刀のように馬上で片手使いする武器ではなおさらであり、「手貫き緒」には、太刀を落とさぬためという以上の利点があったと理解される。まさに太刀は、「打ち物」といえるものであった。

なぜ集団としての戦闘の最中に駒を止めての一騎討ちというような勝負がなされるのか。状況をまとめると次のようになる。

①七世紀後半以降、大陸からの侵犯の憂いがなくなった国際情勢
②国内においても隼人、蝦夷といった異種族との抗争も収まりつつある状況の現出
③律令体制がなお制度としての力を残しつつ、形骸化して地方勢力が力を伸ばし、班田に対して私田が生まれ、増加してくる時代背景の下に、地主や下司層が武力で、自領、権利を守り、その正当性認証を中央の貴族や社寺の権威に頼るという関係の現出

つまりは在地武家の発生である。初期の武家は頼るべき強い長を求め、また長は頼られるべき存在であることを衆に示す必要があった。また、一族、一党が開墾し、あるいは管理している田畑は、まさに自分のものであると権利主張し、その正当性を認めさせようとする（一所懸命）。誰が誰に打ち勝ったかを周知させる必要性。それが「上」に対しては「功」、手柄を認めてもらえる手段ともなる。この一種のプロパガンダ、デモンストレーションといえる意

識が、地方における騎馬武者の新しいゲーム的勝負の形式として「一騎討ち」を生み出したのである。日本のいわゆる「一騎討ち」とは、どちらがリーダーシップを執るかを決めるための勝負形式であった。執る日本刀の反りは、「一騎討ち」という勝負様式からの要請でもあったと考えられる。

3　反りの系譜

弯刀は、いったい日本国内のどこで生まれてきたものであろうか。それは、一部東北も含めた東国であると考える。それではなぜ弯刀が東国で発生したのであろうか。東国には、地理的位置、つまり律令体制、荘園体制に属しながら都から距離があり、先にのべたリーダーシップをいづれが執るかの勝負が生まれる条件が整っていたと思われる。加えて、八世紀から九世紀にかけての『扶桑略記』を初めとする文献に、蝦夷の馬に関する記事が現れているように、良馬の産地としての名声も定着している東国の環境。よく斬れるようになった刃によってより素速い操刀を可能にするために、歩兵用の比較的短寸の刀から柄反りが生じ、騎兵用長寸の大刀へ波及する。

日本刀の先駆けといわれてきた蕨手刀は、七世紀から九世紀まで三百年弱制作されてきた。九世紀初に坂上田村麻呂(26)が征夷大将軍として東国を平定して以降一部地域を除いて蝦夷人は大和朝廷に取り込まれ融合していくことになる。この取り込み、融合の結果、実態として蕨手刀はその伝統的姿態としては終息に向かうことになる。そして進んだ西国、畿内の製鉄技術、刀剣の制作技術が導入されてくる結果、馬乗で有利な長寸の刀への収斂が起こったと考えられる。蕨手刀の柄反りが、真の意味で進展してくるのは、九世紀前半以降であり、斬ることへの追求、当時の刀が、鋭く斬れるようになった結果である。それは、多少の時間軸のずれを伴いつつ、蕨手刀以外の共鉄柄刀も同様に柄反りを持つようになり、それらの長寸化も同時進行する。これは、大和朝廷による東国経営の進展以降、急速に進行したものと見ることが出来る。蕨手刀で見れば、刀身の長寸化と柄反りが併行したものである。同時期に、柄に反りを持った茎形式の刀も出現し始めている。

あえて言えば、西国系の鍛冶達は茎仕立ての大刀を、東国系の鍛冶達は、共柄仕立ての刀として毛抜透大刀を制作していくようになったと推定できる。目的から来る形状は同様でありながら、所属する鍛冶集団の違いよって、茎仕立てと共柄仕立ての二つの系統がほぼ同時並行的に生まれて断くる。遺例は少ないながら、初期毛抜形太刀（図11）と時代が近いと思われる茎仕立てで柄が大きく反り、区から上は反りの少ない、古太刀への移行期か、あるいはその姿を色濃く残した太刀遺例も確認できる（茨城県大宝八幡宮旧蔵太刀や、愛媛県大山祇神社）（図12）。日本の刀剣は、茎仕立て、共柄仕立てともに十世紀に入って、ほぼ同時並行的に、かつ急速に彎刀化していったと考えられる。

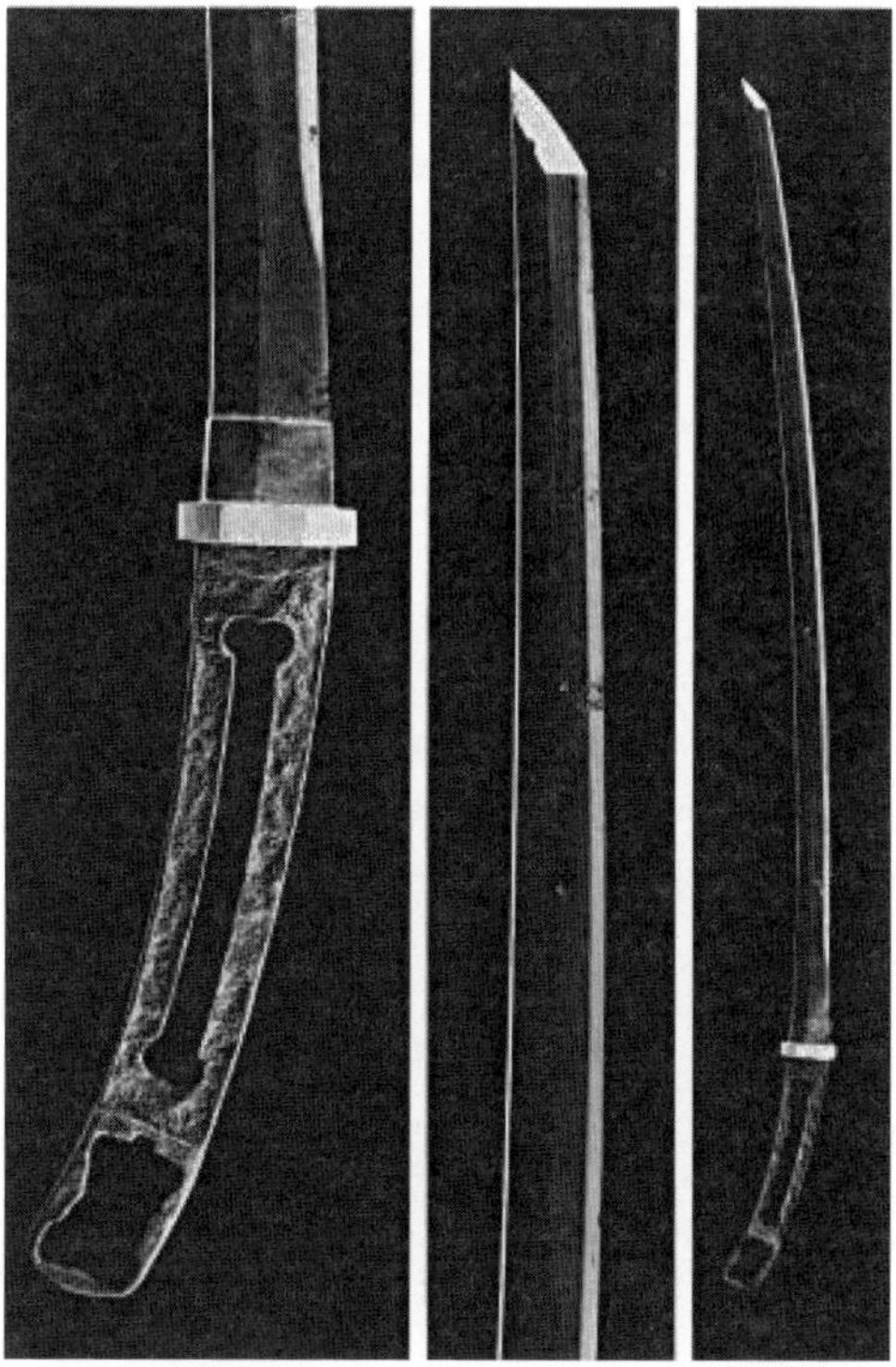

図11　毛抜形太刀　重文　無銘［滋賀県宝厳寺蔵］

平将門、藤原秀郷らが活躍した承平・天慶の乱（九三五年～九四〇年）は、武家勢力の発展と彎刀の登場を象徴している。

蕨手刀や方頭共鉄柄刀は、長寸化するほど、刀を振るう時の重量バランスの悪さ、堅いものを打った時の手への衝撃など、使い勝手の良いものではない。実戦用としては、茎形式木柄の反りを持つ大刀（太刀）へと淘汰収斂していくことになる。

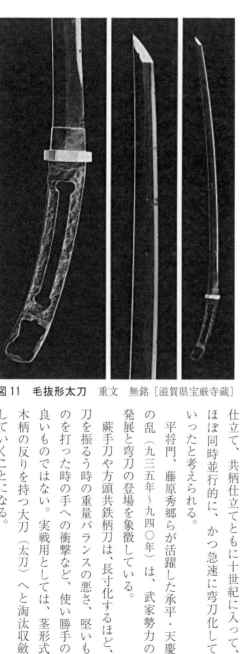

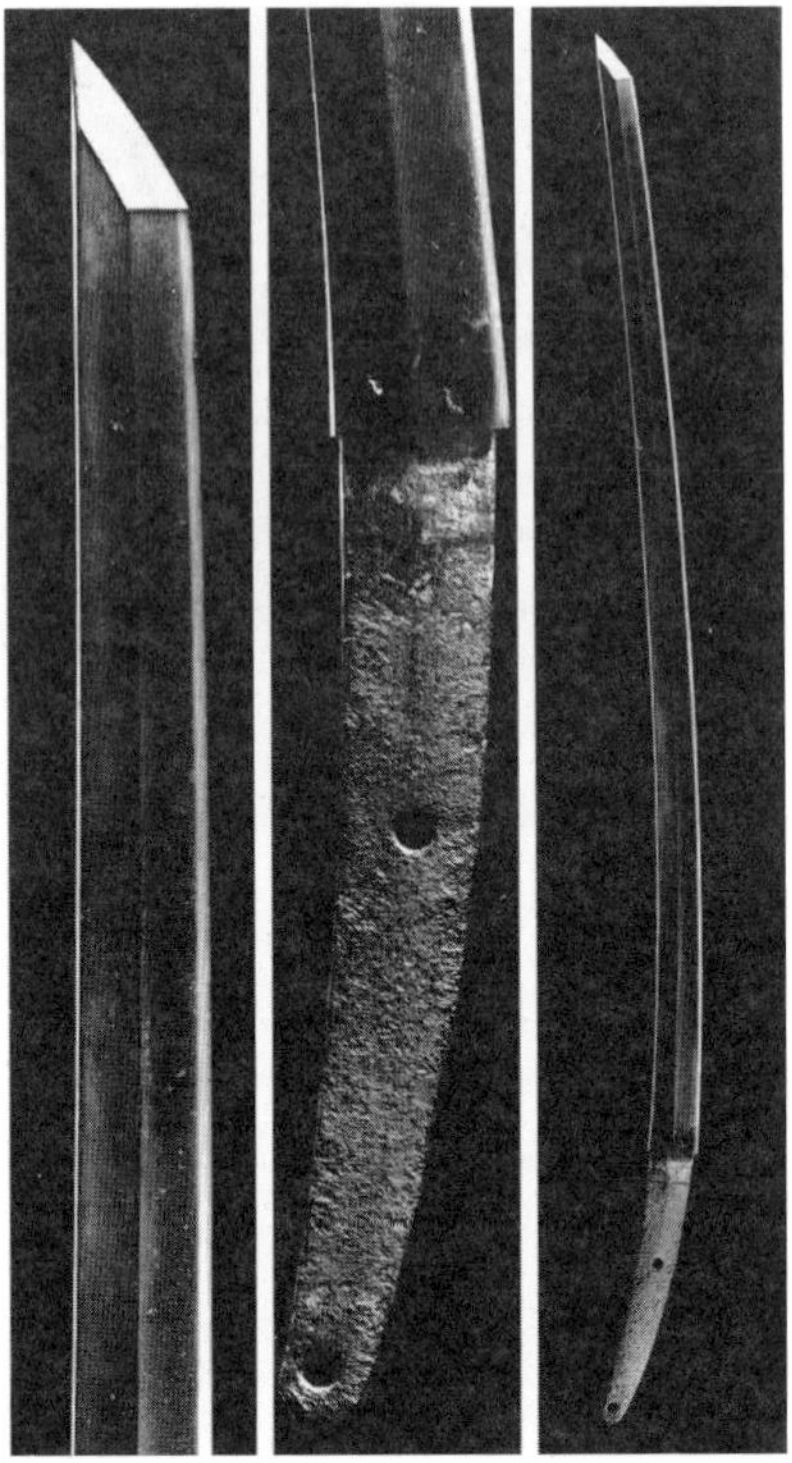

図12　古太刀　無銘［大山祇神社蔵］

共鉄柄刀（蕨手・方頭）のうち、毛抜透しを持つ大刀は、平安後期に俘囚野剱《ふしゅうののだち》と呼ばれながら、その柄の装飾を活かすことによって衛府官人用の儀仗刀として、後世に姿を留める。

騎兵の魂と直刀の遺伝子を内包して、東国で育ち、十世紀に至って、斬撃の機能性が大きく向上した時代、さらに政治体制が大陸からの影響を脱して、文武ともに日本独自の発展を遂げた時代に生み出されたのが反りを持つ彎刀、日本刀であった。

註

（18）**柄反り**：刀身は比較的反りが少なく、柄の部分が棟方向へ反る形態。

（19）**鉄環首刀**（**環頭大刀**）：共鉄柄であって、柄の先端部分が環状をなしている。そこへ布や飾を結びつけたと思われる。身分による区分もあったであろう。また「環」は還るに通じる為、戦役に出向いても無事帰るとの呪術的意味を有していた。

『唐詩選』に次のような五言律詩がある。

劉評事《りうひゃうじ》が朔方判官《さくほうはんぐわん》に充《あ》てらるるを
送りて征馬嘶《せいばせい》を賦《ふ》し得《え》たり

高適《こうせき》

征馬　辺州に向ひ、
蕭蕭《せうせう》として嘶《いな》いて未だ休《や》まず。
思《おもひ》深うして常に別れを帯び、
声の断ゆるは秋を兼ぬる為なり。
岐路　風と将《とも》に遠く、
関山　月と共に愁ふ。
君に贈る、此れより去らば、
何れの日か大刀頭。

［斎藤晌博士訳］

（斎藤晌『唐詩選（上）』集英社　一九九六年）

霊州（今日の甘粛省寧夏とされる）に置かれた朔方節度使の判官に任命された劉某に贈る詩だが、最後の句に「大刀《だいとう》頭《とう》」とある。斎藤博士の訳註では、次のようになっている。

大刀頭　古来の熟語で、大刀の頭（かしら）には、鐶《くわん》がついていたので、同音の還にかけ、かえることをいう。一種の謎である。

謎というか一種の掛詞に思える。この詩が作られた唐時代に基準を置けば、当時、詩を詠むような官人の念頭に浮かぶのは、古代の鉄環首刀（環頭大刀）である。柄頭が円い鐶になっているものである。そこで〝君は何時帰ってくるだろう、元気で帰ってくれよ〟ということで「何れの日か大刀頭」と詠んだのである。

（20）**戈（か）**：中国の古代兵器。戦車では柄の長いもの、歩兵では柄の比較的短いものが、使用された。戦車では、湾曲した刃の部分で引っ掛けて斬り、徒歩では、鎌のように突き刺す、また突き刺してさらに斬る用法であったと考えられる。鋳銅製。

（21）**鈎（こう）**：鉤と同じ意味で、曲がっていて、引っ掛けるもの、カギである。武器として春秋時代からあったとされる。鋳銅製であって、斬ることがその機能であったことは、切先がなかったことから理解される。両刃であることが、興味深い。外側は、あきらかに滑らせて斬るのに適した形状を呈している。比較的近接した時の格闘において、素早い操刀が求められた時に使用されたと思われる。柄の長さからして片手使いの兵器である。あえて云えば、敵との格闘状況に応じてくるりくるりと内、外を持ち替えて戦ったと考えられる。

（22）**反りの効用**：大刀が反りを持つことにより、刀が抜きやすくなったことは確かであろう。居合道などの抜き打ちも反りがあればこそである。但しそれは、大刀が反りを持ったことによる「結果」である。抜きやすくするために反りを持たせたということは、考えられない。もっとも早期に反りを持ち始めた「蕨手刀」、「方頭共柄刀」は、比較的短寸であったことから明らかである。短兵であればあるほど、敵との距離は近くなり、素早い操刀が求められる。

（23）**『政事要略』**：明法博士令宗（惟宗）允亮が編纂したとされる。平安時代の行事、政務運営に関する事例をまとめている。一条天皇の時、十一世紀初頭には完成していて、全百三十巻といわれる。

（24）**一騎討ち**：この一騎討ちの作法における消息の良く理解できる例が、『今昔物語集』巻二十五第三「源宛と平良文と合戦ふ語」に記されている。平安時代の日本的「一騎討ち」の考え方が良く分かる例である。興味ある方は是非お読みいただきたい。

（25）近藤好和著「打物戦」（『弓矢と刀剣　中世合戦の実像』吉川弘文館　一九九七年）

（26）**坂上田村麻呂**：天平宝字二年（七五八）〜弘仁二年（八一一）。最初の征夷大将軍。贈従二位、大納言・右近衛大将。蝦夷（阿弖流為など）討伐に功があった。漢人系渡来人、阿知使主《あちのおみ》の子孫といわれる。鞍馬寺に田村麻呂佩用として伝わる直刀（重文、黒漆大刀拵）が遺されている。

表1　日本、大陸・中国年表

西暦	大陸・中国	西暦	日本
前221	秦の中国統一		
	「薄如紙的刃」と評される銅剣		
前202	漢帝国樹立（高祖、劉邦）	前3世紀末	弥生文化、近畿にまで波及
	高祖冒頓単于と和議、騎兵重視始まる		
前140	漢、武帝即位　鉄器、馬の生産増加顕著		
	鍛鉄製（焼き入れ技法）始まる		
	鉄環首刀（直刀）このころ登場か		
前119	霍去病、匈奴討伐		
		初	弥生文化、東北に伝播
25	漢（後）、光武帝即位		北九州に前漢鏡、
			ガラス副葬品
～100～	鍛造鉄器、鋳造銅器の製造技術高度化	～40～	近畿地方に銅鐸、西日本で銅剣、銅矛
180ころ	鉄環首刀（直刀）が主要格闘兵器となる	140ころ	製作　急速に石器衰退、鉄器普及
208	赤壁の戦い、三国時代へ	187	東大寺山古墳金象嵌太刀（漢「中平」
～	重装騎兵の時代に、鉄環首刀（直刀）最		年号）
	盛期	239	卑弥呼、魏に使者（親魏倭王称号）
400	高句麗、五万の兵で新羅を救援、倭軍を	270ころ	大和朝廷このころ確立か
	討つ	400～	
		438ころ	古墳に騎馬装備品の埋葬品多数（応神
			～）
		471ころ	江田船山古墳鉄刀、稲荷山古墳鉄剣
		554	百済の要請で兵一千、馬一百を送る。
581	隋、建国（煬帝）	630	第一回遣唐使（犬上御田鍬）
618	唐、建国（李淵）	646	改新の詔に召集の兵は刀剣、矢など自
645	唐、太宗高句麗遠征（649まで3度）		弁と
660ころ	円環のない（鐔を持つ茎形式）直刀が登	7世紀	蕨手刀出現
～	場複合鉄を用いる刀製造という　軽装騎	658～660	阿倍比羅夫、粛慎・蝦夷を討つ
	兵主力に　騎兵は、全軍の三分の一弱に	663	白村江の戦い（百済滅亡）
676	新羅、朝鮮半島統一	672	壬申の乱（大海人皇子）
690～	則天武后の政権簒奪	701	大宝令
698	渤海興る	710	平城遷都（藤原京より）
		8世紀前半	唐様大刀（茎形式の直刀、正倉院）
		718	養老令に下馬礼
		743	墾田永世私有法
755	安史の乱（玄宗皇帝）	794	平安遷都（桓武天皇）
		797	坂上田村麻呂、征夷大将軍に
		9世紀前半	蕨手刀、直刀に柄反り始まる
875	黄巣ノ乱	815	親王、諸臣、婦女の服色乗物の制
907	五代十国時代始まる	894	遣唐使廃止、荘園が盛ん
		939～940	将門の乱
960	宋建国（趙匡胤）	10世紀前半	藤原秀郷の毛抜形太刀
		10～11世紀	茎式柄反り古太刀（大宝八幡/大山祇
			神社）
	金による宋、圧迫	1051	前九年の役（安倍頼時叛く）
1138	宋、臨安を都とする	1156	保元の乱
	先幅広、やや内反りの短柄刀が主に	1159	平治の乱
		1192	源頼朝、鎌倉幕府を開く
		1195	後鳥羽上皇の御番鍛冶制

第三章　騎兵の彎刀・太刀の時代

1　日本刀空白の時代（平安前期から平安後期）

十世紀ころに、それまでは、頑なといえるほど直刀の姿を維持していた刀剣が反りをもつようになり、現在の日本刀といわれる姿を獲得したと思われる。これは、先に述べたとおりである。しかし、直刀の形状を備えていた時期から以降、伝世、出土する刀剣は、平安後期までパタリとみられなくなる。日本刀の表舞台登場を語る前に、その歴史背景を考えておく必要があろう。

思えば、武器・武具は、歴史的に主として兵馬の権をもつ者によって制作され、与えられ、伝えられてきた。文明の発展に従って中央の支配層から地方へ伝播、拡散してきた。弥生時代にあっては、大陸に最も近い九州地方に鉄器生産のための炉、鍛冶場が集中し、その後は、大和政権の所在地周辺、現在の近畿地方に集中してくる。

そこからの波及状況が、埼玉県稲荷山古墳出土剣の銘文によって推定できる。五世紀中葉（雄略天皇の時代）には、中国山東省あたりで生産された鉄を用いて、日本国内で鍛えられ、「杖刀人首」[27]（図3参照）である「ヲワケの臣」に下賜されたことが判明している。おそらくは大和で鍛えられたか、東国での重要拠点であった武蔵国の、今の埼玉県行田市あたりで「ヲワケの臣」に従った刀工によって鍛えられたものであろう。五世紀には、大和政権の東進によって刀剣の製造技術が武蔵国、現在の埼玉県あたりにまで伝わっていた可能性は大きい。

銘文[6]（括弧内読み下し、筆者による）

【表】辛亥年七月中記乎獲居臣上祖名意富比垝其児多加利足尼其児名弖已加利獲居其児名多加披次獲居其児名多沙鬼獲居其児名半弖比（表）

（かのとい の年七月中、記す。オワケの臣、上祖、名をオホヒコ、その児タカリノスクネ、その児、名は、テミカリワケ、その児、名は、タカハシワケ、その児、名は、タサキワケ、その児、名は、ハテヒ）

【裏】其児名加差披余其児名乎獲居臣世々為杖刀人首奉事来至今獲加多支鹵大王寺在斯鬼宮時吾左治天下令作此百練利刀記吾奉事根原也

（その児、名は、カサハヨ、その児、その児名をオワケの臣。世々杖刀人のオビトとなり、つかえ奉り今に至る。ワカタケル大王のシキの宮に在りしとき、吾は、天下を治るをたすく。此の百錬利刀を作らしめ、吾がつかえ奉りし根源を記す也。）

さらに東北地方にも柵・城が設置されたが、当然それに歩調を合わせて兵士も行くことになり、武器、武具の生産、補修の体制が整えられることになる。種々の工芸技術は伝播し、東国以北において共鉄柄（蕨手刀、方頭刀）の刀剣が生産されるようになるのは七世紀に入ったころである。

八世紀後半の蝦夷との大規模な抗争を経て形式上にせよ東北は大和政権の支配下に入り、文明の点で「大和化」が定着してゆく。東国、東北の古墳時代は終焉に向かい、出土する刀剣類も見られなくなる。

現在残されている山城（京都）の宗近や備前（岡山）の友成など、平安後期制作とみられる刀剣の制作時代をさらに特定するのは、困難なことであるが、十一世紀後半から十二世紀初頭にかけて完成した日本刀として伝えられている。そうして見ると九世紀から十一世紀までおよそ三百年近く刀剣の空白時代が出現する。これはどういうことであるろうか。次のような理由が考えられる。

①大化二年（六四六）の「薄葬令」以降古墳の築造が衰退して、出土品としての刀剣は発見されなくなった。

②神社などへの奉納品として刀剣を供える習慣がまだ出来ていない。また今日我々がみる形式の神社とは違って、まだ奉納を受けて収納しておくべき社殿、宝蔵庫は、整っていなかった。

③刀剣は、まだ実用第一の武器であって、鉄も希少なものであった。戦いなどで欠損した場合、その鍛鉄は再生産にまわされた。

①に関連して地方豪族の小墳墓がありうるが、後世、全国いたるところで田畑、宅地などのために開発されており、刀剣は価値が高いとみなされ、それ以前の刀剣（直刀は蕨手刀など）は残されているのであるから、やはり刀剣が副葬されることはあまりなかったということであろう。②③については、相互に連関している。補足すれば、

⑴刀剣は、武士にとってまだ非常に貴重かつ実用武器の位置づけであった。つまり、律令体制は形骸化しているものの、中央にあって武家はまだ召し使われる存在に過ぎず、武家にとって実用である刀剣は自らの武威を示すものとして認識、表現ができる段階にはなかったのである。古墳時代のように権力者の力の象徴、また魔を払う霊力ある存在とみなされて副葬されたような状況ではなかった。

⑵鉄の生産、刀剣の制作技術など全国的な伝播、普及、あるいは流通の点で過渡期にあり、完品を奉納する余裕はなく、戦闘使用後に傷ついた刀剣も多くは再生産に回されていたと考えられる。鉄器生産の中心は、農工具であって、刀剣奉納への思いが出てくるには、もう少し刀剣が普及して、武家の間で兵仗と儀仗など使い分けができる必要があった。

以上のような状況であったと推察される。八世紀の正倉院刀剣類は、天平宝字八年（七六四）の恵美押勝（藤原仲麻呂）の乱で、倉から取り出されて使用されたというから、異変の際の実用も考えられていたと思われる。それが後世まで

残されたのは、異例なことであった。

直刀は、十世紀ころに東国で反りを獲得して弯刀となるが、その変遷をたどることができたのは、東国・東北では古墳時代が以西の国々に遅れて開始、終了したことにより、この時代の副葬品が少数ながら残されたという幸運によるものであろう。

2　太刀の黄金時代（平安後期から鎌倉後期）

平安後期は、白河院の北面武士が設けられ、平氏、源氏などの武家が日本史の表舞台に登場してきた時代である。そしてそれに続く鎌倉時代は、史上初めて武家政権が誕生した時である。鎌倉中期まで武家は、統治者としてまだ未熟な時代にあり、地方レベルでは、統治者としての修業段階にある。三代目執権北条泰時は、武家の規範として「御成敗式目[28]」を制定して、統治者としての規律・教養を求め、代々の執権は、中国からの渡来僧に精神的文柱と教養を求めて禅を修養したのである。

刀剣の歴史から見れば、この時代の刀剣は、太刀としての姿[29]（日本刀姿変遷を参照）がすでに完成しており、実質的な変化は見られない。弯刀化して以来、直刀の名残から浅かった反りは、深くなり、太刀姿は、それまで多く見られたカマス切先（先端に向かって刃先と棟から直線的に結ぶ姿）は少数となり、大半が優美なフクラ（先端に向かって刃先からは曲線を描いて結ぶ）の付いた形式が主流となる。勿論、徒歩使用も考慮され、柄も長くなり、鐔も大型の形式が採用されたと思われるが、太刀は、なお馬上使用主体の色が濃く反映されている。その様相、闘いは、『今昔物語集』『保元物語』などによく著されている。

3　時代背景

平安後期に、藤原氏の支配していた朝廷で、実質的な権力の掌握を目指して白河上皇によって始められた院政を背景に、それまで「侍《さぶ》ろう者」に過ぎなかった武士たちは、上皇、天皇、公卿たちに利用されつつ、利用して武力を背景に政権を担っていくことになる。

形骸化した律令体制ではあるが、かたち、権威は残っていた。源氏、平氏といった武家貴族たち（棟梁たち）は、各地で台頭してきた地方武家層の地位と農地に対する権利を、藤原氏や寺社等中央の権門に仲立ちして正当化させることによって求心力を高め、さらに事ある時は、朝廷や権門に武力奉仕することによって、武家の価値を高めていったのである。これが、武家時代の序章である。皮肉なことに、かつて天皇でさえ武人として機能していたころのように兵馬の権も含めた実質的な権力を収めようとする院の動きが、結果的に武家の発展、権力強化につながっていく。

荘園時代、政権（朝廷・公卿達）の兵馬の権を握っていたのは北家を中心とする藤原氏であった。白河上皇は、上皇の私的な武力集団として「北面武士《きたおもて（ほくめん）のぶし》」を嘉保二年（一〇九五）に創設する。地位は高くないが、武力を有する者どもを院のいわば私的な兵として編成するものである。時はあたかも源義家など武家の棟梁が登場してきた頃と符合する。院は、権門にある藤原氏の内訌などもあって権力を集中させ、村上源氏などを重用、抜擢して手足とする。その力の源泉は院自ら任命権（院宮分国制《いんぐうぶんこくせい》[30]）をもつ国の国司など受領層から上がる租税であり、おそらくはそれに連なる武家層であった。白河上皇は、寛治六年（一〇九二）源義家の諸国荘園を停止、翌年諸国荘園の整理を命じ、康和元年（一〇九九）には新立の荘園を停止するなど皇統への租税確保に努めつつ、一時期「治天の君」として、時代を画する。しかしそれは白河院の類まれな資質から成立したものであって、長期的には、望むべくもない時代となっていた。院による恣意的なまつりごと[31]や、皇族間の対立に公卿間の対立がからんで、武力なくしては、権力を保持できず、武家政権の誕生を促進することになる。

保元（一一五六年）・平治の乱（一一五九年）を経て、平氏によって、初めての武家政権が実現するが、政権のかたちは、それまでの藤原氏による政権と変わるところがないものであった。平清盛[32]は、武力によって政権を把握した後、自らは太政大臣となり、娘の徳子を入内させ、安徳天皇の外戚となることによって、権門を成立させたのである。

藤原氏による摂関政治、平氏による政治を見てきた頼朝は、東国の武士団の力を背景に、令外の官である征夷大将軍に任じられ、鎌倉に幕府を開く。源頼信、頼義、義家（八幡太郎）以来培ってきた東国との縁を、源氏棟梁と累代の御家人という名目で関係強化して、地方武家貴族層の力を結集した。幕府創設（一一九二年）以前に鎌倉に拠点を置き、文治元年（一一八五）、諸国に守護、地頭を置くことを朝廷に許可させたのは、その表れであろう。朝廷ではなく、将軍が家臣である「御家人」を地頭職に任じることにより、ご恩と奉公の関係を作りあげた。

日本社会全体からみれば、平安後期から鎌倉後期は、停滞の時期であったといえるかもしれない。勿論、文化的には、武士たちは武芸とともに、教養を高める努力をし、武家的な、力強いリアリズムの趣味嗜好は、美術、工芸の分野で高い水準の作品を生みだした。

しかし、政治の世界では資質の優れた指導者がなくなると、権力基盤の不安定さから絶え間ない権力闘争が起こり、安定せず、政治指導者は、よりよい社会を作り出すことが出来なかった。また数多くの天変地異の発生によって人口増加は抑えられて[33]、むしろ鎌倉後期まで停滞減少していたと云われる。このことが、この次に述べる当時代の刀剣の歴史に少なからぬ影響を及ぼしたのではないかと思われてならない。内紛や粛清レベルの戦い、諸国にはびこる盗賊たち、寺社を含めた利益闘争は、戦いの様式、規模にさまでの変化をもたらすことはなかったのであろう。

4　当時代の刀剣と戦闘様式

現代の、日本刀を鍛錬する刀匠の多くが、鎌倉期の太刀に近づけることを目指している。国宝指定工芸品二五二点中一二二点（筆者算定）が刀剣・刀装であり、中でも平安後期から鎌倉期の太刀で一〇〇点を占める。鎌倉期のみでも八三点と群を抜いて多い。

平安後期以降の兵馬の権を握る人たちがそれまでの時代とは異なってあるいはそれ以上に、刀剣を重代の家宝として大切に伝え、あるいは武器としての刀剣を神社に奉ることによって神の力を授けられんことを願い、戦勝を感謝した結果に他ならない。そうした意識の出てくる条件がこの時期に整ってきたということがいえるであろう。今日我々が神社の宝物館や博物館で見ることのできる数多くの名刀が残されるようになっていく。

第一段階の普及期を迎えた日本刀、この時代の太刀は、どのような刀装（拵え）に収められ、どのような使い方をされたのであろうか。木で拵えられた鞘、木の下地に皮や糸で巻かれた柄などは、消耗品であることとその材質ゆえに後世に残りにくいのである。例外的に少数残された太刀・拵え以外に、ヒントは、今に残る絵巻物にある。

まず十三世紀、建長年間（一二四九〜一二五五）を過ぎた頃の成立といわれる《平治物語絵詞》からその出で立ちを見てみよう。〈三条殿夜討〉での騎兵は「大鎧」に星兜を被っており、その後、後白河上皇を拉致して進む騎馬の武士（図13-2）も同様である。その前の徒歩《かち》従卒（図13-3）は、肩に杏葉《ぎょうよう》をつけた「腹巻」(34)を着用している者もいる。徒歩では、大袖より小型の杏葉の方が打物を振るうには都合がよいのである。図13-2に続く者たちには、大袖を着けた腹巻鎧着用の者（図13-1）もいる。草摺《くさずり》は大鎧の場合、前後左右に各一枚ずつの合計四枚、胴丸の草摺は、一段目は四間、二から四段は八間に分かれている。騎兵は、太刀に弓矢を装備して、徒歩の多くは、薙刀を携えている。

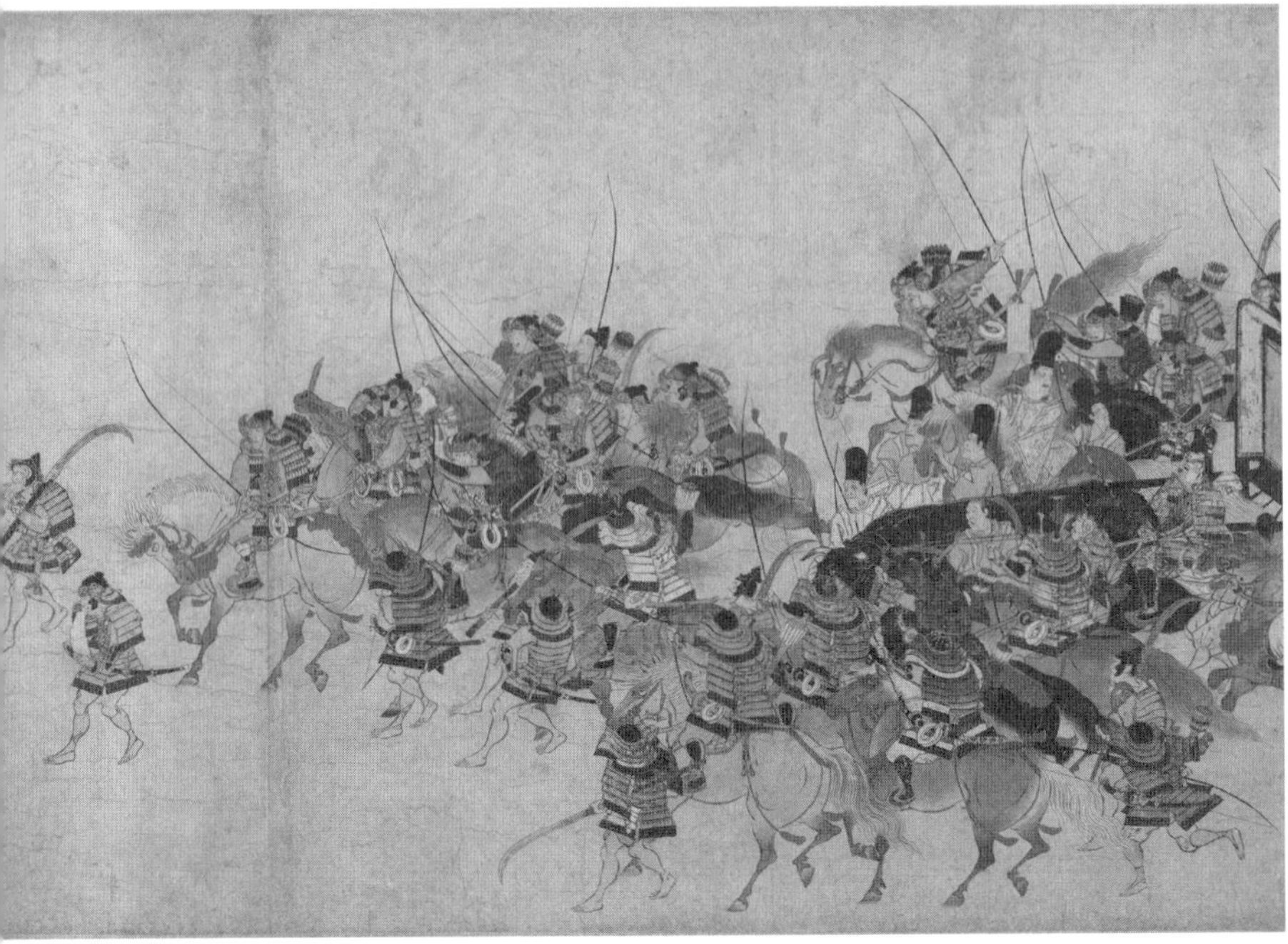

平治物語絵詞》［ボストン美術館蔵］）

徒歩で薙刀を持たない者は、太刀に弓矢の出で立ちであり、もともとは、騎兵であったが、洛中での夜討であるために徒歩で従ったものか。これによって鎌倉前期から中期では、上層の武家は、伝統を重んじていることと、まだ弓矢への対策から大鎧の出で立ちとなっていて、騎乗を前提としていることが理解される。騎乗で腰、上腿部を矢から守るには四間の草摺が適しているからである。従卒の多くは、八間草摺、肩に杏葉の腹巻を着用しており、徒歩での打物格闘戦用の装備となっている。しかし未だ腹巻の従卒も大袖が多く弓矢への対策が欠かせなかった所為かと思える。

当時の戦闘様式は、以下のようにまとめられる。戦いの中で、弓矢の重要性は、変わらない。一方平安後期に入ると太刀が普及してきたことによって、格闘戦での「太刀打ち」も無視できなくなっている。但し徒歩太刀打ちは、主に従卒が担ったと思われる。武家の主人は、伝統に則った大鎧を着用するという意識も強く、またそれが許される戦闘の規模と様式

図 13-1　後白河上皇を拉致して進む信頼・義朝

［Fenollosa-Weld Collection 11.4000

図 13-3　部分拡大 2：騎兵の前の従卒

図 13-2　部分拡大 1：騎兵

であったろう。互いに相手とするに相応しい敵と戦ったであろう。弓矢による緒戦で多くの戦いは決着するが、権力争奪による戦闘は都での市街戦となること、都も含めた各地盗賊の追捕など前代とは戦いの様相が変わってきたことも戦闘様式の変化をもたらしたと考えられる。

更に《平治物語絵詞》で「打物」を見てみよう。ここで見ることの出来る刀剣類は、「黒漆太刀」、「黄金造太刀」、「長覆輪太刀」、「蛭巻薙刀」などである。もっともよく見かけるのは、「黒漆太刀」であり、騎乗の者、徒歩の者問わず武者たち全般に使用されている。上級武士、あるいは公家たちは「黄金造太刀」を佩いている。拵えを堅牢にする「長覆輪」を施されたものもある。鞘を保護し、鞘尻が当たった時に、乗る馬を驚かせないためという「尻鞘」をつけた太刀も多く見ることが出来る。徒歩の下卒、従者たちの多くは、裸足、その中に脛巾《はばき》をつけている者もいる。薙刀を手にする者が多い。　薙刀の者は、太刀を佩かず、腰刀を帯びている。海老鞘巻もみえる。

更に十三世紀末に描かれた《蒙古襲来絵詞》（図14・15）ではどうか。弘安の役当時の武装を主人公である竹崎季《たけざきすえ》長《なが》主従から見る。「季長」自身は、伝統の大鎧を着用して弓矢を帯びているが、徒歩従卒は八間草摺の腹巻を着用、弓矢は帯びていない。そして季長以外の騎馬武者、従卒ともに黒漆太刀を佩用している。そして腹巻姿の従卒の肩には大袖ではなく杏葉がついており、太刀を振るう時に、より軽便なように考えられていることが見て取れる。

これは、何を意味しているのか。まず武家の主人、これは、平安末期から鎌倉中期終盤に至るまで具足は大鎧である。古式を尊び、騎兵の意識が強いため、変化は感じられない。騎兵である郎党なども同様で、ほとんど変化を感じることができない。

当然の事、太刀も拵えも含めてほとんど変化が見られない。平安中期の彎刀誕生ころは、刀身の反りは少なく柄反りの状態であったことが、わづかに残された太刀姿から認識できる。しかし反りなどの変化を示す出土・伝世品のない空白時代が平安末期まで続くため、年代による太刀姿の変化を追うことが困難である。太刀打ちの増加は、

図 14　石築地の前を進む季長

図 15　石築地の前を進む従卒

（図 14・15：《蒙古襲来絵詞》［宮内庁三の丸尚蔵館蔵］）

太刀の生産体制の充実と並行していた。徒歩による太刀打ちは従の存在であり、騎兵中心の戦いが見て取れる。故に騎兵用の太刀は、平安中期から後期にかけて完成して、その後の変化は少なかったと考えられる。

　武家の上位者は、騎兵であり、その太刀は、あまり徒歩格闘を考慮していなかったと読める話が、『保元物語』[7]に記されている。崇徳院に、父為義とともに味方した源為朝《みなもとのためとも》[35]は、院の御所の西方門を固めるが、そこでの得物である。

　　新院御所各門々固めの事付けたり軍評定の事

　　……ねりつばの黒漆の太刀三尺八寸有けるに、熊皮の尻鞘入てぞはきたりける……

　ここでは、「ねりつば」がポイントである。「ねりつば」とは、生皮を火であぶり、槌でたたき固めたものを貼りあわせて拵えた煉革鐔のことである。多くは、補強と装飾のために黒漆をかけたと思われる。美しく丈夫なものではあるが、徒歩での格闘戦を考慮したものでは無い。『保元物語』が出来上がったころには、この太刀拵えが、普通であったと思われる。無双の弓取りであった為朝もこの物語の軍評定で、騎乗での太刀働きを豊かに表現する。

新院御所各門々固めの事付けたり軍評定の事

……其外の奴原をば、太刀引ぬきてまんなかにかけ入、とおからんものをば、さしおよびて手打にきつてはとを〈おとし〉か）し、なぎおとし、はらひおとし、ちかきものをば、かひつかむでひつさげて、さげきりにきつておとし、きつてはすて……

5　儀仗、野劔[36]、毛抜形太刀

記述の中心は、どうしても太刀の用法、戦闘様式、その時代背景に偏りがちであるが、人の帯びる格闘武器は、威力が大きいほど神威を持つものからさらに、為政者の権威を示すもの、儀仗用へと広がりを持つようになる。中国における剣（両刃）、鉄環首刀（環首直刀）も例外ではなかった。日本における太刀も同じ流れを辿ることになる。

「野劔《のだち》」という呼称がある。この場合の「野[37]」は、意訳すれば、「飾の無い」という意味であり、「餝劔」に対応する言葉である。「兵仗」とほぼ同義である。実戦用ということであるから、「宮城」から外へ出かける時に佩用する太刀は「野劔」とされていた。この場合の「野」は野外・郊外の意味も含んでのことであったと推察される。宮城の外へ出かけるということは、危険を伴う場合があるので、やはり実戦的な刀を帯びるようにしたものであろう。

奈良時代の養老令の解釈を記した『令義解』[8]の「衣服令武官朝服条」に次の規定がある。

衛府督佐《かみすけ》ハ…金銀モテ装《かざ》レル横刀…略…其レ志《さかん》以上ハ…烏装《くろつくり》ノ横刀…略…兵衛ハ…烏装横刀、帯二弓箭ヲ一…略

…衛士ハ…帯セヨ二横刀、弓箭、若クハ槍《ホコ》ヲ一。

宮城内での規則（法令）であるが故にか「野劔」等の異称は見えない。おそらくは、節句などの式日でもない時の、単なる「朝服」であっても衛府の武官であれば督・佐を除いて、実用刀は当然であったのだろう。

いま我々が、「野劔」という呼称を見ることができるのは平安後期以降にまとめられた有職家たちの私家本（『装束抄』など）である。しかしこれも平安時代のいつのころからか、実戦であるべき「野劔」も位階、身分によって儀仗と兵仗とに分かれてくるようになっていく。時期的に、おそらくは、朝廷が徴発した兵士をまとめた軍制から、藤原氏を中心とした権門に兵力が分有され、それが更に宮廷の兵力となったと考えられる十世紀以降になると思われる。公卿たちは、自身では武力を持たず、地方の領主、郡司たちに依存していて、自身が帯びる劔は、形式に流れ華美なものになっていったのであろう。

鎌倉初期にまとめられたとされる『助無智秘抄』[9]には、「螺鈿野劔、蒔絵野劔、銀樋野劔」など華麗な拵えの野劔が、近衛・外衛などの帯びる太刀として記載されている。同じく鎌倉時代に記されたという『錺抄《かざりしょう》』[10]にも、「近衛次将、外衛佐等常令持之」また「公卿将遠所行幸之時、着蒔絵螺鈿野劔……」とある。実戦刀の位置づけである野劔は、衛府次将・佐以下の者には常時佩くべき劔であり、衛府司ではない公卿たちであっても、宮城から外へ出るときは、野劔を佩くというのである。

なかなか複雑であるのは、天皇近侍の近衛は武官であっても、宮城内の式日、たとえば、元日・小朝拝では「近衛司ハワキアケノ袍…ラデンノホソダチ……」と『助無智秘抄』にあって、武官装束ではあるが細太刀を佩いて、無骨・無粋を抑制したことが分かる。また大嘗会御禊日は、行幸の呈を取るとなっていて天皇の秘書的立場の蔵人の佩く太刀は、五位では「螺鈿ヲ」、六位は「野劔シリザヤヒラヲ」と、一旦事あれば前線に立つ六位では、兵仗を指定している。

衛府の官でも所属・位階、時と場合によって用いる太刀が変わりうるが、検非違使[38]の場合は、まず、野劔を令せられる。たとえば、賀茂祭（賀茂社は洛外である）の還日で「衛府勤仕ノトキハ（垣下蔵人）タチヲハク、ケビヰシハ平劔、革緒、裾長ハ細劔」とある。ここで「平劔」と記してあるのは「兵仗・野劔」のことである。平安末期に、検非違使が毛抜形太刀を佩いている様が、《伴大納言絵詞》（図16・17）に残されている。追捕廷尉《ついぶのていい》[39]が帯びており、火長《かちょう》たちとともに伴大納言を捕縛に向かうところ（図16）、そして牛車の柄を押さえながら護送する下部《しもべ》[40]たちが描かれている（図17）。

馬上の廷尉（紅の単衣に白狩衣）が佩用しているのは、毛抜形太刀にみえる、そして尻鞘《しざや》をつけており、描かれた状態からの感想であるが、全長は短い。儀仗用で形式的な太刀であるようにみえる。廷尉の右に弓矢を携えているのは、火長《かちょう》（赤の衣を着用）、である。

伴大納言を護送する下部たちは一刀を帯びているが、腰刀と見える。大半は、黒作りでなかなかに厳めしく実戦的にみえる。

検非違使は、衛門府の武官が宣旨を受けて兼任する者である。そしてその「野劔」は、実戦的な「兵庫鎖太刀」などが主であったと思われるが、平安末期、天治元年（一一二四）に、当時左衛門督であった藤原（西園寺）通季が、「毛抜形太刀」を鳥羽上皇の高野御幸に佩用した。これは「俘囚野劔《ふしゅうののだち》」として知られ「法度之外」とされながら、以降急速に、朝廷において儀仗的「野劔」として普及したように考えられる。記録者である後の太政大臣、当時右衛門督・検非違使別当、藤原（三条）実行は次のように記す。

『高野御幸記』[11]

今日人々装束頗以違例…此中左衛門督藤原朝臣　木蘭地上下　紅染衣　帯二孚囚野劔一　着二斑猪股抜一　誠是可レ
謂二法度之外一……

図 16　追捕廷尉と火長　（図 16・17：《伴大納言絵詞》［出光美術館蔵］）

図 17　護送の下部たち

興味深いのは右衛門督実行が「法度之外」と批判したのは同じ従三位であるが序列上位の左衛門督の装束であったことである。当時、左衛門督は藤原（西園寺）通季であった。下級の武官たちのあいだでは、珍しくなっていた俘囚出自の野劔佩用を、通季は、鳥羽上皇の了解を暗黙に得ていたのであろうか。

蕨手刀は、九世紀で終焉となっている。また大和政権伝統の茎形式木柄刀を「俘囚劔」と呼ぶことは考えられない。蕨手刀と同じく共鉄柄を持ち、東北を中心として使用された方頭刀が、長寸化するのに伴って柄に透かしを施されて、十二世紀当時も残っていた。消去法であるが、やはり「俘囚野劔」は、「毛抜形太刀」のことであろう。天治元年当時の常識として、野劔は、本来伝統の木柄形式のものであり、毛抜形太刀をもちいることは「異例、法度之外」ということである。俘囚の様式である共鉄柄に透かしの入った劔を用いるという常識は、当時なかった。

しかしそれから十年程経過すると状況は一変していると考えざるを得ない。先に紹介したように保延元年（一一三五）に春日大社に奉納された餝劔形式の毛抜形太刀が現存する。また近い時期に奉納されたと思われる別の毛抜形太刀も春日大社に現存する。春日大社には他に、毛抜形の目抜を施した太刀（鎌倉時代）も残されている。当時、藤原忠実は、毛抜形太刀を「野劔」として奉納したのであり、しかもその毛抜形太刀は、儀仗としての体裁を十二分に備えている太刀であった。春日大社の毛抜形太刀三振りは、十二世紀から十三世紀の作である。

左衛門督藤原通季が佩用して以降、主に藤原氏一門によって、毛抜形太刀が儀仗用野劔としての位置づけがなされていったとみてもおかしくはない。

もともとは、奈良朝以前からの伝統に則って、衛府でも高位の者は、騎兵用長寸の大刀を帯び、徒歩《かち》は、比較的短寸の刀を帯びていたであろう。それが十世紀後半以降、東国以北からの徒歩《かち》が帯びる方頭刀が長寸化して、下級武官たちの佩用する毛抜透太刀となった。藤原通季は、高野御幸随身の際、なんらかの趣向で、あえて毛抜透からの発展形である毛抜形太刀を野剱として佩用したのであろう。

実際のところ、現在確認できる平安から鎌倉期の「毛抜形太刀」は、春日大社、伊勢神宮、竹生島宝厳寺と近畿とその周辺に集中しており、藤原氏を中心とした権門によって儀仗的野剱として用いられたことが推察される。

衛府上位者でも武官の位階はそう高いものではなかった[41]が、宮城の守りの要として、平安期に入ると摂関家を中心とした権門の登竜門的位置におかれるようになる。天皇の秘書的存在であった「蔵人」と合わせて貴顕の若手が任じられていた。頭中将[42]は、顕著な例である。もともと衛門督は、「従四位下」の位階であったが、先に述べた十二世紀前半、鳥羽上皇の高野御幸に従った藤原通季、そして『高野御幸記』の記録者であった右衛門督、藤原（三条）実行、ともに従三位、権中納言であった。さらに書き添えれば、保元の乱で有名な藤原頼長[43]は、大治五年（一一三〇）わずか十一歳で右近衛権中将に補任《ぶにん》されている。藤原氏の若年が任じられるのに伴って、武官の位階が上がってきていることと平安中期以降の兵馬の権は、藤原氏が握っていたことがその要因である。

本来、実戦的な刀であるべき「野剱」が、平安後期に衛府の上位者が毛抜形太刀を「野剱」として佩用し、さらに摂関家のものまで贅を凝らした拵えにして奉納するまでに至り、「毛抜形太刀」は、儀仗的な「衛府太刀」として認識されるようになったのであろう。

「衛府太刀」の記述は、鎌倉時代より前には見ない。『平家物語』が初出である。巻第四「信連合戦」[5]に次のように記されている。

　長兵衛が其の夜の装束には、薄青の狩衣の下に、萌黄縅の腹巻を著て、衛府の太刀をぞ帯いたりける。…略…衛府の太刀なれど、身をば心得て作らせたるを抜き合わせて、散々にこそ振舞うたれ……

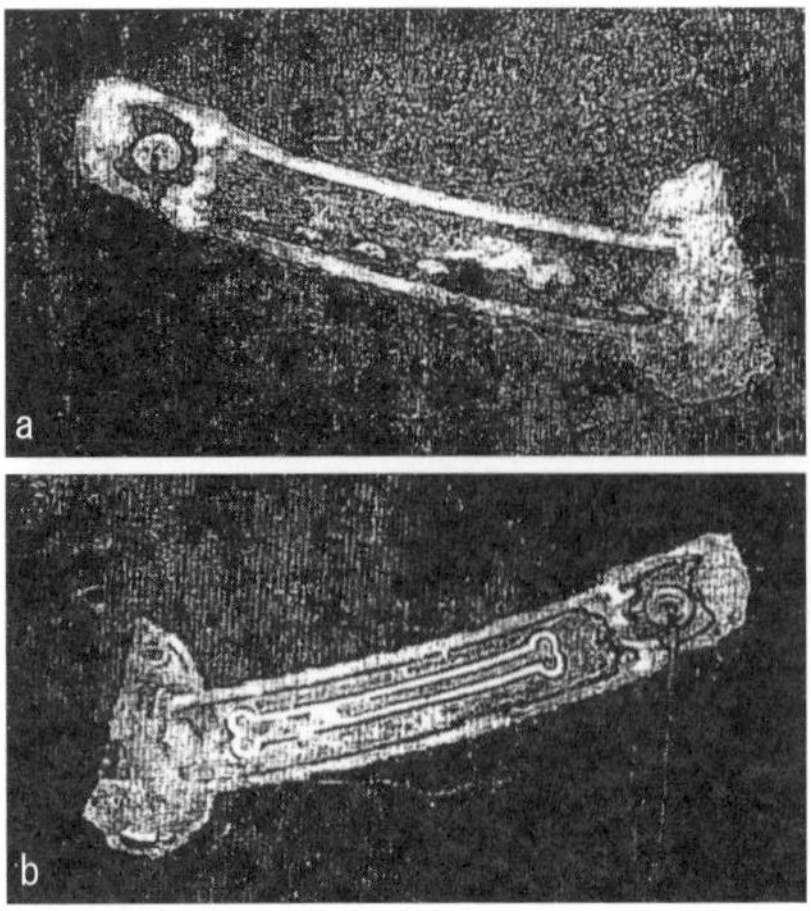

図 19　伝頼朝像太刀部分X線写真
a：裏、b：表

図 19　伝頼朝像　国宝
［神護寺蔵・京都国立博物館写真提供］

「衛府太刀」にもかかわらず長兵衛は、刀身を実戦的な太刀《もの》に作らせていた、というのである。これによって『平家物語』作者は「衛府太刀」を儀仗的太刀と認識していたことが理解される。長兵衛こと「長谷部信連」は「兵衛尉」であり、いざという時実質上の指揮官となりうる「尉」の心利いたる兵《つわもの》は、万が一の準備を怠らなかったというべきであろう。

　衛府の者が佩くのは「毛抜形太刀」であるという認識、あるいはそういう規範が平安末期には出来上がっていたと思われる。有名な神護寺蔵の《伝源頼朝像》（図18）は、一九七九～一九八〇年の補修の際に、佩用の太刀が、当初描かれていたのは「兵庫鎖太刀」（図19－a）であって、後日、「毛抜形太刀」（図19－b）に書き換えられていることが判明している。頼朝は、建久元年（一一九〇）に右近衛大将に任じられている。鎌倉初期の成立という『承久記』[12]の発端の項で、坂東の地頭の言葉として頼朝のことを、「故将軍家」ではなく「故右大将家」と言わせているように、当時の公家、武家ともに頼朝は、正式には「右大将」であった。この肖像画が鎌倉中期以降の作としても、描かれたのが「頼朝」であるのは、不自然ではない。頼朝以外に束帯に毛抜形太刀を帯びるような衛府高官は、想定しにくい。足利尊氏は、衛府では左兵衛督である。足利直義も同じく左兵衛督に任じられている。武官の最高位に位置する近衛大将に任じられた頼朝が最もふさわしいのではなかろうか。

一方、衛府に属していない武者は、もっぱら兵仗の太刀を使っている。一家の主など上位者は、金作《こがねつくり》太刀である。郎党、従卒などは、黒漆太刀である。鎌倉時代の作で、当時の武家の有様を伝える重要な文化資料として《男衾《おぶすま》三郎絵詞《さぶろうえことば》》がある。登場する兄の吉見二郎、弟の男衾三郎は武蔵の武士となっているが、伊勢の有力者が描かせたともいわれている。ここに「毛抜形太刀」は、登場してこない。武蔵あるいは伊勢の武家にせよ、彼らの使用する刀剣は、毛抜形太刀ではない。これは、他の絵巻物でも同様であって《平治物語絵巻》、《蒙古襲来絵詞》などを見れば、よく理解できる。毛抜形太刀、即ち衛府太刀は、儀仗との認識が定着していたとみることができる。

その毛抜形太刀であるが、実用的にはどうであったか。共鉄柄刀というものは、鉄需給状況、刀装を制作する技術、工人たちの不足、つまりは制作分業体制が整っていなかった東国以北で普及した様式であり、長寸化に従って重量・バランスが悪くなり、次第に用いられなったと考えられる。

春日若宮社から二〇〇〇年に撤下され、翌年国宝に指定された「(銀《ぎん》樋《ひ》螺鈿《らでん》)毛抜形太刀」の復元に携わった鞘師、高山一之氏は、共鉄柄の実用性について次のように記している。

……重い上に、打ち合えば衝撃がもろに手に掛かるなど、実用には不向きであろう。[13]

同感である。更に使う者にとって重要なバランスが宜しくない。儀仗刀となる以前の共鉄柄の多くは、樺や蔓などで巻かれて使用されたが、実戦では、使い勝手のわずかな差が生死を分けることもある。太刀使いのよしあしについては、現代人が手にした時の感想より以上に切実なものであったろう。

先に述べたように鎌倉時代すでに目抜に「毛抜形」の形式のみを残す「衛府太刀」が制作されている。以降、実際に共鉄柄とされるのは古式に則ったものをよしとする奉納用太刀や儀仗刀などに限られていく。

このように毛抜形太刀は、ますます儀仗刀化してゆく。「野劔」はすなわち「毛抜形太刀」、通称「衛府太刀」として認識されることになる。永正から大永ころ（一五〇四～一五二七）に藤原冬良が記したとされる「衛府具抄」[14]にその認識が残されている。

螺鈿野劔　束有毛抜形　金色　将佐行幸時用之　又春日等遠所行幸　公卿次将若大将等着之　摂家一流之所為也[44]

身分社会にあっては、その体制が強固であるほど微に入り、細に入り身分を表す表象が規定される。しかし面白いことは、時として権力の中枢に位置する者が、その個性の発露として慣習を破って新たな表現でその地位を表象することがある。

奈良朝において武官の劔として、督・佐には金銀装の横刀、志《さかん》以下は、烏装の横刀という規定のみであったが、平安朝に入り、兵仗をその拵えの有様から「平さや」[45]、鞘のないという意から、また行幸など宮城外へ出るときの意から「野劔」と形容するようになった。これに対応する儀仗は、「細劔」、「餝劔」である。

衛府の武官の「ツネノカヲ」で佩くべきは、当然野劔であるが、宮中で行われる祭式では、武骨を嫌い、天皇近侍の近衛などは「細劔」を帯びた。それは、祭式の一員として参加するかたちであり、「裾《きょ》」を長くする束帯を着ているることが理由として大きいと思われる。特に天皇秘書的な「衛府蔵人」は細劔を佩く機会が多かったであろう。

拵えの種類も時と場合（慶事と神事・仏事）、同時に参加する者の身分によって使い分けをして、「螺鈿（蒔絵も施されているであろう）」は、「蒔絵」より上位に位置づけられていると思われる。『餝抄』[10]の正月の項に「公卿可帯螺鈿、殿上人可帯蒔絵、云々」とある。この「公卿」は、参議（四位）以上、「殿上人」には、元々、殿上が許されない位階であっても、しかるべきものとして、五位及び六位蔵人の中からも選ばれる。神事・仏事は派手を抑え、上下とも「螺鈿」は用いない傾向にある。危急に対応すべき五位、六位は、尻鞘入（兵仗である）とする。

礼式として令に残っていなくとも、そのあたりの心配りをする必要があったと思われる。

平安末期に藤原通季という左衛門督が「俘囚野劔」を高野御幸に用いたことから儀仗的野劔として京師で普及し、「衛府太刀」と通称されることになる。

6　鎌倉時代の武家の立場と戦闘様式

この時代は、武家が自己を確立していく時代である。自己を確立していくということは、自らの武力に自信を持ち、それを背景に更なる力を求めて歴史の表舞台、つまり日本の政治の中心に意見を反映させられるように働きかけていく過程である。それ故に藤原氏の摂関政治と支配の構造において大きく異なることのなかった平氏政権は、源頼朝を棟梁と仰ぐ武家政権に取って替られた。

権利を保護してくれる棟梁の存在を希求し、その後はその棟梁にいかに認められ、地頭職に任ぜられ、土地支配権を維持拡大していくかが焦点となる。「一所懸命」とは、これを表した言葉であった。

鎌倉武家、すなわち御家人は、大勢力、小勢力を問わず、みな等しく鎌倉殿（将軍家）におのおの直結し、御家人同士の横の関係は、基本的に平等であり、上下関係ではなかった。このことは、戦いの場で、武士の戦い方を規定したといってよかろう。軍功を幕府に認めてもらう必要があり、特に小勢力の武士にとって困難な場での「先駆け」、「一騎駆け」は、認めてもらうための重要な手段となる。

矢戦《やいくさ》から始まる合戦では、それに続く接近戦、格闘戦へ向けていかに勝機を見出すかは、非常に重い課題である。対峙する敵の弱点を見つけ、あるいは見出せなくとも、降り注ぐ矢の中をものともせず先駆けて討ち入り、味方の戦意を鼓舞して勝利への道筋をつけるのは、恩賞への近道であり、この上ない誉であった。小勢の武家ほどこれは有効であり、著名な《蒙古襲来絵詞》を描かせた「竹崎季長」の例は、顕著なものであろう。それ故に武士は、我が名を叫び、あるいは戦友と互いに証人《しょうにん》となる約束を交わすのである。それは平安中期以前に東国中心に、各地方でいづれがリーダーシップを執るかで勝負した「一騎討ち」の作法とはまた異なる「名乗り」の意味があった。「名折れ」、「名が廃る」、「名を惜しむ」など、すべて御家人の意識がその根底にある。

鎌倉期の武家は、五人程度の小勢力から数百人規模の大勢力まで、それぞれ個々に独立して、自律的に戦う集団であった。律令的に組織化された軍団ではなく、御家人たちが手柄を求めて、同時並行的に戦うのである。恩賞は家ではなく、個人に与えられるものであった。遺産、地頭職の権利も総領・長男への単純相続ではなく、兄弟姉妹それぞれに分配されたのであり、鎌倉武士は、力による個人主義といえるだろう。

7　後鳥羽上皇と太刀

鎌倉初期の天皇、上皇として数々の事跡で後世永く人々の記憶にとどめられることになった後鳥羽上皇(46)のことは、刀剣歴史、文化史上欠かすことができない。歴史的には「承久の変」が頭に浮かぶ。平安前期以前のように皇統を継ぐ者が政権を担う世に戻そうとする試みが鎌倉幕府によって打ち砕かれた事件。そして刀剣愛好者の立場から忘れてならないのは、真偽のほどはさておき、後鳥羽上皇の刀剣数寄が高じた結果設置されたとされる「御番鍛冶(47)」の制度。上皇自ら鍛えられたと伝えられている菊紋入りの太刀（菊御作）の事である。

後鳥羽上皇の御番鍛冶と菊御作について当時の記録などには記されていない為、事実か否かは、定めがたい。しかし後世の軍記物には記されており、さらに茎に菊紋が彫り込まれた鎌倉初期の太刀が残されてもいるのも事実である。「御所作り」という表現で、その太刀に関する最も早い時期の所載が『太平記』[15]（巻第十七隆資卿《たかすけきょう》自八幡被寄事《やわたよりよせらるること》）に残されている。

表2　後鳥羽上皇御番鍛冶（能阿弥本『銘尽』による）

月	国	鍛冶名	流派
正月	備前	則宗	一文字
二月	備中	貞次	青江
三月	備前	延房	一文字
四月	山城	国安	粟田口
五月	備中	恒次	青江
六月	山城	国友	粟田口
七月	備前	宗吉	一文字
八月	備中	次家	青江
九月	備前	助宗	一文字
十月	備前	行国	一文字
十一月	備前	助成	一文字
十二月	備前	助延	一文字

……将軍（足利尊氏）、「暫《しばし》。」トテ、イツモ帯副《はきぞえ》ニシ給ケル御所作リ兵庫鏁ノ御太刀ヲ、引出物ニゾセラレケル。悪源太（土岐頼直）此太刀ヲ給テ、ナドカ心ノ勇マザラン。（カッコ内筆者付註）

ここでの「御所作り」とは、後鳥羽院の御所（水無瀬離宮）に備前、備中、山城の著名な刀工を召して作らせたものということである。これによって「御所作り」太刀のことは、『太平記』が完成したといわれる室町時代初期以前、南北朝期から巻間に流布していたことが窺える。

そして時代が下って江戸期に補記されたという『承久軍物語』[16]に、「御所作り」太刀は、「御所焼」として、後鳥羽上皇自ら刃の焼入れをなされたという表現となる。

『承久軍物語』巻三

抑《そもそも》御所やきと申たちは。上くはう。いへまさといふかぢをめしてつくらせ。

君御てづからやかせ給ふたちなりけり。くぎやうてん上人をはじめて。ほくめん西めんのともがらにいたるまで。御きしよくよきほどのものには。みなみな給はりけるが。ちくごさゑもんも。こんど都を出けるとき。給はりけるとかや。

後鳥羽上皇は、王政復古、打倒鎌倉の隠された意志もあってか、武芸にも関心が深く、北面、西面の武士たちの士気を鼓舞するために太刀を鍛えさせ、それを授与したということは、ありそうな話である。鎌倉中期に完成したという『承久記[17]』には、次のようにある。

『承久記』上巻　後鳥羽院の事
また弓を射てよき兵をも召仕はゞやと叡慮をめぐらし、武勇の者を御尋ねありしかば、国々より進み参りけり。白河の院の御宇に、北面と云ふものを始めさせ給ふて、侍を玉体に近づけさせ給ふ御事ありき。またこの御時より西面といふ事を始めらる。早業水練にいたるまで淵源を極めまします。

後鳥羽上皇は、皇室の菊紋を使用された帝としても知られているとおり、菊を好んで用いられた。菊紋入りの太刀拵えを佩かれて、「菊作り」拵え太刀が「菊御作」(図20)と伝わることもありうることであろう。
結局のところ後鳥羽上皇と太刀との関わりにおいて、理解されるのは次の二点である。
①備前国が平安後期から鎌倉初期には、他国をはるかに凌駕した存在(刀剣王国)となっていたこと。
②刀身の制作において、史上初めて、美的で技巧的な刃文が入れられるようになったこと。
備前が、刀剣王国となっていたことから確認してみよう。後鳥羽上皇は、承元のころ(一二〇八)院内で太刀を鍛

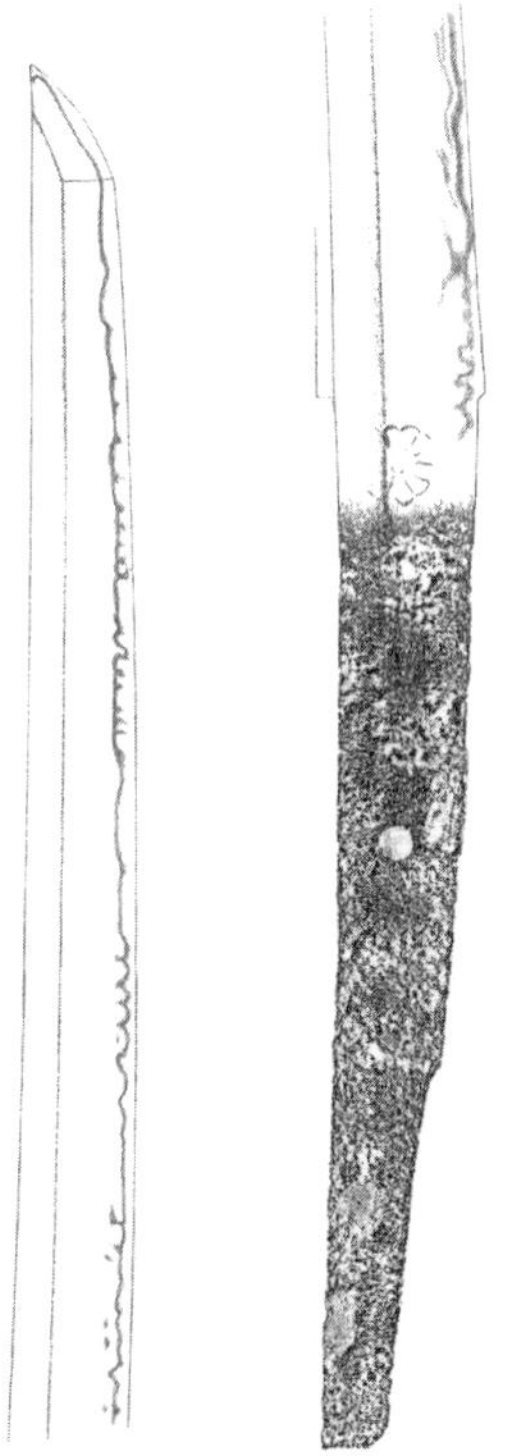

図 20 「菊御作」
重文［京都国立博物館蔵］

えさせるため、一年十二ヶ月、月番で各地刀鍛冶を招聘したといわれている。刀剣の世界で名高い「御番鍛冶」制である。『銘尽』で見ると、閏月も含め、十二人中備前鍛冶が七人で、山城が二人、備中が三人となっている。備前は、圧倒的な刀剣ブランドとして著名であったことが理解される。備前鍛冶は、主に現在の瀬戸内市を流れる吉井川流域に鍛冶工房を構えていた。鎌倉初期の時点では、福岡（現在の瀬戸内市長船町福岡あたり）が備前鍛冶の中心であったと思われる。

8　刀剣王国備前

刀剣を鍛えるの[48]は、他の生産品以上に地理的条件が厳しい。それは、材料が重量のある鉄であり、まず良質かつ大量の鉄鉱石や砂鉄、それを精錬するための燃料である炭、それらを運搬するのに交通が便のよいこと、需要地から近いこと、などがあげられる。

特に重量ある鉄、嵩の張る炭のためには水運の便の良いことが不可欠といえるほどである。そして備前福岡（備前国邑久郡福岡荘）は、刀鍛冶の里であると同時に、古代から続く製鉄の里であった。福岡の「福」、実は、真鉄を吹くの「ふく」であるとされる。「吹く」の音に嘉字である「福」をあてた訳である。一九九二年に福岡から至近にある西祖（岡山市東区）で製鉄炉跡が見つかっている。報告書[18]（西祖山方前遺跡）によれば、この遺跡は、可能性として五、六世紀から連綿と鎌倉時代初期まで続くものであり、その原材料は、鉄鉱石であったらしい。日本の製鉄の初期は鉄鉱石が原材料ではなかったのか、その後「砂鉄」原料と併存して、砂鉄中心に変わっていったと考えられる。福岡荘では、原料鉄も手の届くところにあった。

京の都からさほど遠距離ではなく、吉井川の流域に位置して、古代からの製鉄場（たたら・大鍛冶）と豊富な砂鉄に恵まれると同時に山陽道にも面しているという好条件に恵まれていた福岡荘は、鎌倉時代には、山陽道随一の活況を呈していた。小規模の野だたらの鍛冶工房（小鍛冶）が林立して、刀鍛冶がそれぞれの技を競い、武家の要望にこたえていたと思われる。

福岡荘は、商業地として栄え、《一遍上人絵伝》の福岡市《いち》の場面で小屋に刀剣も商品としておかれているのが確認できる。そして商品として並べられている刀は、今でいう短刀と視認できる。当時の騎兵による格闘戦は、組討で決着する。その時に用いられるのは、刺刀・腰刀である。八寸〜九寸（二四〜二七センチ程度）の刃長は、鎧の外れを刺し、留めに頸を掻くためのもので、武者の体格による刃長などの差は大きくないであろう。戦いのための規格が統一していて、流通に乗せることが容易になると考えられる。長寸の太刀は、使う者の体格によってかなり異なってくるのは理の当然である。

備前国は、豊かな国であり、特に皇室の重要財源地でもあった。『東寺百合文書《とうじひゃくごうもんじょ》』によれば、備前国邑久郡福岡荘は東寺荘園となっている。平安末期は、後白河院の荘園であったと思われ、その皇女であった宣陽門院（一一八一〜一二五二）によって東寺に寄進されたものとされる。このように備前は、皇室と関係が深く、後鳥羽上皇の番鍛冶に「福岡一文字」派が多いのは、うなづけることである。またその技量においても、福岡一文字派は、備前刀工の代表的存在であった。

参考に吉井川を中心とする備前鍛冶の所在地を掲示（図21）しておく（室町後期）。

当時、福岡荘中心に展開していた備前刀工所在地の、その後の地域展開については、どのように考えられるか。一つの仮説として次のようなことを提示してみる。

福岡荘は、その地理的優位性から発展し、刀剣や備前焼をはじめとする物資集散地（市《いち》）の商業機能、宿場機能が拡大していったであろう。折しも鎌倉期は、製鉄材料において、鉄鉱石から砂鉄へ移行する時期に当たり、先ほどの述べた西祖製鉄炉からの鍛刀材料（鉧《けら》など）は、美作などの当時砂鉄を利用したものに押されて置き換わっていったのか、あるいは鉄鉱石の枯渇によるものか、廃炉されることになっていく。

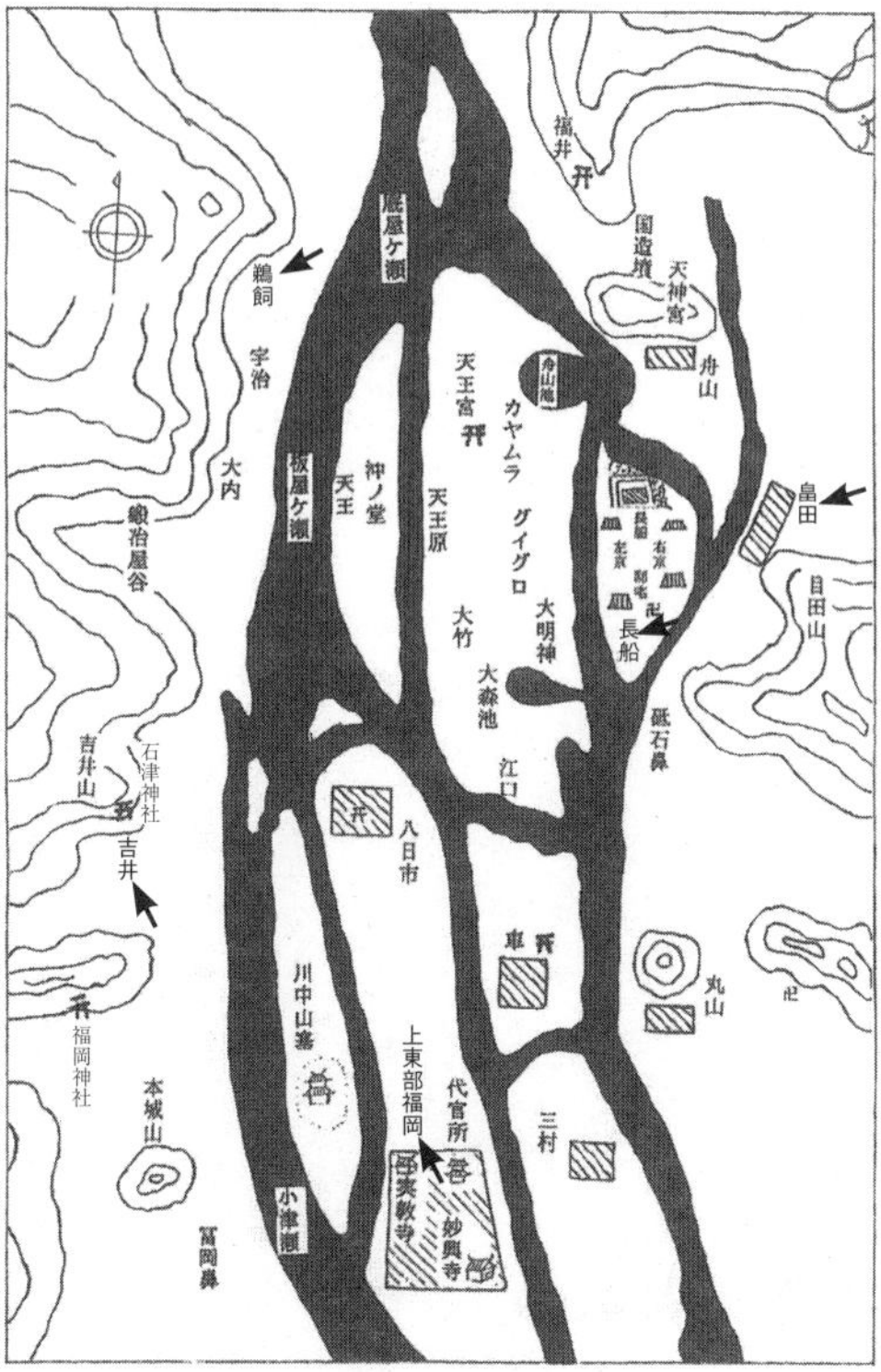

図21　福岡合戦図部分（写）

刀剣需要も大きくなってくると刀鍛冶は、さらに吉井川沿岸の周辺地域へ（長船、吉岡、畠田、吉井など）拡散して、新たな刀工も周辺地域で工房を構えるようになったであろう。製鉄材料としての砂鉄は、吉井川上流、沿岸のいたるところで採集できたであろうから、長船、吉岡など刀鍛冶のグループ毎に専属の砂鉄採集集団、精錬集団（大鍛冶）があったと思われる。優秀といわれる備前刀の地鉄も刀工集団ごとに異なっているのはそのせいでもあろう。

備前刀で、居住地が銘に鑚《き》られるのは、

図22　御物　太刀　銘：備前国長船光忠
［宮内庁三の丸尚蔵館蔵］

鎌倉中期であり、宝治・建長年間（一二五〇年前後）と見られる。《備前国長船光忠[49]》（図22）が初見であり、それまで刀鍛冶は、国名を鏨ることはあっても居住地を鏨る[50]ことはほとんどなかった。備前刀の盛名が上がるにつれて、鍛冶集団ごとの競合も激しくなったと考えられる。結果、今でいう差別化・ブランド化のために光忠は「長船」の文字を入れたとしても不思議ではない。光忠のこの積極策は、長船で鍛えられる刀剣の優秀さ、数を鍛えることができる組織力と相俟って見事に結実する。長船は、これ以降南北朝期、室町・戦国期まで、長期にわたって優秀な刀剣のブランドとして斯界に君臨する。

9　太刀の刃文、日本的美意識の発露

「美的な刃文」[52]についてである。太刀姿、戦闘様式の点では、ほとんど変化は見られない時代であったが、後鳥羽上皇の時代（建久九～承久三年〈一一九八～一二二一〉）に太刀の刃文に一大変化が見られた。それまで直刃ないし小さな乱れが連続して繋がってあたかも直刃のように見える、複雑ではあるが古調な刃文であったのが、ここに来て突然変異のように出入りの激しい乱れが出現する。「丁子」主体の刃文（丁子乱れ）である。それが、主に備前鍛冶によって、明瞭かつ優美な線で刀身に描かれるようになったのである。

この丁子乱れであるが、現在は、その形が、植物の丁子に似ているということでそう呼ばれているが、後鳥羽上皇の好んだ花が菊であり、先に述べたように手づから焼入れをされた太刀が「菊一文字」と呼びならわされたように、この乱れは、上皇の嗜好によって菊の花びらの様子を刀身に再現しようとしたものと考えられなくはない。刃文に菊を表した一文字である、ともとれる。更に花弁の先が「丁子菊」に似ていることから後世に「菊」が取れて「丁子」ということになったとも想像できる。勿論確証はないのであるが、如何であろうか。また「一文字」という呼称は、鎌倉中期以降に太刀の茎に「一」とただひと文字鑚る刀工が現れて以降、派手やかな丁子乱れの刀を「一文字」というようになった。おそらくは、「天下一」の一のみを鑚って後鳥羽院に重用されたブランドを流派として強調したものと考えられる。このように、鎌倉初期から中期にかけて、備前太刀の刃文は華やかな乱れになっていく。

鎌倉後期に入ると、丁子主体の刃文が、やや地味な「互の目」主体になるのであるが、それゆえになおさら、鎌倉前期から中期の「丁子乱れ」が後鳥羽上皇の嗜好に彩られた結果とすれば、刀剣の歴史にもロマンが感じられる。
（図23・註：光忠、吉房など、丁子乱れ太刀）

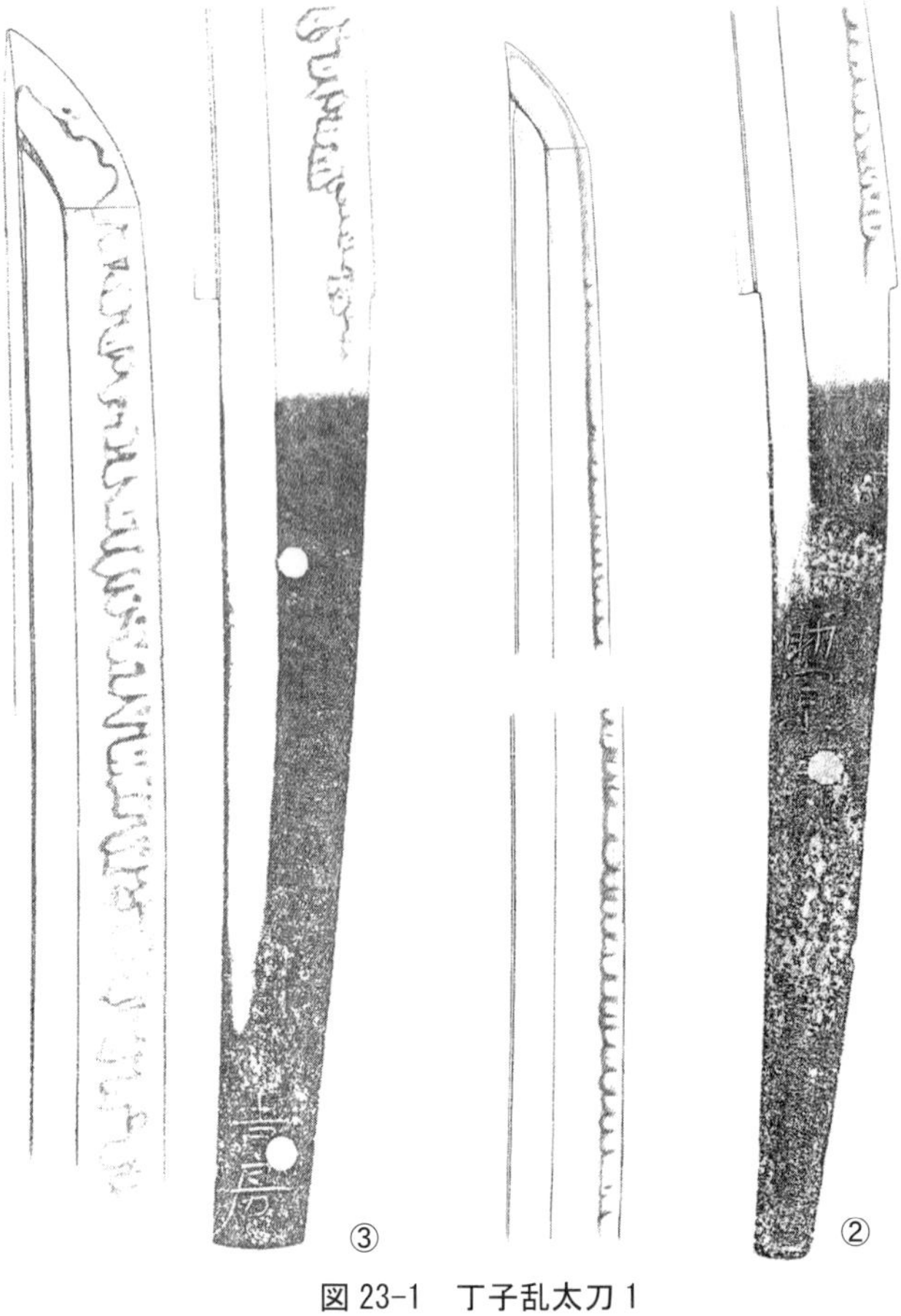

図 23-1　丁子乱太刀 1

これは他国の刀工にも影響を与えたものか、山城の刀工も、華やかさを競うように大模様の「丁子乱れ」の太刀を鍛えていく。

①重文　太刀《菊御作》
京都国立博物館（図20）
②重文　太刀《助宗》
松岬神社
③国宝　太刀《吉房・岡田切》
東京国立博物館
④太刀《（来）国行》個人
⑤国宝　太刀《長光》
東京国立博物館
⑥太刀《国俊　弘安元年十二月日（一二七八）》
東京国立博物館

変化は次の時代に現れる。元寇の影響によって多様な武器が

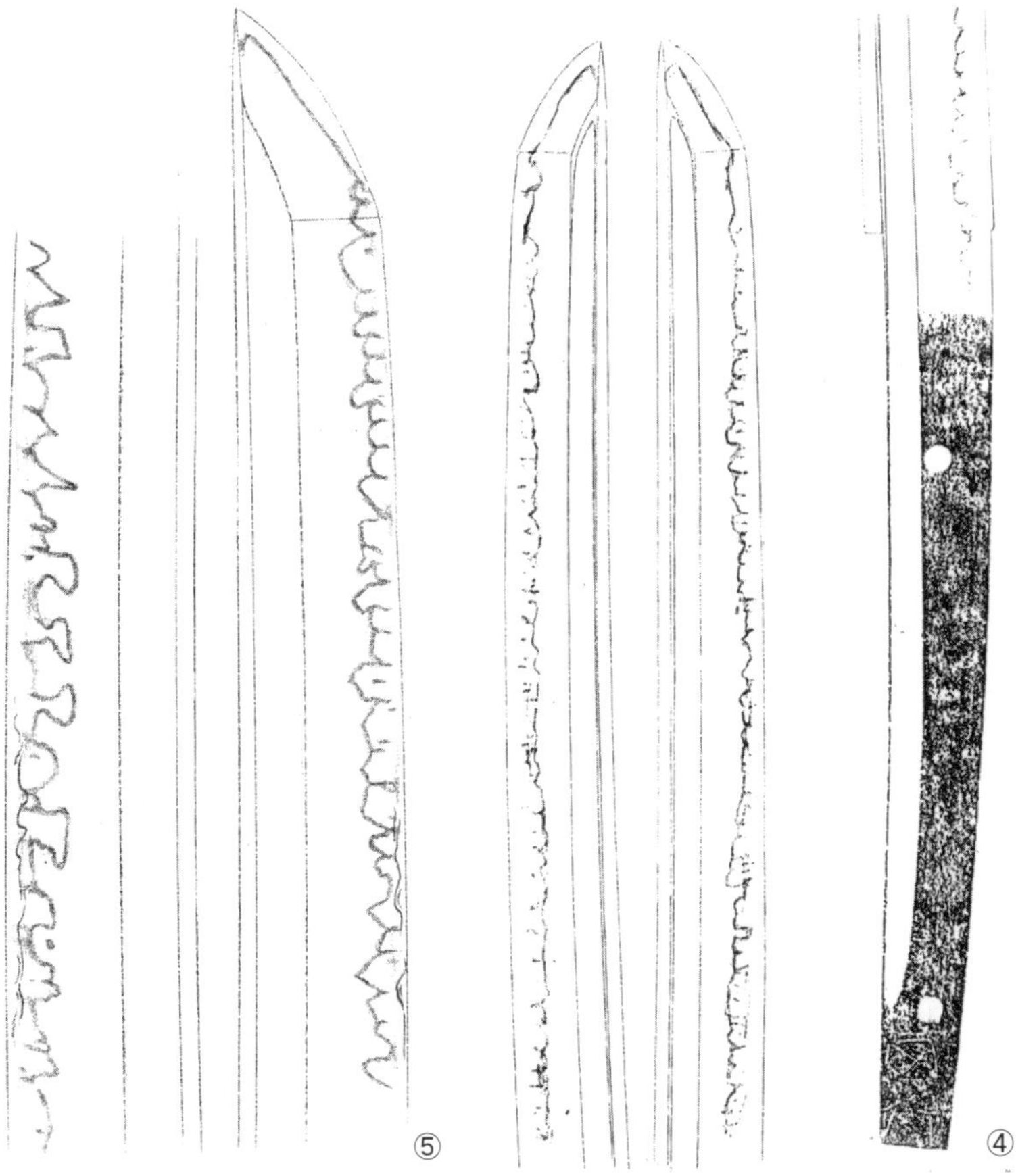

図 23-2　丁子乱太刀 2

用いられるようになった結果、徒歩太刀打ちが増加する。つまり、上級武士にとっての戦いも、徐々に騎乗と並行して徒歩へと移っていく。日本武器史上初めて今日われわれが認識しているところの「槍」が登場してくるのは鎌倉後期であり、徒歩格闘戦の増加を示唆している。

平安末期から鎌倉初期にかけて、名の知られた刀工、地域というものは、刀剣王国と云うべき「備前」、都である「京師」に加えて、かつて文明の先進地域であったと思われる「九州、山陰」であることに気づくのである。源平の争乱から鎌倉初期の承久の変での武器需要は大きなものであったと推測され

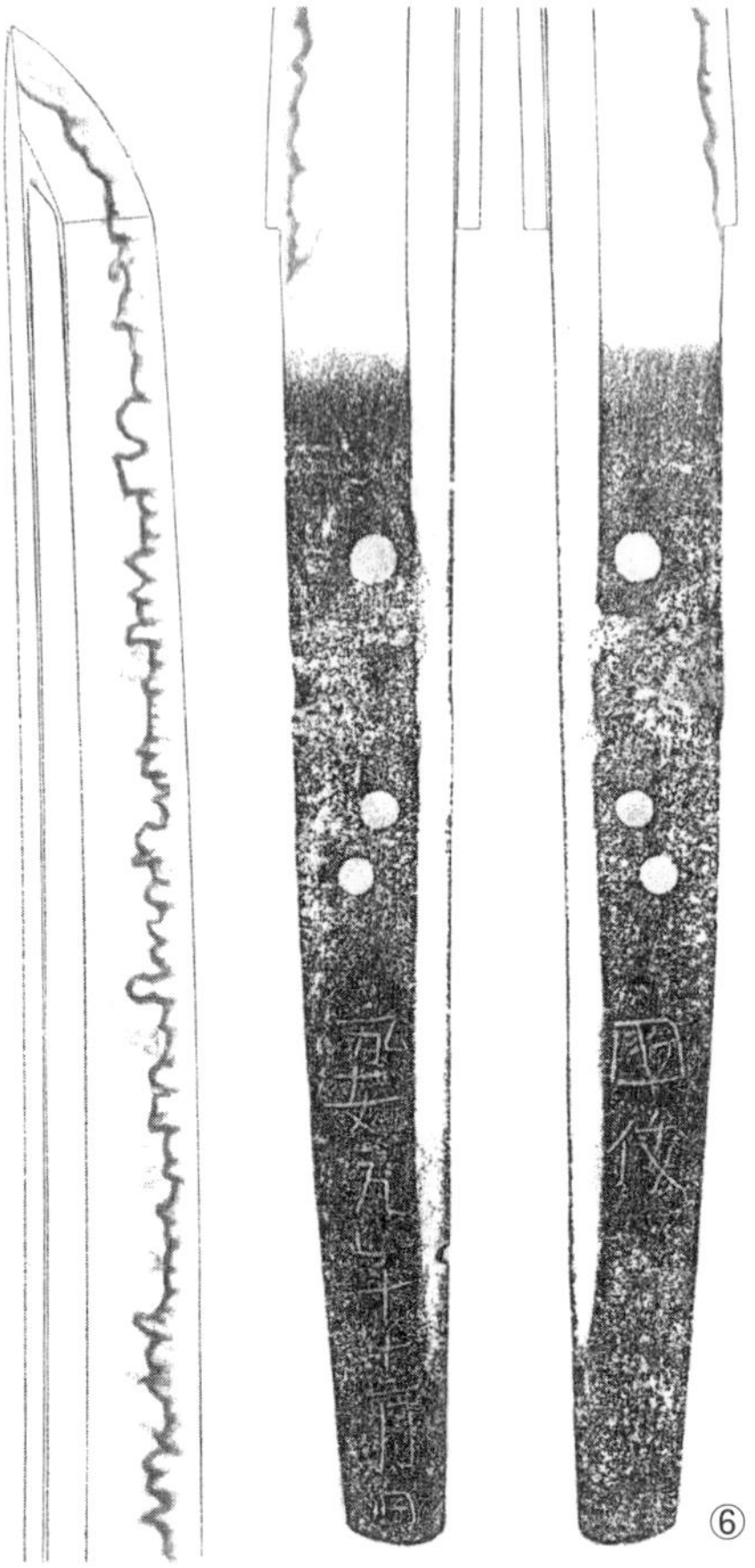

図 23-3　丁子乱太刀 3

るが、そこで後世に残すべき太刀、また需要に応じられたのは、先に示した国々のものであったといえよう。大和は、正倉院に多くの古代刀が残されたことから、刀剣鍛錬でも先進地域であったことは明白であるが、都が山城の平安京へ移って久しいこの時代に至っては、寺社中心の需要になって、宝刀や奉納刀の需要が減少していたのではあるまいか。

続く鎌倉前期から中期にかけて目立ってくるのは、幕府の置かれた鎌倉鍛冶である。しかし未だ山城、備前出身の刀工に頼っていた時代である。生え抜き刀工の活躍は、鎌倉末期まで待つことになる。そして山陰道、九州の刀工たちも影に隠れてしまったようである。

鎌倉中期〜後期は、元寇によって空前の武器生産時代となる。鎌倉御家人たちの実需に加えて、敵国調伏、また武運長久などの祈願、御礼のために多くの奉納刀が鍛えられた。大量の需要は、再び大和の刀工にも活力を与え、山城においても新たに来派が登場し、各地で後世に名を残す刀工が輩出する。当然、備前でも多くの刀工集団が活躍する。

元寇による刀剣需要が多くの刀工を育て、元軍との戦闘経験が、南北朝時代に繋がる「御家人各家戦[53]」から「集団徒歩戦」へ移行する大きな変化をもたらせたといえよう。

註

（27）**杖刀人**：中国、唐代の衛兵の姿によって、この杖刀人という名称を理解できる。帝の近くにあって、護りを固める者たちであろう。後の近衛（このえ・ちかきまもり）なるものとも想像される。

（28）**御成敗式目**：承久の乱後の貞永元年（一二三二）に制定されたために貞永式目とも。鎌倉幕府による武家のための初めての法令。

（29）**太刀の姿**：伝世の太刀の刃長、反りの深さ、そして刃長に対する反りについて、刃長は、例外的なものを除くと二尺五寸～二尺七寸（七五センチから八一センチ）、反りは八分～一寸（二・四センチから三センチ程度）、その比の多くは、一対〇・〇三前後である。これは、鎌倉後期に至るまで意味のある変化はない。

太刀姿について、今ひとつ心に留めておくべきことがある。それは、実戦用（兵仗）と奉納用、儀仗用の別がありうるということである。身幅広く、切先が延びてカマス切先となっているものは、武仗用として制作された可能性が高い。それに対して儀仗用では、細身で先細りの小切先、反りの深いものが好まれたと思える。また奉納用では、雄大な姿が望ましい事が多い。名刀が多く残されたのは、神社などに奉納された刀剣が大事に収蔵され、伝えられてきたことを意味している。勿論御利益を頂戴して、御礼の為、戦さに勝利した後に、勝利に貢献した太刀を奉納することもある。騎兵用の太刀として見た場合、現在残されている太刀の姿から標準的には二尺四寸（七二センチ強）～五寸（七五センチ強）と思われる。二尺七寸（約八二センチ）を超えるものは、実用というより、奉納用に鍛えられたものと考えてもあながち間違いではなかろう。

（30）**院宮分国制**：院や女院が除目の際に受領を任命できる権利を有して、そこから租税などの一部を受け取る。延喜八年（九〇八）、宇多上皇の時に始ったとされる。

（31）**白河院の恣意的まつりごと**：過度な仏教への傾斜が筆頭であろう。巨大な高さ二十七丈（約八一メートル）の八角九重塔を有する法勝寺など六勝寺の建立、諸国殺生厳禁、紀伊外漁網焼捨、放鳥など。

（32）**平清盛**：元永元年（一一一八）～養和元年（一一八一）。平氏の棟梁忠盛嫡男。母については、祇園女御妹など諸説ある。清盛は、大治四年（一一二九）数え十二歳で従五位下左兵衛佐に任じられる。藤原氏の摂関家御曹司と比しても早いくらいの叙任である。白河院の落胤との説は、清盛生前からあったと思われるが、簡単には、否定しきれない事象のひとつである。

（33）**平安後期から鎌倉期の人口停滞**（鬼頭宏『図説　人口で見る日本史』[19]）

鬼頭教授によれば、アメリカの歴史学者ファリス推計を基にした推計で、平安後期（一一五〇）から鎌倉後期（一二八〇）間、日本の人口は、約六八四万人から約五九五万人へおよそ九〇万人減少している。要因としては、源平の戦い（治承・寿永の戦い）などの全国規模の戦争、さらに気候の温暖乾燥化による飢饉が主なものである。平安後期から鎌倉中期は、農業技術や流通経済などは、前期までと大きく変わったわけではなく、政権による大規模な田畑開発・灌漑工事もない。また農民たちの生産意欲も大きくならなかった中では、戦争と旱魃は大きな痛手となった。

（34）**腹巻**：現在は「胴丸」と呼ばれている。平安時代から鎌倉時代にかけては、「腹巻」という名称であった。『平家物語』や『吾妻鏡』を見ても「胴丸」という名称は見いだせない。胴丸は当初、「筒丸」ともいったようで、南北朝あたりから登場したものと思われ、『太平記』に見られる。この腹巻は、徒歩の従卒たちの足さばきの便を考慮して生み出された。ぐるりと胴を巻いて、右で引き合わせる。大鎧のような脇楯はない。

（35）**源為朝**：源義家の孫である為義の第八男。十三歳でその乱暴により父から九州へ追放、かの地で鎮西惣追捕使を自称したという。そのことから鎮西八郎為朝と呼ばれる。母は、摂津（大阪市）の江口の君（遊女）という。強弓伝説があり、八尺五寸の弓を引き、弓手（左腕）が馬手（右腕）より四寸程（十二センチ）長かったという。身長七尺余（二メートル一〇センチ）の巨大な体躯を有していたと『保元物語』に描かれる。鳥羽上皇に味方した源義朝に従った大庭景能は、為朝に右膝を射られて生涯跛行となるが、「自鎮西出給之間騎馬之時弓箭不任心歟《鎮西から出てこられたので騎射が思うに任せなかったか》」と述べたことが『吾妻鏡』

第十一、建久二年八月一日条に記されている。

(36) **野劔**：「劔（たち）」について、後世の野太刀（大太刀）と区別するため、本稿では、兵仗・儀仗としての「のだち」を野劔と記す。

(37) **「野」字義**：『論語』に孔子の言葉として次が残されている。「子曰、先進於禮樂野人也、後進於禮樂君子也、如用之、則吾從先進」。拙訳すると、「昔の人の礼楽は、飾り気がなく素朴であった、後の者の礼楽は、君子然として洗練されている。どちらを採るかといえば、私は、昔の風に従う」。「野」は粗野、野蛮の意味が通常だが、この場合は、飾りがない、洗練されていない、と解するのが、本質を捉えるものと思える。また「野人」は、野蛮人ではなく、城外に住む農民などを指す。

(38) 検非違使は、捕縛権のない衛府・弾正台に代わり、追捕、投獄、のちには裁判も行うようになった平安朝の警察的機関。弘仁年間（八一〇―八二三）頃に設置されたとされる令外の官。罪と並んで穢れも祓うべき部署としても機能した。衛門督が検非違使別当、衛門佐・尉が検非違使に任じられるなど主に衛門府の武官が兼務した。火長・看督長は、志《さかん》の下に置かれ、律令体制時に兵士一〇人を単位として「火」と呼称した流れで衛門府の衛士統率者を「火長」とした。「看督長」は、火長から選任される。

(39) **追捕廷尉**：検非違使の唐名、秦代の呼称という。

(40) **下部**：放免（罪を免除された者）とも同一視されるが、罪を許されて使役させられていた者のみではないと思われる。

(41) **武家位階**：督（従四位下）・佐（従五位上）・尉（従六位上―正七位上）。衛門府、及び兵衛府での長官、次官、次官補の呼び名、近衛府では大将（従三位）、中将（従四位下）、少将（正五位下）であった。

(42) **頭中将**：近衛中将で蔵人頭を兼任した者をいう。当時のエリートコースであり、あこがれの役職であったろう。

(43) **藤原頼長**：保安元（一一二〇）～保元元（一一五六）。忠実の子。崇徳院と組んで保元の乱を起こし、敗死。

(44) **藤原冬良**：寛正五年（一四六四）～永正十一年（一五一四）。関白太政大臣。

(45) 「平さや」は、「平鞘劔」のこと。『助無智秘抄』などの古文書などにも衛府蔵人、検非違使が佩くとあり、「野劔」の別称とされる。身幅広い実戦的な太刀の意であり、「細劔」との対比である。『助無智秘抄』の記された平安末期から鎌倉初期には、野劔は毛抜形の儀仗刀、平劔は、以外の兵仗刀、という区別が出来ていたとも考えられる。

（46）**後鳥羽上皇**：治承四年（一一八〇）～延応元年（一二三九）。高倉天皇第四子。寿永二年（一一八三）、木曽義仲の入京のため平氏が安徳天皇、鏡剣璽の三種の神器を奉じて都落ちしたため、後白河法皇の院宣を受けて神器の無いまま践祚。西面の武士を新設するなど朝権回復を図る。建久九年（一一九八）土御門帝へ譲位、院政を行う。熊野詣では、二八回とも三一回ともいう。新古今和歌集撰進を命じるなど歌人として優れていた。一方、水練や流鏑馬を好むなど文武両道に亘って多才であった。刀剣の焼き入れを自ら行ったとされる。承久三年（一二二一）に北条義時追討の院宣を発するが、敗れて隠岐へ配流。以降十八年間配流生活を送った。

（47）**御番鍛冶**：最古の刀剣鑑定書といわれる観智院本『銘尽』では、一か月毎に鍛冶名が記されているため、能阿弥本から月番鍛冶を引くことにした。両本間に鍛冶の異動は無い。

（48）**刀剣鍛錬**：太刀一振りは、刀身のみで〇・八キログラム程度である。これを制作するには、およそ十倍の砂鉄、が必要であり、奈良県無形文化財刀匠である河内國平師によれば、玉鋼を使用して、完成までおよそ二十俵から二十五俵の炭を要するという（勿論、武器でありながら美術品的な刀剣を鍛える現代と室町期以前では、相当に鍛錬の材料、鍛錬手法が異なる可能性のあることは認識しておく必要がある）。それにしても炭一俵は、約一二キログラムであり、原料砂鉄の二十倍以上という凄まじい量の炭が必要となる。さらにいえば、鍛錬の元になる鉄（鉧《けら》や銑《ずく》）の生産には、近世のたたら吹きで、約二・八トンの鉄を得るのに、約一三トンの砂鉄、約一三トンの炭を消費した。

（49）**備前国長船光忠**：三寸強磨り上げられたと思われ、元は二尺七寸の堂々たる姿である。

（50）**居住地銘**：「長船」光忠以前には、山城国「三条」銘の宗近作といわれる太刀、伯耆国の「大原」を冠した真守のみと思われる。三条銘は、太刀銘としては異例の「佩き裏」[51]に鑚られており、鍛冶が自身の居住地を鑚ったものとは思えない、また真守は、伯耆国安綱の子と伝えられるが、十一世紀頃というその時代について、検討を要するかもしれない。

（51）**佩き裏**：太刀の場合、刃を下にして柄が前にある、腰に佩いた状態で茎の右側を指す。左側が「佩き表」（太刀各部名

称参照）

（52）**刃文の定義**：大きくは二通り、「直刃」と「乱れ刃」。乱れ刃では丁子乱れと互の目乱れが代表的である。その区分は、一般には分かりにくいところがある。乱れの山の腰がすぼんでいるのが「丁子」、広がっているのが「互の目」とするのが分かりやすい（参考：中原信夫『詳説 刀の鑑賞（基本と実践）二〇〇八年』）。

（53）**各家戦**：鎌倉期幕府御家人の戦闘様式は、数人から数百人規模の御家人各家単位で戦うかたちであった。

表3　太刀の時代（平安～鎌倉時代）国別刀工分布表

街道	国	平安～鎌倉前期	鎌倉前期～中期	鎌倉中期～末期
畿内	大和	・［天国、天座］	・［古千手院］	・手掻包永　・保昌貞宗 ・尻懸則長　・龍門延吉 ・当麻国行　・包氏
	山城	・宗近、吉家、兼永	・粟田口国友、久国、国安 ・来国行、国俊　・綾小路定利	・粟田口国吉、吉光 ・来国俊、国光、国次
東海道	相模		・（粟田口）国綱　・（一文字）助真 ・備前国宗	・新藤五国光、行光 ・正宗、貞宗
東山道	陸奥	・［舞草］	・［宝寿］　・［月山］	・宝寿　・月山
	近江			・中堂来光包
北陸道	越中			・郷義弘　・［宇多国光］ 則重
山陽道	備前	・友成 ・正恒、真恒、恒次 ・包平、高平 ・遠近	・一文字則宗、助宗、吉房 ・畠田守家 ・長船光忠、長光、景秀 ・古元重	・一文字助吉、助光 ・長船景光、景政、兼光 ・長船元重　・鵜飼雲生、雲次 ・畠田家助
	備中	・古青江守次、貞次、［恒次］、為次	・中青江諸刀工	・青江次直　・片山一文字
	備後			・三原正家　・国分寺助国
	周防			・二王清綱、清久
山陰道	因幡			・景長
	伯耆	・安綱、［真守］		
西海道	豊前	・（神息）、長円		
	豊後	・定秀、行平		
	筑前			・良西、西蓮　・左
	筑後	・三池光世		
	肥後			・延寿国村、国資、国時
	薩摩	・波平［行安・行正］		

※（ ）内は補足。［ ］内は時代、あるいは存在が不確実な刀工

第四章　元寇の影響

元寇は、鎌倉時代で外すことのできない一大事件である。日本の存亡にかかわる外寇であり、異国との戦いは好むと好まざるに関わらず、以降の日本に大きな影響を与えた。

蒙古襲来での日本武士たちの戦い方について、旧来の「一騎討ち」様式に固定された考え、記述がいまだに残されているが、一方、少なからぬ人たちによって元寇での「一騎討ち」が否定され、見直されていることも近年の傾向である。これに関連して、「神風」の有無についても論じられている。また弓馬の道が武家の習いとされてきたが、集団戦やそこで重宝される槍の登場、徒歩戦への移行など、元寇は日本の戦法、武器に大きな影響を与えた。この章では、当時の武家、御家人たちの元軍との戦い方が実際にはどのようなものであったか、それが元寇によってどう変化したか、さらに武器についてどのような影響がもたらされたかを、重要な歴史資料である《蒙古襲来絵詞》[20]（以降絵詞）、『八幡ノ蒙古記』[21]（以降蒙古記）、『元史』[22]、『高麗史』[23]などをもとに考える。

1　元寇の概要

元寇とは、モンゴルがチンギス汗亡き後、五つに分割統治された国のうち中国の大半を手中にし、国号を「大元」としたフビライ帝が、日本をも服属させるべく起こした二度に亘る侵略戦である。一度目は、文永十一年（一二七四）十月に蒙古・高麗、合わせて約四万人[(54)]が、対馬、壱岐、博多一帯を侵した後、突然の「逆風」によって撤退したといわれるもの。二度目は、弘安四年（一二八一）五月にまず蒙古兵・高麗兵、合計四万人の東路軍が、対馬に再び来攻してきたもの。弘安の役では、六月に長門（山口県）、博多に襲来。文永の役以来、幕府は総動員体制を整え、九州から中国地方にかけて日本海側に長大な石築地(55)も築いていた。御家人たちは、船への奇襲、夜襲も交えて善戦。一方、十万人といわれる旧南宋兵を中心とした江南軍がひと月遅れで、平戸・鷹島（長崎県）に姿を見せる。七月初には、東路軍も平戸に集結。これから全面戦に移るかと思えたが、なぜか元軍はひと月も平戸近辺を動かず（あるいは動けなかったのか）、七月末から閏七月一日にかけて運命の暴風雨（台風）が来て、元軍（東路軍・江南軍）は壊滅した。十四万の軍で、十万余が大陸に帰還できなかったという。

この後、元軍を壊滅、敗走させたという「神風」伝説が、信じられ、日本人の脳裏に刻まれることになる。

以上、ごく簡単に元寇の経緯について述べたが、当時の武器や武士たちの戦いはどのようなものであったのか。

まずは、《絵詞》から。九州の御家人であった竹崎季長《たけざきすえなが》(56)が自らの手柄を後世に伝えるため、鎌倉殿(57)（そして秋田城介《あきたじょうのすけ》(58)）への感謝の念を示すため、地元の甲佐八幡宮へ感謝の意を伝えるため、元寇後の永仁年頃（一二九三〜一二九九）に描かせたとされる。文永・弘安の両役から十数年後、ほとんど同時代といってよい時期に、実際の戦闘に参加した竹崎季長が描かせた絵巻であるため、これ以上の元寇資料はないといえるであろう。

2　元寇での武器

日本側の武器は、太刀、腰刀、弓矢(59)は当然として、熊手が面白い。《絵詞》には見あたらないが、当時の常として、飛礫《つぶて》なども使用されたことであろう。熊手は、もともと敵の船へ自船を引き寄せる道具であるから、海浜が主戦場であった元寇では、西国の武家たちに馴染みの武器であろう（図14・15参照）。

甲冑では、騎兵は大鎧、下卒は腹巻（現代にいう胴丸）と、平安後期からほとんど変化がない装備である。

これに対して元軍は、蒙古兵、高麗兵、おそらく旧金軍兵と多民族で構成されていたことから同種武器であっても多様な形が見られる。

・刀（若干の反りはあるが、直刀に近くみえる）
・弓矢（やや短めで握りの部分が中央で他と区分されている）
・槍（多様な形が混在している。①素槍的、②千鳥形の両鎌、③幡のように標をつけているものなど）
・戟に近似のものであろうか、枝刀の多い長柄武器
・鉄砲（後世に登場する鉄砲とは違い、砲丸状の、投擲して炸裂させる火器）

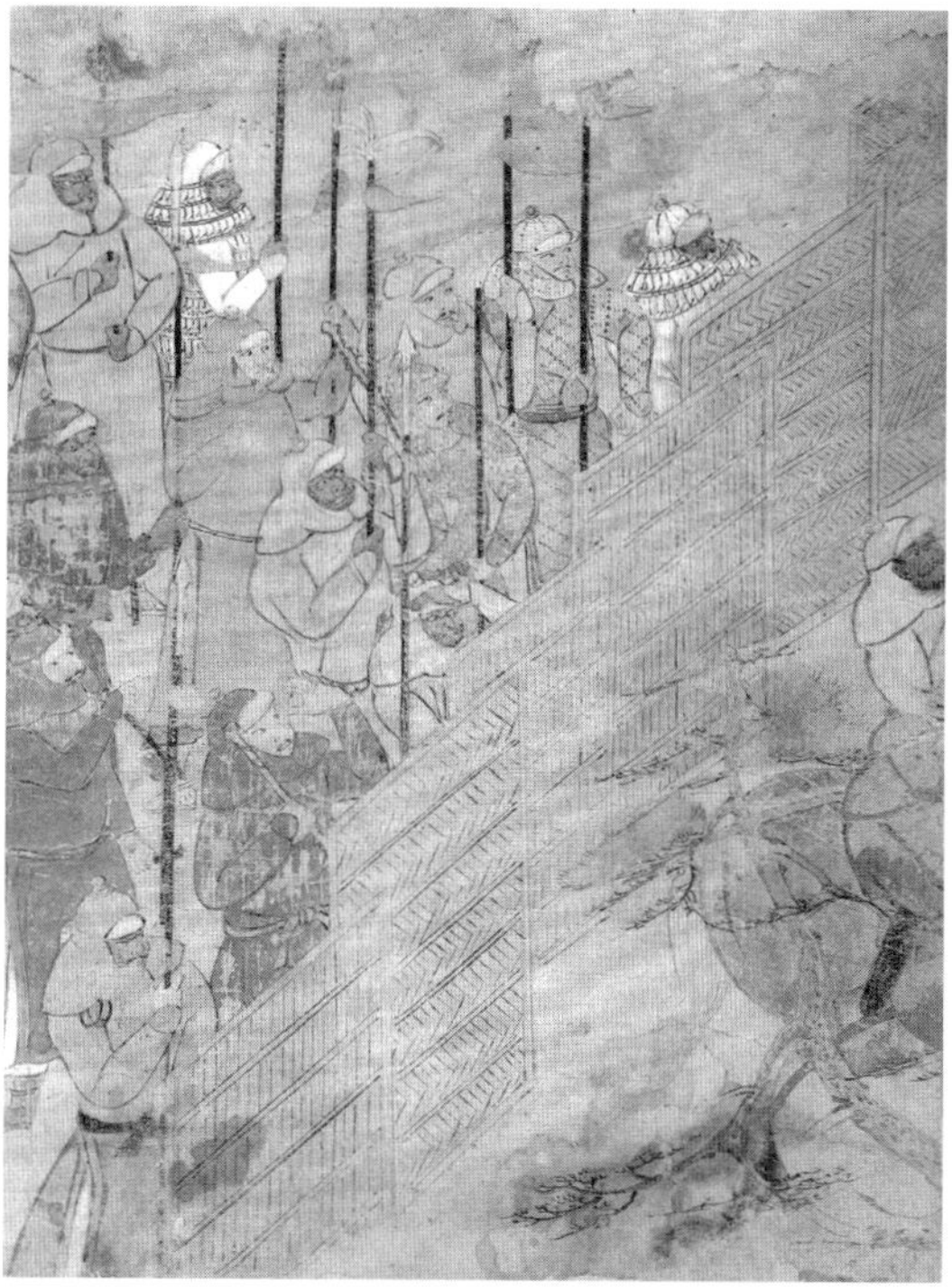

図 24　多様な「槍」を持つ元軍兵士
（図 24 ～ 26・28:《蒙古襲来絵詞》［宮内庁三の丸尚蔵館蔵］）

格闘武器中、両者の間で最も異なっているのは、長柄の武器である。日本側は、薙ぐすなわち斬ることを主眼にした「薙刀」に対して元軍は、突くことを主体にした「槍」である。どちらも歩兵用といえるが、下卒といえども兵《つわもの》が用いる、つまり戦闘プロ用の「薙刀」に対して、徴用された素人であっても使いやすい「槍」という構図になっている。戦いのプロ的なものが中心の

日本に対して、混成部隊でもあり、集団で戦う元軍という構図がみえる。

「弓矢」は長弓といわれる日本に対して元軍は、比較的短く、矢も短いものである。歴史群像『北条時宗』[24]に日本弓と蒙古弓との比較が掲載されている。そこでは、日本の弓が飛距離でやや優位にあると結論づけている。麻・絹を撚って漆塗りした日本製弓弦が、動物革を原料にした蒙古製と比較して重量、空気抵抗の点で優れており、矢の射出速度に差が生じることが大きいという。また、矢柄も木を削った大陸のものに対して竹の日本製に利があるとしている。

甲冑・防具で、蒙古の軽騎兵は、絹の下着の上にフェルトの胴着、革製の胸当、重騎兵は、鎖帷子を着用して盾を持つという。日本武士の大鎧と比べてかなり軽量であったと思われる。

3　戦いの実相

元寇の後まもなく記されたとされる『八幡ノ蒙古記』という元寇の戦いを記録した古書（慶応義塾大学附属研究所斯道文庫蔵）が存在する。後年に改編された可能性は残るが、一般に元寇の記録として知られている『八幡愚童訓』の元寇戦闘記述の元になったと思われる文書である。江戸後期の国学者である橘守部旧蔵になる。この『蒙古記』・『愚童訓』の記述と《絵詞》の詞書と合わせて、元寇での戦闘を検討してみる。

よく知られているように蒙古軍と日本武士とは、戦いの作法が違っている。この違いが、『蒙古記』に見事に記述されている。


文永の役、十月廿日　小貳景資のところ（括弧内筆者補記）
・ここに前小貳入道覚慧孫、わつかに十二三なるか、矢合の為とて小鏑を射出したりしに、蒙古一度に、とつと笑ひ、大皷をた〻き、とら（銅鑼）を打て鬨《とき》をつくる事おひた〻し、…略…
・一面にたちならんて、もし、よするものあれは、中に包みて引退き、左右より端をまはし合せて、とりこめて、皆ころしける、…略…
・日本の軍の如く、相互に名のりあひ、高名せすんは、一命かきり勝負とおもふ処に、此合戦は、大勢一度に、より合、足手のうこく所、われも〳〵と取つきて、おし殺し、又は生捕けり、……

互いに異国の兵との戦いであるが、日本の武士は、戦いに先がけて矢合せの為、鏑矢を飛ばした。この意図は元軍に伝わらず、「どっと笑った」という。天智帝御代の唐との戦い以降、異国との戦闘は経験がほとんどなく、あくまで律令体制下の国内戦であったために戦いの際に言葉戦い、戦いの正当性や、手続きが重んじられた。元軍は、絶えず異賊との戦いの中で、殲滅戦を経験していることから、寄せてくる兵がいれば、大勢で中に取り込んで殺した、とある。「銅鑼」や「太鼓」を用いて集団で進退する元軍の様子がよく理解できる。一方日本の武士は、「相互に名乗り合い、一命、これをかぎりと功名のために勝負する」とある。

日本の武家が「相互に名のりあひ……」というのは、戦での功名から恩賞に預かるために必要な手順であった。手柄を立てたのは、どこの誰か、どういう素性の敵を倒したか、勝利のためにどんな働きをしたか、などを周知させ、証人にたってもらう為である。故に対敵、対味方、その両方の為に「名乗り」が必要であった。

《絵詞》に互いに証人となるための味方同士の名乗りの事情がよくわかる詞書きがある。

文永の役、麁原《すそはら》

……けうと（凶徒）はすそはら（麁原）にちん（陣）をとりていろ〳〵のはたをたてならへて、らんしやう（乱声）

ひまなくしてひしめきあふ、すゑなか（季長）はせむかふ（馳せ向かふ）をとうけんた（藤源太）すけみつ（資光）申す、御かた（味方）はつゝき候らん、御まち候てせう人（証人）をたて、御かせん（合戦）候へと申を、きうせん（弓箭）のみちさきをもてしやう（証）とす、たゝかけよとてをめいてかく、…略…むま（馬）もいられす（射られず）してゐてきのなかにかけいり、みちやす（白石通泰）つゝかさりせはしぬへかりしみ（死ぬべかりし身）なり、おもいのほかにそんめいして、たかひにせう人に立つ、ちくこ（筑後）のくにの御けにんみつともの又二郎くひのほねをゐとをさる、おなしくせう人にたつ

集団戦法や「てつぽう」などの新兵器に苦戦しつつも健闘する御家人の様子が見えるようである。

戦法が根本的に異なっている中で相似形になっているのが、「弓矢」で、両軍ともに最も重視され、幾多の戦いの中で重要かつ強力な武器として機能している。敵味方の、遠射距離（一〇〇〜二〇〇メートル程度）から近射距離（一〇〜三〇メートル程度）になるまで有効であり、日本、元ともに通常、戦いの趨勢は、大方この弓矢で決まったといえるであろう。

モンゴルの基本的な会戦法では、弓矢によって崩れた敵を長大な槍を持つ重装騎兵で更に突き崩す戦い方をする。日本でも、弓矢で敵を崩す戦い方をする。弓矢使用の点で、両者は驚くほど似ていたのである。異なっているのは、日本の場合、戦いの最後は、組討格闘で勝負を決するところである。敵味方互いに朝廷下にあることが前提であるために、一方のリーダーが斃されれば、戦いは、終了する。従う者たちは、翌日から、昨日まで敵であったものの下に立つことになっても不思議はない。蒙古など大陸での戦いは、負けは即一族、国家の滅亡につながるのとは異なっている。

元寇では元軍が日本に持ち込んだ騎馬の数は比較的少なく、騎兵による統率のとれた用兵はできず、集団戦の効果

図 25　騎射の白石勢百余騎

図 26　歩射の元軍兵士

は限定されたものであったろう。《絵詞》でも元軍の歩兵が目立つ。戦場が海浜、またはその近辺であったことも騎兵集団の戦力を減少させたと考えられる。

矢戦についてその用い方、重要性のよくわかる情報も《絵詞》、『蒙古記』に含まれている。

文永の役　緒戦、十月五日　対馬での戦い（『蒙古記』）
其時、宗馬允（資国）、陣をとりて戦ふ、いはなつ矢に異国人、数しらす、いとらる

対馬の緒戦で元軍は、日本の矢をさほど意識していなかったためか、宗資国は多数の元軍兵を射取ったとある。

文永の役　筑前今津浜での戦い
……蒙古か矢、みしかしといへとも、矢のねに毒をぬりたれは、ちともあたる処、とく（毒）気にま（負）く、かくて敵より数百人、矢さきをそろへて雨のことくに、いけるに、向ふへくもあらす……

ここの記述では、矢に毒を塗っていたということから分かるように勝つための手段を選ばないということに加え、「矢さきを揃えて」という規律ある集団戦法に留意すべきである。

次に鎌倉武士たちがどのような戦い方をしたのかを見る。

まず元軍との戦闘で、これまでよく述べられているのは、武士たちの「一騎討ち」作法である。この場合の「一騎討ち」とは、日本固有の名乗りから組討ち格闘に至るものを指している。言葉も通じない異国の敵との闘いで名乗りを上げて一騎討ちを求めて敵集団の前へ出向くことはありえないし、先に記したように、元軍は「雨のごとく」矢を射てくるのであるから、ひとり前線に向かってくる騎馬武者を射ることなく待っている元軍兵士はいない。戦いの展開としては、あり得ないことであろう。後世の勘違いは、『蒙古記』とそれを下敷きにして元寇から一〇〇年以上後に改編、脚色されたと思われる『愚童訓』に次のような文章が残されているからであろう。

日本ノ戦ノ如ク、相互ニ名乗リ合テ、高名不覚ハ一人宛ノ勝負ト思フ処、此合戦ハ大勢一度ニ寄合テ、足手ノ働ク処ニ我モ我モト取リ付テ押殺シ、虜リケリ。是故懸ケ入ル程ノ日本人漏レル者コソ無リケリ。

『蒙古記』で「日本の軍の如く、相互に名のりあひ、高名せすんは、一命かきり勝負とおもふ処に」とあるところが、『愚童訓』では「日本ノ戦ノ如ク、相互ニ名乗リ合テ、高名不覚ハ一人宛ノ勝負ト思フ処」とある。「日本の軍」が「日本ノ戦」、また「一命かぎり勝負」が「一人宛ノ勝負」となっている。

『蒙古記』の日本軍の味方内で互いに名乗りあい、おのおのが命を賭して戦うとなっているものが、『愚童訓』になると、日本の戦では、敵味方互いに名乗り合い、一対一で戦うと読める文面に変化している。

これは、『愚童訓』の著者が、ずっと以前から流布している『平家物語』や『保元物語』などの軍記物に影響された結果ではないかと思われる。

日本固有の「一騎討ち」とは、十世紀中以前に東国を中心として、いづれがその地方でリーダーシップを執るかを決めるために出来た作法、あるいは功名の程度を互いに確認するための作法である。元寇時の、敵を殲滅させるべき合戦の作法ではない。『蒙古記』でも鎌倉御家人が、一騎討ち作法を意識していたと読めないことはないが、《絵詞》の記述に「一騎討ち」は記されてはいない。功名のための「先駆け」などと間違えてはいけないのである。

鎌倉御家人の軍は、各御家人のグループ毎に戦う独立隊の集団である。味方内で互いに名乗り合うのは、後日、恩賞を得るときの証人となるためである。『愚童訓』に見るように「名乗り」の意味の取り違いが、物語作者などには一般化されていたと思える。「一人宛ノ勝負」という文言から室町当時の人たちは、鎌倉武士が一騎討ちをいどんでは、蒙古兵に集団で取り囲まれ、「押殺」されたと認識していたのであろう。この脚色が、八幡神の神力、御加護を喧伝するのに好都合であったことは、当然である。これを鵜呑みにしていては、元寇の戦いの実相に迫れなくなる。独立性の高い御家人の戦い方も又『蒙古記』の中に回答がある。

文永の役　十月廿日（括弧内筆者補記）
日田、青屋かのりたる馬、口つよくして、しねん（自然）に敵陣にそひかれたる、主人入しかば、かの手に、したかうものとも、つゝいて、かけ入たりけるに、ひし々と巻こめられて、のこりすくなく打死す、こゝに菊池次郎（武房）、おもひ切て、百騎はかりを二手分て、おしよせて、さんゝゝに、かけちらし、上になり下になり、勝負をけつし、家のこ、らうとう等、多くうたれにけり、

元寇においては、「一騎討ち」ではなく、御家人ごとの各家戦がそこここで展開されたのである。締めくくりに『蒙

古記』から弘安の役の次の記述をご覧いただく。

……九国の兵、たひゝ、おしよせて戦ふ、そのほこさきの、つよかるに、蒙古も、やすく、かゝりかたくや、おもひけん、兵船ともは、はるか沖の方なる鷹嶋へこそ、こきよせけれ、此時、大軍をもて、おしよせはと、おへとも、皆三十五十の、よりあつまりにて、これと云大将もなく、誰か、しきすと、云人も、あらされは、つよきやうにて、おの々、文永の手こりに、おちたれは、勢ひうすし、……

ちなみに弘安の役の竹崎季長一行は、騎兵六騎に従卒二名の集団であった。

4　元軍撤退の真相

文永の役では、日本の武士たちは個々にかなり奮戦したことがこれまで引用した記述によって理解できる。それ故に神々の加護によって勝利を得ることができたとする『蒙古記』他、『八幡愚童訓』などの主張を鵜呑みにすることは、現代人の神仏を信じるものであっても難しい。元軍撤退について残されている資料は、多くを語らない。なぜ十月廿日の戦いの翌日早朝には、跡形もなく沖の船団はなくなっていたのであろうか。

かつては、「神風」、「神の御加護」によって逆風が吹き、蒙古の船を覆した、という神話が信じられていた。『蒙古記』には次のように記されている。

さる程に夜も明けぬれば、廿一日なり、あしたに松原を見れは、さはかり屯せし敵も、をらす、海のおもてを見わたせは、きのふの夕へまで、所せきし賊船、一艘もなし、こはいかに、いつくへは、かくれたる、…中略…とはかり出来てよく丶、見れは、異賊の兵船一艘、志（賀）嶋にか丶りて、逃げのこれるも見えにけり、……

この結末に対して、後の弘安の役（一二八一年）の際の大風と合わせて「台風」とみることは、近年否定されつつあるように思われる。すでに気象学者、荒川秀俊が、一九五八年に弘安四年十月下旬は、冬季に入っており、台風はありえないと断じている。[25] しかし、一方、冬の玄界灘の強力な低気圧による暴風雨は、十分考えられることである。海賊などに詳しい時代小説作家の白石一郎氏も、元寇を論じた著書[26]でこの可能性を指摘している。

日本側に信頼できる資料がない以上、国外の資料に頼る他ないのであるが、まさにそのヒントとして当時の状況を伝える情報が、『高麗史』および『元史』に記述されている。

……金方慶[60]、忽敦[61]、茶丘[62]に謂いて曰く「兵法に『千里の県軍、その鋒当たるべからず』とあり、我が師少なしと雖も、已に敵境に入れり。人は自ら戦いを為して、即ち孟明の焚船、淮陰の背水なり。請う、復た戦わん。」と。忽敦、曰く、「兵法に、『小敵の堅は、大敵の擒なり』と。疲乏の兵を策して、日ごと滋すの衆に敵するは、完計に非ざるなり。軍を回するに若かず。」と。（劉）復亨、流矢に中る。先に舟に登り、遂に兵を引きて還る。会々、夜、大いに風雨す、戦艦、岩に触れて多く敗れ、（金）侁は、水に堕ちて死す。合浦に到り、俘獲・器仗を以て、帝及び王に献ず。……（『高麗史―日本伝』［伝〇一一］）

また『元史』には次の記述がある。

冬十月其の国に入り之を敗らんとするも、官軍整わず、また矢尽き、ただ四境を虜掠して帰る。（『元史』〔至元十一年三月条〕）

文永の役結末については、残されたのは以上がすべてである。大陸の正史を見るとき、その記述は、次代の王朝によってなされるということを考慮する必要がある。当代に都合の悪い事実の記述は、控えられるであろう。一方、そうでない事項は、比較的冷静な眼で残されるものである。そして、記述のもとになる情報は、前代王朝が残した記録とその臣下、学者、地方の記録などになろう。

次代の明王朝は、異民族国家であった元の記述には、さらに冷静、また淡泊であったと思われる。こうしたことを頭に入れて、これらの短い文章を読み解くとどうであろうか。

『高麗史』によれば、金方慶は、「自軍は少数であるが背水の陣ということもあるので、再度戦おう。」と述べたという。これは金方慶の「伝」であるため、当人に寄った記述になっていようが、そこで「自軍は少数」といっている。これに対して総司令の忽敦は、「日ごとに増える敵と戦うのはよい策ではない。」としている。そして「夜、大いに風雨」とあるのは、撤退を決めた後と読める。

『元史』では、「其の国を（敗らんとするも）破れなかった。官軍は整わず、矢も尽き……としている。

これらの記述はどう見ても、大いに優勢であった軍の指揮者たちの言とは考えられない。素直に読めば、戦いは、うまく進んでいない、被害も相当でていると見るべき記述であろう。

文永の役後、忽敦、金方慶など遠征軍のものは、日本遠征を「失敗」であったとは、元宗王もフビライ帝には復命しづらいものであろう。逆に「勇躍奮戦して（特に高麗兵は）大いに倭を討ち敗り、童男女二百人も捉えて参りました。残念なことに、帰途海上で嵐に会ったことによって相当の被害が出ております。」くらいな報告をしたのではなかったか。自ら献策した第一次征東、即ち日本遠征に、九百艘もの軍船を建造させられ、実戦でもかなりの被害を受けた高麗にすれば、万が一第二次征東軍が送られることになり、またまた多くの軍船を作らされることになっては、耐え難いことになるであろう。文永の役翌年（一二七五）、高麗朝、元宗王の後を嗣いだ第二五代忠烈王は、金方慶らを元に遣って「若《も》し復た事を日本に挙ぐれば、則ち其の戦艦・兵糧は、実に小邦の能く支うる所に非ざるなり。」と上表させている。

すなわち、高麗は、日本兵によってかなりの痛手を受けて逃げ帰ったとは言いたくないが、同時にこれ以上の負担は何としても避けたいという思いがあり、冬の低気圧による被害をことさらに強調して見せたと思える。

『元史』では、風雨のことに触れられていない。軍船の建造は、高麗の負担であったことにもよるのであろうが、船の被害が大きかったという意識がさほどなかったといえよう。フビライ帝への復命は、「倭軍を大いに打ち破りました。兼ねて備えの兵糧や矢数が少なくなった折に引き揚げて参りました。これで倭も、大元に対して臣従し、門戸を開くことでありましょう。」くらいの内容であったとしても不思議ではない。「官軍整わず」という記述を金方慶と洪茶丘との折り合いが悪く、軍の統制を取りづらかったとする解釈は、二人の確執が事実であったにしても、正史の記述解釈としては、うがちすぎと思える。人的被害も大きく、大陸で蒙古が得意とした統制のとれた集団戦が思うように取れなかったことなどを意味していると考える。

文永の役時点では、南宋がまだ抵抗を続けている状況下にあり、元は、海洋国家としての立国も意図していたと考えられることから、第一次の侵攻は、日本を完全制圧することではなく、元の軍事力が強大であることを知らしめて、従わせることにあったとすれば、それをいいことに忽敦が、早々に引き揚げることを決断したことも納得できる。

この想像を裏付けるように、高麗・忠烈王の願いも虚しくフビライ帝は、同年（一二七五）早くも、宣諭日本使として殷世忠・河文著を派遣してくる。

不幸なことに、この宣諭使一行は、長門国（山口県）室津に来るが、鎌倉に送られ、龍の口で斬首されてしまう。これらを合わせて振り返れば、次のような状況が見えてくる。

元は、四万の軍勢で侵攻すれば、日本は、比較的容易に臣従するものと甘く見ていたと思われる。この判断の甘さ、驕りによって、モンゴル軍がすぐれていたはずの情報収集を軽視することになり、日本の武家が矢戦に長けていること、誇り高く容易に従わない頑な面のあることを理解していなかった。文永の役、緒戦の対馬・壱岐で一般婦女子まで殺戮したことは、モンゴルの戦いにおける心理戦も含んだ常套手段ではあったが、逆効果となって、文永の役後の宣諭史一行を斬首させるなど幕府を硬化させることになった。

元軍二万八千（四万中の兵員）の軍勢といえば、当時の日本の総人口が、六百万人[19]程度であったことを考えれば、とてつもない勢力であった。九州すべての兵員数と匹敵したのではないか。にもかかわらず、当時の武士たちは大変な健闘をしたと思える。

元軍には、大軍を一挙に上陸させられる地点はなく、分散型の戦闘をせざるを得なかった。馬も多くは持ち込めなかったことから、騎兵による機動力も発揮できなかった。征東軍の統制もうまく取れていなかったと見える。作戦会議の席上で、武器・装備・兵站の全体を代表する形で「矢尽き」としたのであろうが、日本の兵士がこれほど弓矢を使用するとは想定できていなかったのでもあろう。撤退の決断時点で実際に矢は、すでに潤沢ではなく、遠征地で橋頭堡も確保できていない状況から、その補充も望めない状況であったろう。戦闘のプロである武士たちの捨て身の突入、格闘、組討を敢行する戦い方、当時最高の格闘兵器といえる日本刀の威力は、蒙古兵、高麗兵の心胆を寒からしめたであろう。

日本国を異賊から守るという意識は薄いにもかかわらず、また後々の恩賞のためながら、いざ合戦の場では、命を惜しまない御家人たちの戦いぶりがあり、長引けば、日本軍は増強されると予想した忽敦ら蒙古の司令たちが、撤退するにしかず、と考えても無理はない。

一方、日本側も、元軍が多勢であること、集団戦法や毒矢、槍、「てつはう（てっぽう）」といった新兵器もあって、その自信は大きく揺らいでいたと読める。博多も焼かれ、今後の戦闘の大変さを思えば、意気も上がらず、太宰府の水城の方面へ退くことにしたと『蒙古記』にある。

日本側は、今後の戦いを大変と思い、元側は、これ以上留まって戦うことは無謀である、と考えていた。そうして元軍は、撤退を始めてまもなく冬の低気圧による風雨に叩かれてしまったのではないか。元の不幸は、日本にとっての幸運となり、日本人の思考に「神風神話」という悪影響を与えたといえよう。

図 27　福岡市、生の松原に復元された石築地

中世の日本人にとっては、神仏、種々の精霊、悪霊たちのちからは、現実世界のちからと変わらず、あるいは目に見えないものであるだけにさらに大きなちからを持っていると思われていたから、寺社勢力は、素直に、また当然に「神風」を信じて、大いに喧伝して回ったのである。神職や僧職は、合戦で働いた武家同様、現世での恩賞を意識して、幕府、朝廷への働きかけに力が入ったことであろう。

弘安の役（一二八一年）で、元は、十四万人余という大軍を仕立て、占拠後の生活用品まで用意して屯田の準備をしたにもかかわらず、日本侵攻は成功しなかった。弘安四年五月に東路軍（元・高麗）四万が壱岐・対馬を侵し、六月初旬には博多沖に来着、六月末には大幅に到着が遅れていた江南軍（旧宋降兵）約十万も合流したにもかかわらず、七月末になって玄

図28　敵船に乗り込み、首を掻く季長

界灘に浮かぶ小さな鷹島（現松浦市）をやっと占拠したに過ぎない。この間のひと月は記録がなく空白となっている。そしてまるで運命の時を待っていたかのように、七月三十日夜から翌閏七月一日にかけて強烈な台風の一撃を受けた。

元軍がなかなか上陸、侵攻できなかったのは、日本側が、博多湾を中心として長大な防壁（石築地　図27）を構築していたことによる。蒙古が自信をもっていた矢戦は、日本の武家も得意としていて、それを先の侵攻失敗で経験値としてもっていたからなおさら、東路・江南両軍の来着以降の作戦をどう立てるかに迷い、容易に意見はまとまらなかった。モンゴルの得意としていた敵国への情報収集は、文永の役以降、これまで以上に思うに任せなかった。もともと日本の地形、当時の発展段階では、大船を多数停泊させられるところはなく、大軍を上陸させるべき地点も見いだすことができなかったと考えられる。六月末の東路軍、江南軍合流後、ひと月もの間の情報が欠落しているが、実際には、日本武士の奇襲、夜襲が頻繁にあって、相手は小舟だけに敗北はしないものの、かなり手こずって、上陸すらできず、海上を右往左往していたのが真相ではなかろうか。そんな中、高麗兵、江南兵、蒙古兵、すべてに厭戦気分も蔓延していたであろう。遠征が夏季に入っていたために、水・食料の腐敗、疫病なども厭戦気分に輪をかけたであろう。

台風という自然現象にしては、あまりにも出来すぎた設定に「神仏」頼み派は当然として、武家も自らの働きはさておき、蒙古軍を退散させたのは第一に「神風」であると信じることになってしまった。元寇の戦いに参加した竹崎季長さえ《蒙古襲来絵詞》の詞書きに次のように残す時代である。

君の御大事あらん時は最前にさきをかくへきなりこれをけふのことすへし
神のめてたき御事を申さんためにこれをしるしまいらす

奉公に報いてくれる鎌倉殿のためには、命を惜しまず先を駆ける忠の考え方、そしてそうした中で命を全うできたとすればそれは、ひとえに神の御加護であるという認識、これが当時の武士であった。一所懸命は、報いてくれることのないものに対する言葉ではない。天下・国家ではなく、身近で実利的であるにもかかわらず、それに命を懸けるすさまじい生き様を選ぶことが武士の道であった。北条氏は、元寇を機に幕府執権、得宗家の権力を強化することに成功するが、敵が異国では、御恩を与えられる余地は少なく、身内重視の北条氏への視線は冷たい。元寇後、権力強化にもかかわらず幕府衰亡を早めることになったのは、この御恩と奉公の認識であった。

そして元寇以降の日本の戦闘様式に大きな影響を与えた。

・元軍の集団戦法は、日本の人口増加と相俟ってその後の各家の個戦から大きくまとまって戦う集団戦へ、騎馬戦の時代から徒歩戦の時代へと傾斜する。

・弓矢の重要性は変わらないが、兵員の増加につれて、これまで用いられなかった多様な打物が使われるようになる。特に槍の登場と徒歩戦への傾斜に合わせて大太刀の登場を促すこととなった。

元寇は、想像通りの、また想像以上の影響を、日本の武器や戦法に与えたといえる。

註

（54）**四万人**：文永の役で、元軍四万人の内訳については、諸説ありえるが、『高麗史』では「蒙・漢軍二万五千、高麗兵八千、梢工・引海・水手六千七百……」、とあり、『元史』に「士卒一万五千を載せ……」とある。筆者は、『高麗史』元宗一五年五月条（家〇七四）に「元の征東軍、万五千人来る」とあり、また当時すでに高麗に元の屯田兵が六千いたこと、『高麗史』に蒙・漢軍二万五千とあることから、その内訳が、元からの遠征軍一万五千、駐高麗屯田兵五千、兵站、輜重担当が五千とした。これに高麗側の兵士八千、梢工・引海・水手六千七百を合わせて計約四万。結果として、兵士二万八千、水主以下が約一万二千となる。

（55）**石築地**：文永の役後、再度の元軍襲来に備えて博多湾を中心として築かれた防塁である。築造は、九州各国で分担された。高さ約三メートル、総延長二〇キロメートルに及んだという。内側は騎乗で上がり、海側から攻めてくる敵に「下げ矢」を射るように考えられていた。幕府瓦解後、室町初期まで修造は続いたという。

（56）**竹崎季長**：肥後国の武士。竹崎五郎兵衛季長。文永の役当時、数えで二十九歳。文永の役後恩賞がなかったことに対する必死の訴えにより、肥後国益城郡海東郷の地頭職に任じられた。

（57）**鎌倉殿**：鎌倉にある武家の棟梁たる将軍家、また鎌倉幕府そのものを指す。

（58）**秋田城介**：途絶えていた出羽城介が復活して、幕府の御家人である安達氏が代々任命されることが慣例となっていた。これが建武の新政まで続く。元寇のころは、三代目安達泰盛（建長六～弘安五年〈一二五四～一二八二〉）であった。《絵詞》では、御恩奉行として季長の訴えを聞く立場で登場している。

（59）**弓矢**：蒙古の弓は、弦を張って長さは、一・五～一・六メートルの短弓。中央に握り（握節）がある。一方、日本の弓は、長弓といわれているが《絵詞》で見る限り実戦的にはさほど長大なものを使用していたとは見えない。

（60）**金方慶**《きんほうけい》：高麗王朝、元宗の時、その行政機関の長、すなわち侍中であり、文永の役に際して都督使（軍を監督する立場）となる。

(61) 忽敦《クドウン》：モンゴル人、元の官人。文永の役に際して、「日本征討都元帥」、総司令官であった。

(62) 洪茶丘《こうちゃきゅう》：もとは高麗人であるが、元の武官として高麗に戻る。文永の役では、副総司令、弘安の役では、東征都元帥、即ち総司令官として出師。高麗を追われた父の恨みをもっていたためか、金方慶と折り合いが悪かった。フビライ帝は、高麗を督励し、監察するために、この茶丘を派遣していたとみられる。

第五章　元寇と刀剣

いつの時代でもいえることであるが、大乱の時代には、大量に武器が生産される。おそらくいにしえの唐・新羅との抗争、壬申の乱、保元・平治の乱から源平合戦と、それぞれに多くの刀剣が鍛えられたと考えられる。そして鎌倉時代の元寇は、未曽有の国難と認識されていたから、戦闘の備えとして多くの武具・甲冑が生産されたのは、間違いないところである。ここでは前章に続いて、元寇が当時の刀剣（界）に与えた影響がどのようなものであったかを探る。

1　刀剣（界）への影響

元寇の刀剣（界）への影響は次のようなものであったと推測できる。

・刀工集団の増加、名工の輩出
・打物戦、革鎧に応じた太刀の形状変化
・集団戦法への傾斜
・「槍」の登場
・刀剣茎への「官途名」鑽刻の普及
・刀剣茎への「年紀」鑽刻の普及
・茎・刀身への「神号・名号」彫刻

など……

それぞれが相関をもって新しい時代へ移ってゆくのでいくつかの項目を合わせつつ、具体的に記す。

（1）名工・名刀の輩出

冒頭で記したように、元寇は日本にとってかつてない大難、外寇であったために国の総力を挙げて武器・武具を増産、ある種ブームのような生産拡大がなされたことは疑いがない。これは、刀鍛冶に活躍の場を広げ、切磋琢磨による技術向上が名工、名刀を生み出す原動力となったであろう。

元の日本侵攻がにわかに具体的になったのは、「蒙古國牒状」が届けられてからである。日本国に通好を求める文言ではあるが、明らかに「臣従」せよとの威しに紛れもない書状をもった元の使節が来朝した文永四年（一二六七）前後から、現在我々が観賞する鎌倉時代の名刀の多くが残されている。それらを鍛えた名工の名前を数えれば十分理解されるであろう。

備前は、長光、景光以降の長船派や畠田、一文字派など、備中の青江派、山城の来派、新藤五国光・行光以降の相州鍛冶、大和の保昌貞吉・手掻包永・尻懸則長など、現在に残されている名刀で、文永以降に鍛えられたものは、群を抜いて多い。

フビライ帝は、弘安の役後もなお日本侵攻をあきらめず、執念を以て機会を狙っていたことを考慮すれば、少し時代の下がる相模諸工、越中鍛冶、肥後延寿一派、筑前左一派なども、刀剣生産体制増強の潮流に乗っていたものと考えてよかろう。

（2）太刀の形状変化・集団戦への傾斜・「槍」(63)の登場

これらは、すべてが深く相関していると考えられる。元軍の軽騎兵の鎧は、絹の下着にフェルト様の胴着を着用、その上は皮革の鎧である。これは蒙古兵にとって、弓矢対策に重点が置かれた伝統的装具であった。日本の刀剣は、平安以来の兜と鍛鉄製の小札を威した甲冑に対応した刃肉（蛤刃）豊かな形状から、皮革を切り裂くのにも効果のある形状に変化した。具体的には刃肉薄め（図29）、切先伸びごころの姿を与えられた。このことは、日本刀研究家諸氏によって早くから指摘されてきたことである。

この変化は、同時に徒歩戦《かちいくさ》・打物戦《うちものせん》に応じたものであり、鎌倉後期以降騎乗、下馬を問わず、戦う一団は、呼吸を合わせ「矢先を揃えて」、敵に矢の雨を降りそそぎ、その後「太刀先を揃えて」徒歩格闘戦へと進む集団としてまとまりのある戦い方に傾斜していく。

さらにこれと歩調を合わせて下卒は、「隊」としての規律をもって戦う方向に向かう。元の歩兵が持つ「槍」に悩まされた鎌倉御家人たちは、西国を中心に、まず槍への対応として、徒歩で戦う際の太刀、「大太刀」[64]を採用したのではないか。二尺五寸前後の刃長である太刀は、槍に対抗するには十分とは言えないであろう。それまでの武家の象徴といえる太刀を捨てることはなく、下馬して大太刀などを振るうことになる。一方、練度が十分でなくとも戦える武器として「槍」は、下卒の得物として取り入れられることになる。刀剣史上「菊池槍」として知られる長柄の武器が九州から登場してくるのは故なしとしないのである。

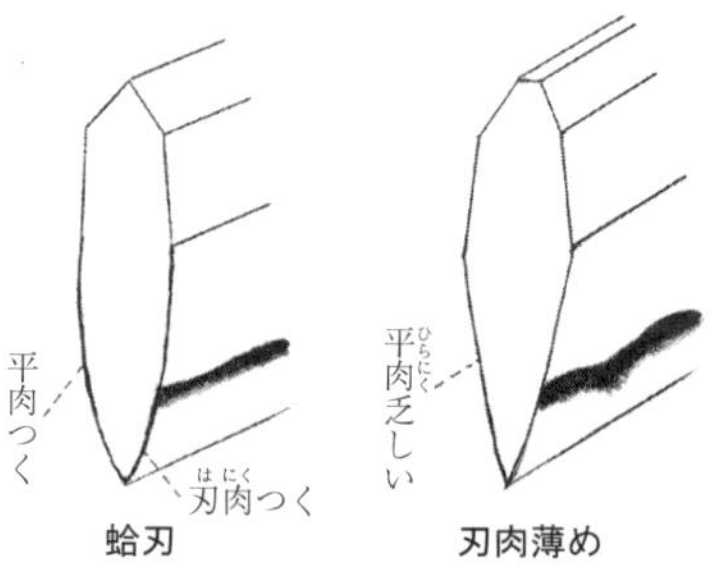

図29　刃の断面

平安後期以降、天変地異、戦乱によって減少傾向にあった日本の総人口は、文永の役当時、およそ六百万人[19]程度と推定されている。それが鎌倉後期以降、農業技術の進歩もあって、南北朝期、室町期ともに一貫して増加していき、兵員数が増加していくことも集団戦での槍使用に拍車をかけたであろう。

図30　重文　薙刀　無銘［大山祇神社蔵］

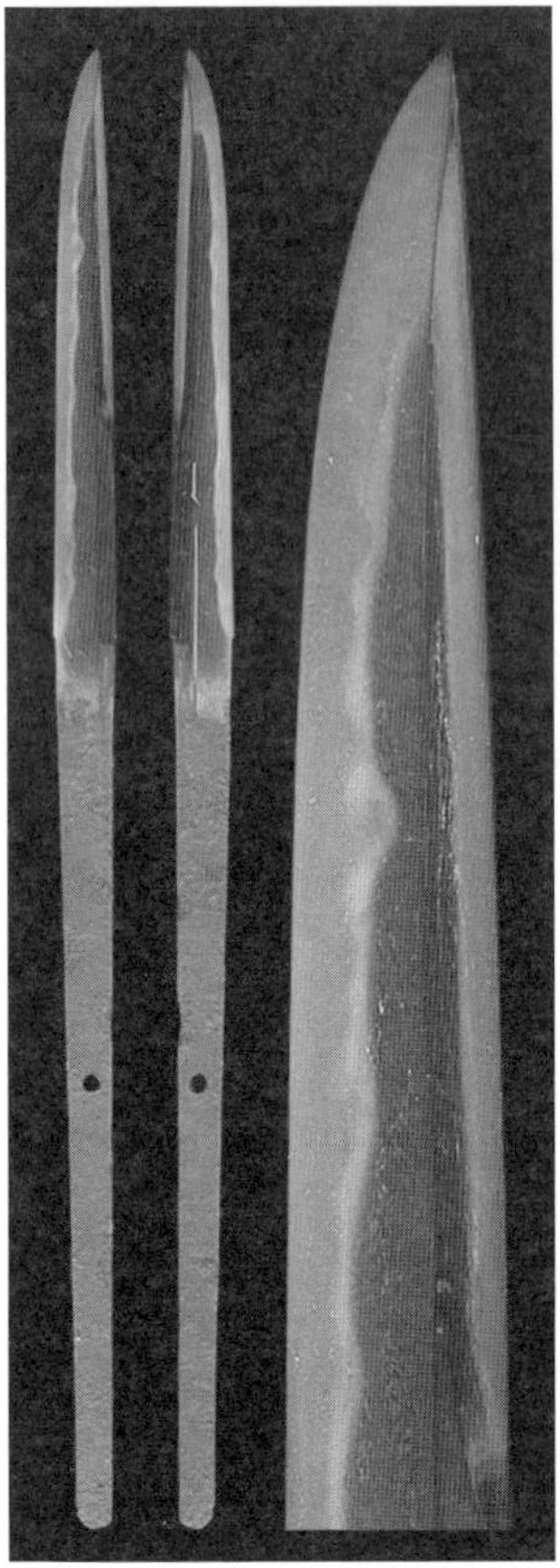

図31　菊池槍［個人蔵］

付け加えれば、菊池槍の穂先は、「冠落《かんむりおとし》造《づく》り」となっている。あえて推論を述べるが、この形状は、薙刀の切っ先からとったものであると思われる。当時中国など大陸では、日本と異なり、鋳造の文化(65)を持ち、穂先の短い槍や枝の多い複雑な形の槍を量産していた。これに対して日本では、打物は斬撃用の太刀や薙刀、組討格闘用の腰刀を鍛造により製造していた。日本刀工が、それまであまり経験のない鍛造の槍を造るにあたって応急的になされたのは、同じ長柄の武器である薙刀の切先の反りをなくして刺突用、槍用に仕立てることではなかったか。鎌倉後期以降、冠落造短刀が、少なからず見られるのは、こうした槍用の造り込み

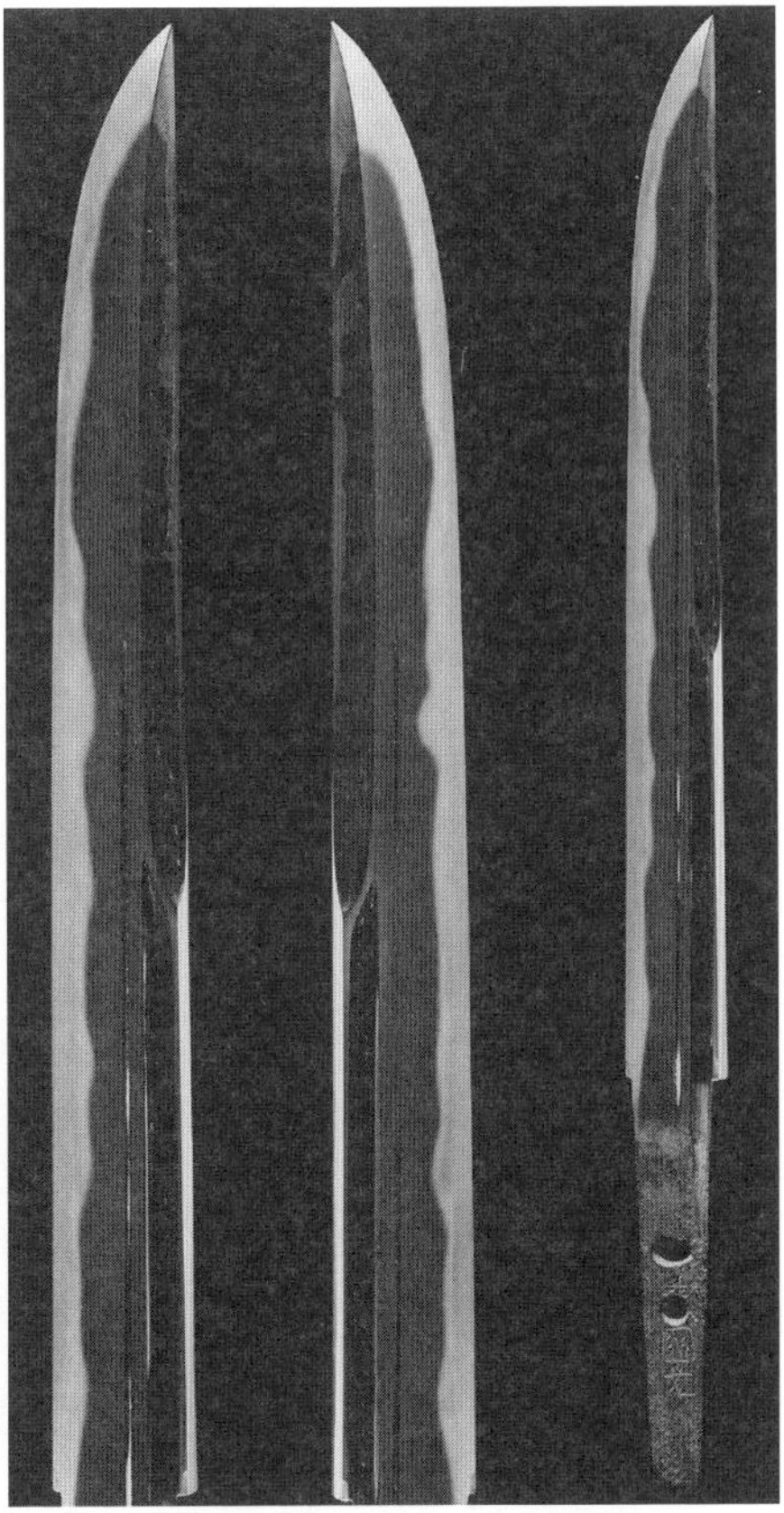

図 32　重文　短刀　銘：来国光
（名物池田来国光）［個人蔵］

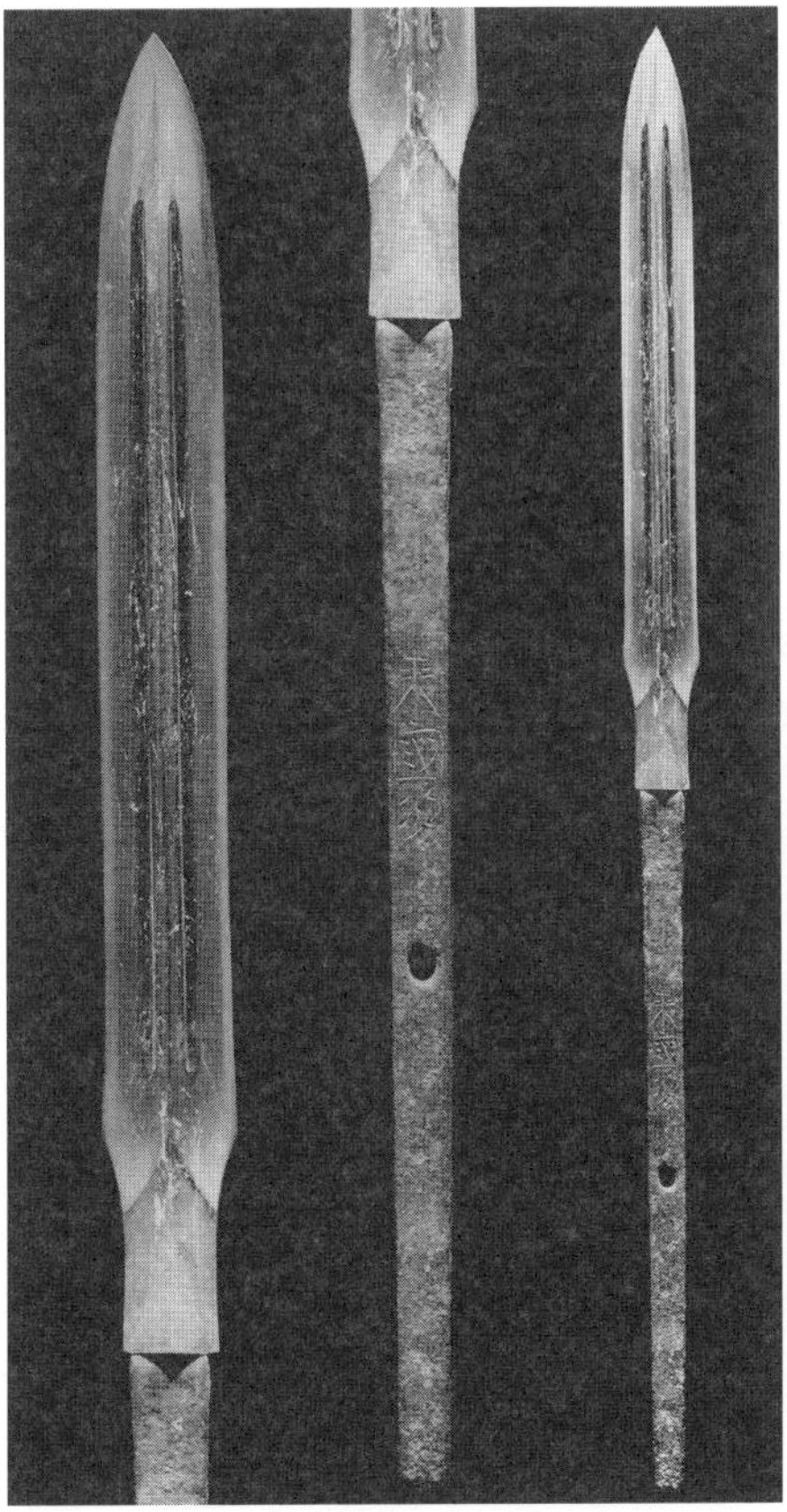

図 33　槍　銘：来国次［東京国立博物館蔵］

が、さらに短刀の形状に発展、採用された結果と思える。薙刀は、伝統的に徒歩打物であり、僧兵を中心とした層がその使い手である。その主要拠点であった、大和、山城の「悪僧」たちには、馴染みの深いものである。それらの地域で鍛えられた冠落造短刀をよく見かける所以である。また菊池槍は、その名の通り、肥後の菊池氏の兵が使用したとされており、肥後には、山城来派から渡った延寿一派が存在していたことが、如何にも示唆的である。

　そして、槍の穂先と共通する両刃造りに経験をもっていて、密教用の呪具である「剣」の鍛錬を依頼されるのは、これまた大和、山城の刀工が多かった。そしてまさに現存するものを見る限り、もっとも早い時期に完璧な形状の槍が大和千手院鍛冶や山城の来国次（鎌倉末期〜南北朝期）によって鍛えられている。備前にこの時代の槍を見ないのは、備前刀は、高品位の太刀・腰刀の高級ブランドであり、下卒のものを鍛えることは少なかったのか。単に備前の作が残らなかっただけなのか、非常に興味深いことである。

2　刀剣茎への「官途名」・「年紀」・「神号等」鐫刻の事情

ここでいう「官途名」とは、「左衛門尉」、「将監」といった朝廷から補任されて名乗ることを許される名称をいう。こうした官途名を茎に鐫った刀剣を多く見るようになるのも、元寇前後からである。それまでは、国名や「長船」などの居住地名を作者名に添える程度であった。もともと鍛冶司刀工たちも品部《ともべ》、雑工戸に属する者であったが、平安初期（八〇八年）からは、木工寮の管轄下にあった。詳細は不明であるが、木工の司《つかさ》の指揮の下、京に定住していたものに加え、備前や大和あたりから朝廷や藤原氏をはじめとする有力貴族の要求に応えるために京師に来ていたと考えられる。毎年十月から翌年二月まで交代勤番であったという。そうした工人たちも時代が下るにつれて、官から自立、独立して生計を立てるようになっていった。鎌倉後期に到って左衛門尉など衛府の官名を名乗るものが輩出する。刀剣の茎に官途名を鐫り、そしてほぼ同時期に年紀を鐫る傾向も顕著になるのである。

鍛冶現業職である「鍛部、鍛戸」レベルでは、もともと位階もない地位にある。鍛冶司長官である「鍛冶正」で正六位上、主典《さかん》である「鍛冶大・小令史」では最下級の大初位程度であったから、平安後期以降、武官の位階は上昇傾向にあったとはいえ、左衛門尉など六位相当官を補任されるのは、相当な出世、褒賞といえよう。

国宝、重文、重要刀剣などの名刀から撰りだした、年紀を鐫った刀剣一七〇余振りの分布年表（表4）をご覧いただきたい。

これを見ると一目瞭然であるが、時代では、文永十一年（一二七四）前後から年紀入が多くなり、弘安以降、鎌倉最末期まで山をなしている。国別では備前が圧倒的である。

官途銘も同様である。鎌倉後期以前に官途名や年紀を鑽った太刀などがなかったとはいえない。鎌倉中期までは、官に補任されたにせよ、それを茎に鑽る行為は、例外的であり、きわめて稀なものであった。鎌倉中期以前に官途名を茎に記した刀工は、事実上ないに等しい。残されているのは、相模の国頼（左馬尉）と国綱（左近）のみである。

古代刀を除き、年紀を持つ現存最古の日本刀は、薩摩波平とされる「行正」(66)であり、平治元年（一一五九）となっている。次いで豊後「行平」元久二年（一二〇五）である。その後は、官途名も合わせた元仁元年（一二二四）の相模「左馬尉国頼」（馬寮の場合、馬「尉」ではなく、正しくは馬「允」である）、嘉禎三年（一二三七）の備前「友成」、相模の「藤六左近国綱」、建長五年（一二五三）がある。平安末期から鎌倉中期以前の百年間にわづか五振りしか残されていない。他に数口あるかもしれないが、十振りないのではないか。古いがために少ないという謂いは、当たらないであろう。この百年間に鍛えられ、残された刀剣のうちおそらく九九パーセント以上が年紀も官名も鑽られていないものであろう。同時代の京鍛冶、備前鍛冶、など政権に近い刀工の遺例から見ても年紀などを残す意志があまり働かなかったとうかがえる。それが文永年間に以降に激増したということに意味があろう。

周防「清綱」（文永二年）、備前「守家」（文永九年）、備前「長光」（文永十一年）を筆頭に、弘安以降（一二七八〜）続々と年紀入がみられるようになる。山城の粟田口国吉（左兵衛尉）、長船長光（左近将監）・景依（同じく左近将監）たちが官途名を鑽る。これ以降、備前を中心に、備中、大和刀工たちの官途名入り刀剣が残されていくが、不思議なことに山城の来派には、官途名を鑽った刀剣は残されていないようである。京にありながら朝廷からは距離があり、上洛の武家たちに向けて活動していた一派と思える。肥後延寿一派と知られる刀工群の成立も、来派の一部が元寇に伴い九州の菊池氏に招かれたか、武家一般の需要が増大することを見込んで菊池氏を頼りに移住した結果であるかもしれない。来派は、自立的で自由度の高いグループであったのか。武家の実需に応じて成立した新興の刀工群であったと考えるのが無理のないところであろう。

元々の想定を裏付けるように、これらを俯瞰すれば、年紀、官途銘ともに元寇前後から顕著に見られるのは明白である。

刀剣の注文主に重視されるのは、鞘を払った時に輝く、刀身であり、注文された刀工にとって重要なのは、柄に入っている、自身の銘を鑚る「茎」である。茎に官途名、年紀を鑚るのは、刀工にとってどのような意味があったのか。まず官途名鑚刻は、朝廷、鎌倉御家人たちからの需要に応えた事で褒賞を受けたことを示すものであったという推測を挙げることができよう。刀工への補任は、急激かつ多量の要求に応え、刀剣鍛錬に必要な鉄、炭、それらの運搬などを刀工集団が優先的に確保できるように権威づけるため、褒賞の先取り的意味も含めていたとも考えられる。異賊調伏、戦勝祈願など奉納用も含めて、元寇前後に質・量ともに応えうるのは、備前鍛冶であり、次いで京（山城）鍛冶、大和鍛冶などである。

そしてその官途名は、ほとんどが衛府に連なるものとなっている。勿論、実際の官職ではなく、権威としての「相当」職であろう。備前長船長光に正応二年（一二八九）の「左近将監」銘が残されている。左近将監とは左近衛の四等官、他衛府「じょう」に相当する。文保ころ（一三一七〜一三一九年）と考えられる大和保昌の貞吉に「金吾」銘がある。「金吾」とは、衛門府の官の唐名であり、左衛門尉であったといわれている。

官への補任とともに恩賞として名田を授かったり、鎌倉から地頭職に任じられた可能性もある。さらに刀剣への特需で富を蓄え、名主となったものもあろうか。元徳年間（一三二九・一三三〇年）に備前一文字派の吉家が岩戸庄地頭左兵衛尉を名乗っている。景光の弟は、「進士景政」と鑚った作を残している。進士とは、大宝令で定められていた任官試験である。これの成績優秀な甲・乙者は、従八位下・大初位下に叙任され出仕を許されたとされる。景政は、この八位・大初位に任じられたものとして名乗った可能性がある。ただ進士試験は平安期に入って行われなくなっており、鎌倉後期当時、刀工が鑽る名乗りとしては疑問が残る。あるいは銘の進士は、進止の誤りであった可能性もあろう。中世、進止は、「進退」と同義であり、所領についての支配権を意味したから、景政は、補任はされなかったものの、いづれかの所領への権利を認められたものとして鑽ったという見方もありうる。いずれにせよ、自身の名を飾るものとしての二文字である以上、それを誇示するべき意味を持つものである。官途銘一覧表を見ていただくと「備前国」が圧倒的であり、それも鎌倉後期に集中していることは明白である。

室町期に入って、新興の美濃鍛冶、兼定が「和泉守」の受領銘を受けるに至り、備前などの官途銘と合わせ、この権威づけ、ブランド化は、刀剣界に広く普及することになる。

年紀鑽刻について、それまであまりその例をみることはなかったのが、文永年間（一二六四〜一二七四）以降急激に多くなるのは、寺社への奉納であれ、実戦のための備えであれ、「元」との戦いのために鍛えた、その時期を明白にするために必要であったと考えられるのである。

同様に、茎への神号、名号鑽刻を見る。

茎へ神号などを鑽るということは、刀工自身の信仰や祈願を籠めて表現したものと考えられ、通常、刀剣は依頼主のために鍛えるものであるから、その遺例は極めて少ない。自らが社寺へ奉納祈願するものか、依頼主となんらかの了解が必要であったと思われるからである。備前ものがほとんどであり、他には山城来国俊のものを一例見出したのみであった。

鎌倉時代においては、社寺に奉納する際に依頼されるブランド的刀剣として備前刀があり、その流れで備前刀工が、後世に残すべく自作の刀剣を社寺に奉納するという意志を持つことができたものであろうか。

遺例は、長光の例のみ確認できているが、非常に珍しく茎に種子《しゅじ》[67]（梵字）が鑽られたものを確認できる。種子（梵字）は、同じ表記がいくつかの仏尊、明王を代表することが多いので、茎へ鑽られた種子をどの仏尊に当てるのか、当時の世相も合わせて考えてみたい。

国宝、長光作薙刀の茎には、「キリク」の種子が鑽られている。武張った解釈では、一切の怨敵を調伏するといわれる「大威徳明王」となるのであるが、「キリク」は、大威徳明王とともに阿弥陀如来、千手観音、如意輪観音を表す種子でもある。このうちのいづれに解釈すればよいのか、ヒントは、同じく長光作で、「熊野三所権現」と茎に鑽られた国宝の太刀にあると思われる。熊野三所権現とは、熊野坐《くまのにます》神社（本宮）、熊野速玉《くまのはやたま》神社（新宮）、熊野夫須美《くまのふすみ》神社（那智）の三社であり、平安時代、末法思想の広まりによって、熊野を阿弥陀如来の極楽浄土、また観音の住む補陀落浄土とする考えが生まれた。延喜七年（九〇七）の宇多法皇の行幸に始り、院政期には、異常と思えるほどの熊野詣が行われた。後白河法皇の場合、三十四度[27]に及んだという。

「熊野三所権現」と種子「キリク」を結びつければ、阿弥陀信仰、観音信仰のこころが透けて見える。大威徳明王としても誤りではないであろうが、備前長光の本意は、西方浄土・観音浄土への往生祈願にあったといえよう。

3　刀身彫刻

次に刀剣愛好家にとって馴染みの深い刀身への彫刻について見る。

先と同様に国宝、重文、重要刀剣などから刀身彫刻があり、在銘のものを拾い出してみた。単なる樋（棒樋、添樋）などは、除外している）。また古代刀は除いている。九世紀以降密教が伝来して以降、仏教守護、悪鬼退散など積極

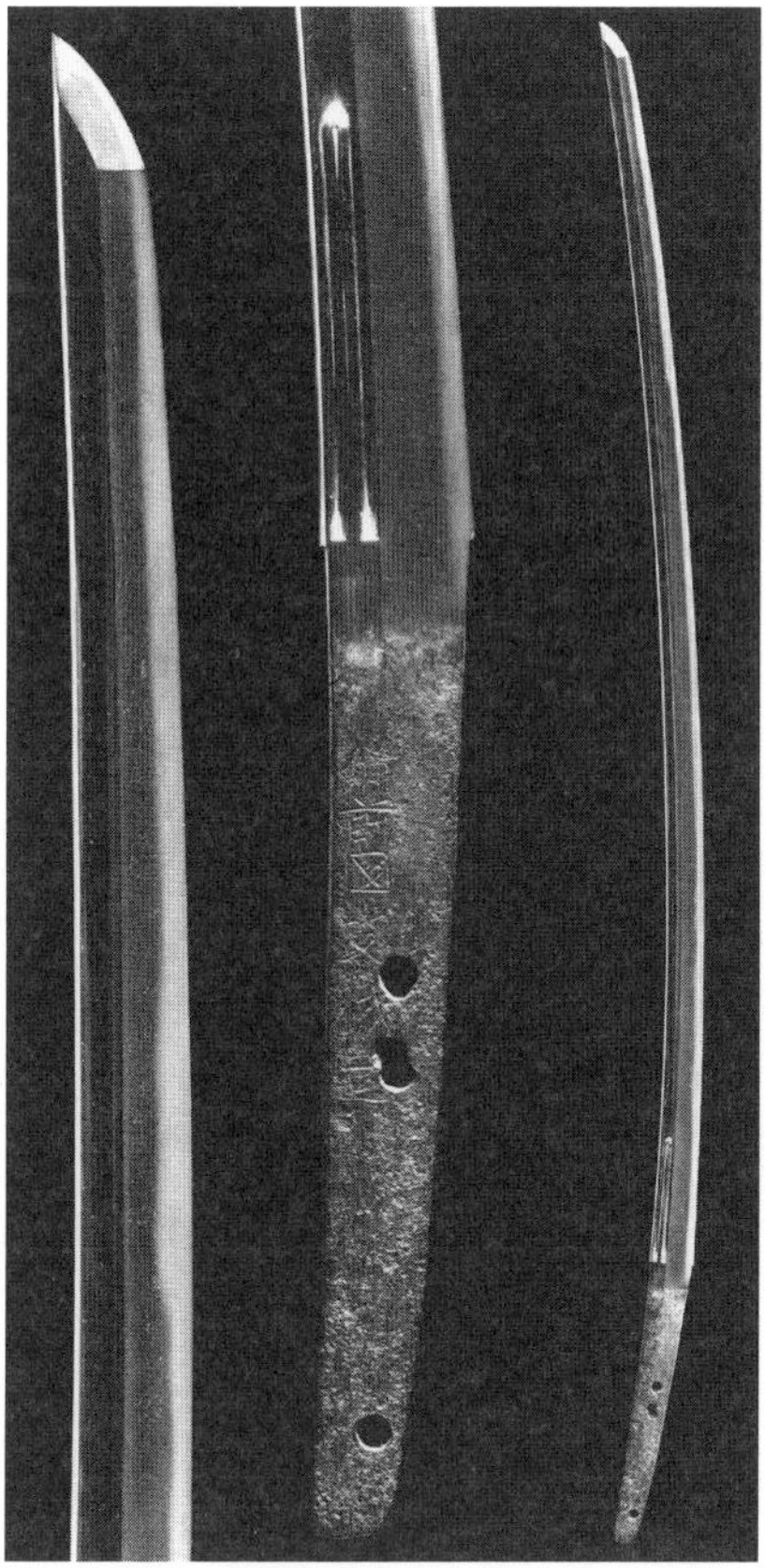

図 34　備前国友成（素剣）［個人蔵］

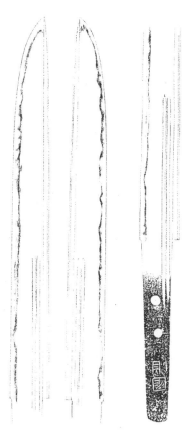

図 35　山城国則国（護摩箸）［個人蔵］

的に行う「明王」は、広く普及して、特に不動明王（素剣、三鈷剣、倶利伽羅）が刀身彫の中心となっている。

刀身彫は、古くから確認できるものであるが、鎌倉中期以前に「樋」以外の彫刻は、かなり稀なものである。平安後期から鎌倉前期までの名刀では、山城粟田口則国の短刀で護摩箸（表裏）が彫られている。備前友成太刀に「素剣」の浮彫が二例、一文字延房作の表裏に素剣がある。鎌倉前期までの彫は、簡略な彫であった。平安末期の刀工といわれる九州の豊後行平は、その点で異例と思える。その作品中には、比較的多くの刀身彫が残されていて、鶴、亀、あるいは二体仏、素剣、梵字、倶利伽

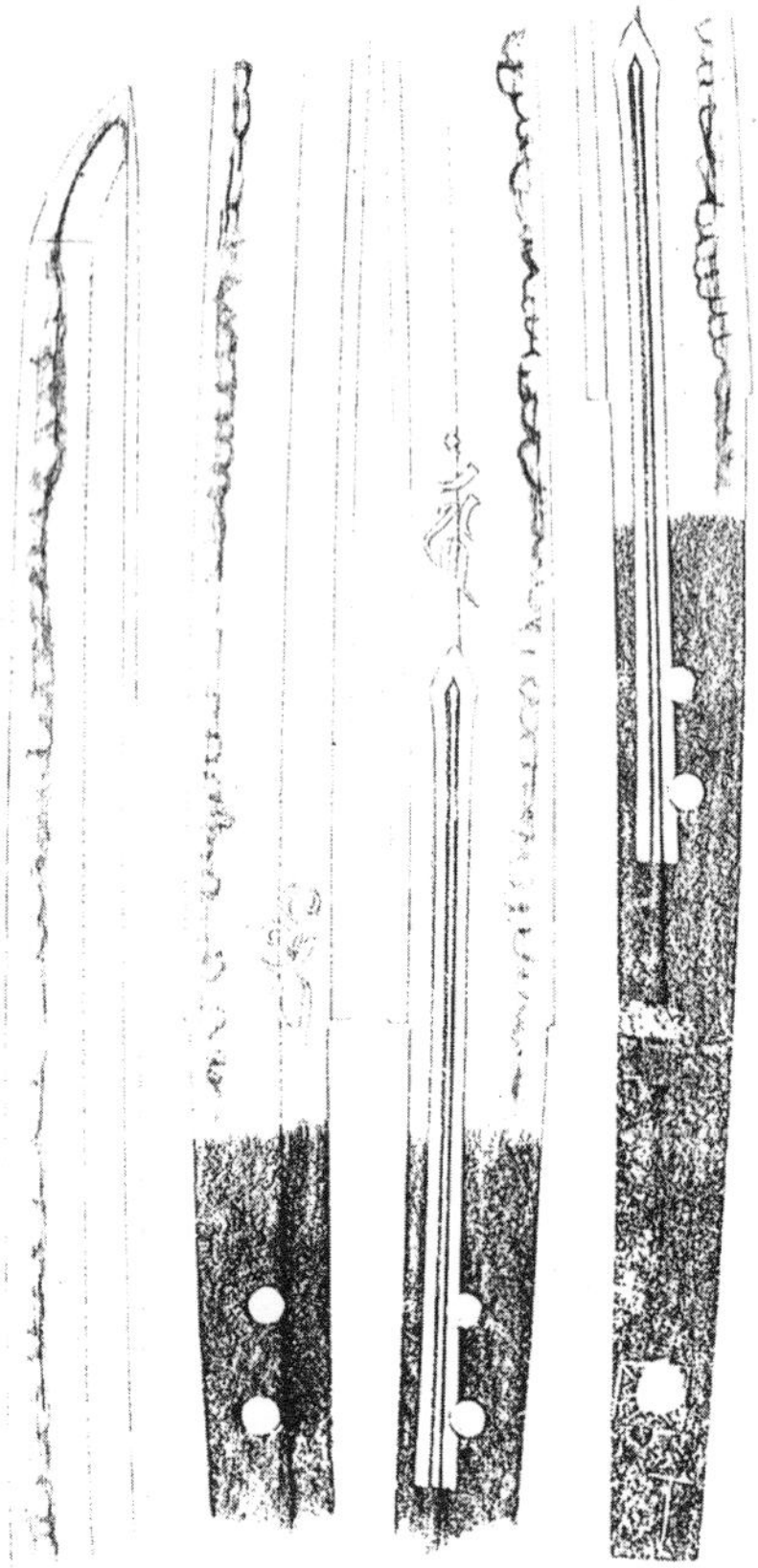

図 36　来国行（素剣・梵字）［個人蔵］

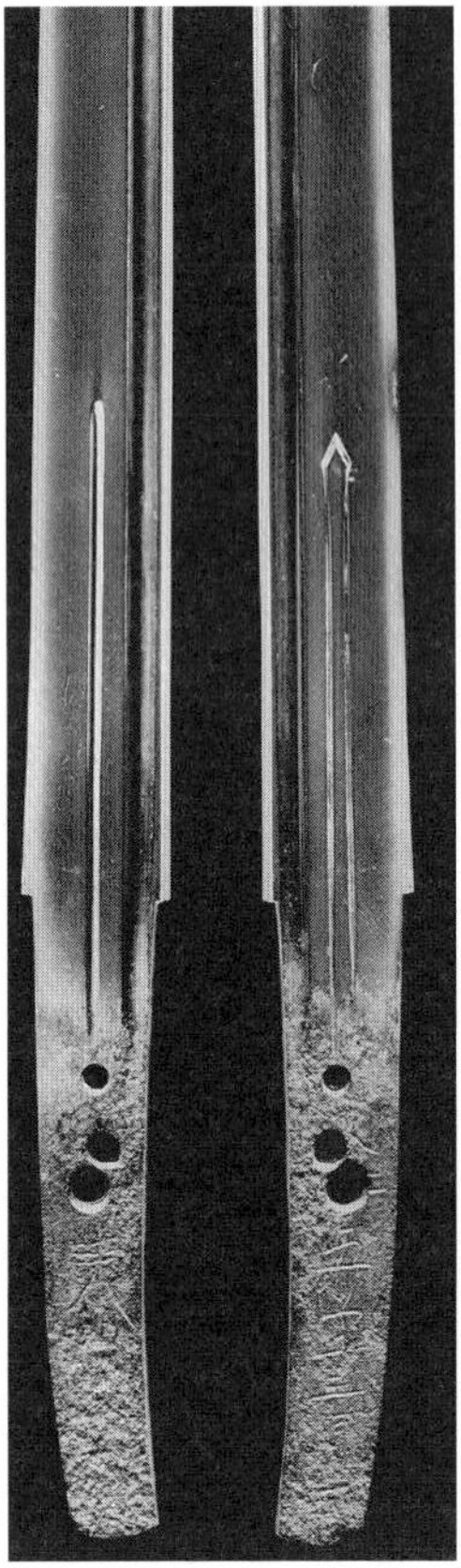

図 37　来国俊（腰樋・素剣）［個人蔵］

羅浮彫などが見られる。なぜ九州の刀剣に中央より手の込んだ櫃内浮彫などが残されているのか今後の検討課題である。

鎌倉中期に入ると山城、来国行に梵字、素剣、三鈷剣浮彫が残されているが、遺例は少く、三口に留まる。重文の粟田口国吉に三鈷剣の浮彫が確認される。備前では作品の多い光忠はじめ、こうした遺例は確認できなかった。

それが鎌倉後期に入ると状況は一変する。江戸期に本阿弥家によってブランド化された相州物が加わり、数多くの例が見られ、精緻、巧妙な彫も登場してくるようになる。

備前長光の太刀、嘉元元年

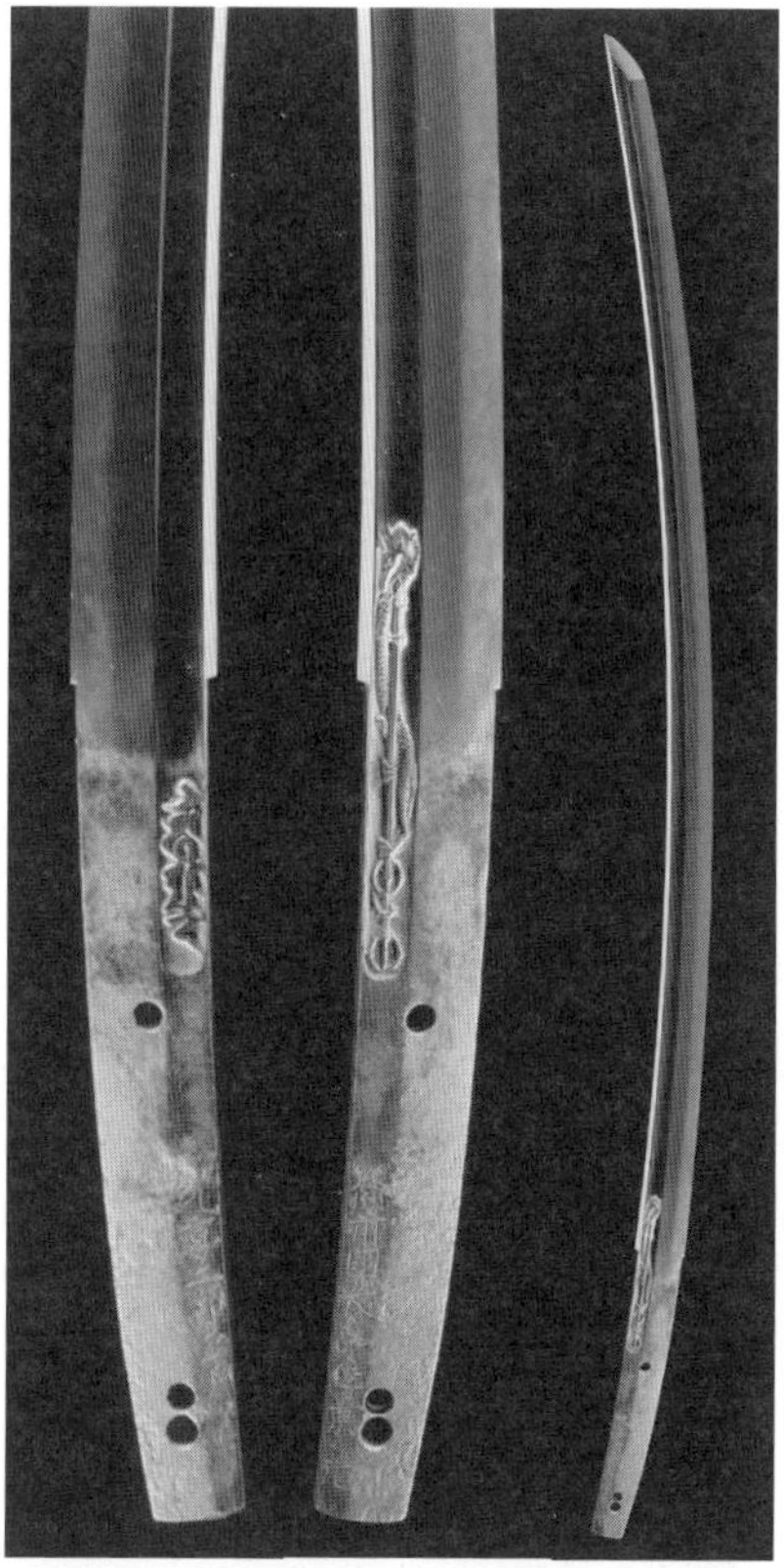

図 39　国宝　太刀　小龍景光　元亨
（倶利伽羅・梵字）［東京国立博物館蔵
Image: TNM Image Archives］

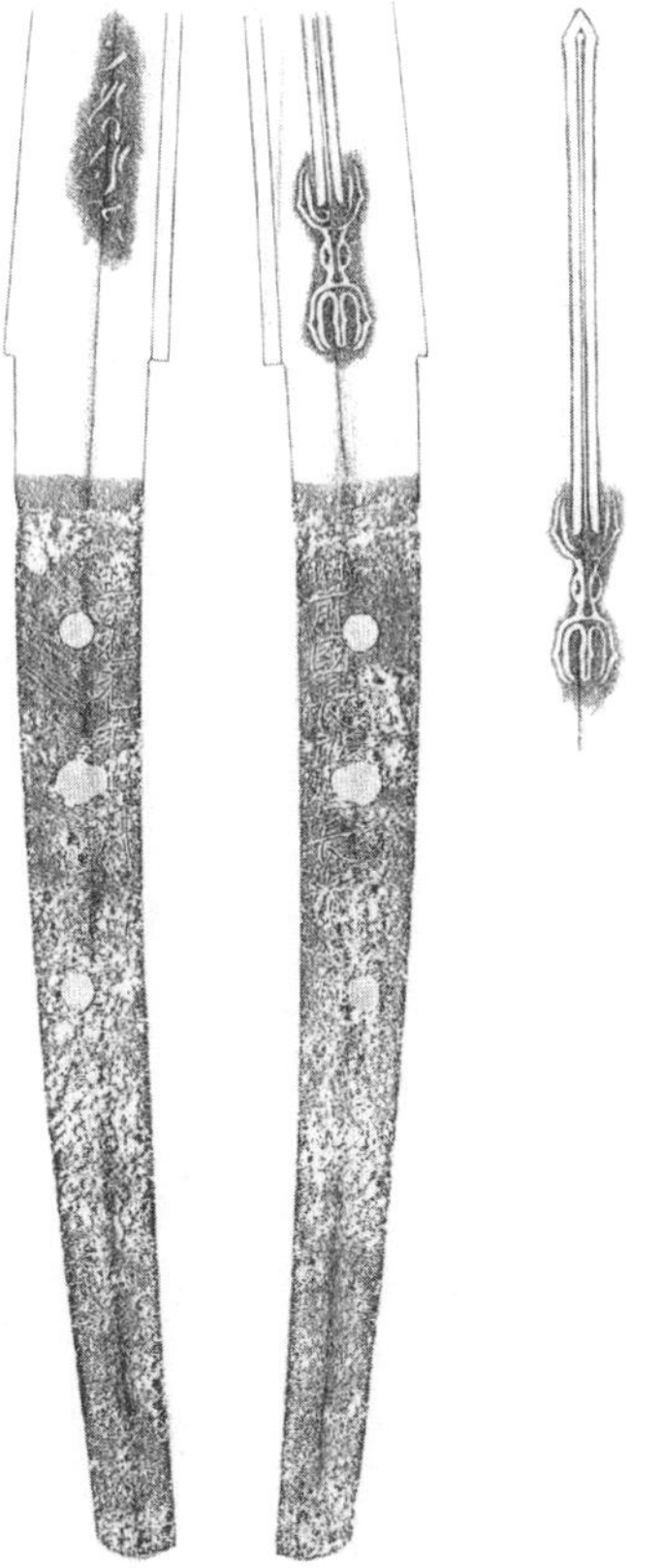

図 38　太刀　長光　嘉元（三鈷剣・梵字）

（一三〇三）作では、佩表に三鈷剣、裏に不動明王（カンマーン）種子の比較的簡素な彫であったものが、長光の息といわれる景光の元亨二年（一三二二）作の太刀（国宝小龍景光、楠公景光とも）では、表樋中に精緻な倶利伽羅、裏に不動明王（カンマーン）の梵字浮彫となって現代に残されている。他に元亨三年作、国宝、謙信景光に美しい書体の秩父大菩薩と大威徳明王（キリク）と見える種子（梵字）が彫られている。

相模では、新藤五国光が嚆矢となる。永仁元年（一二九三）の重文短刀の素剣・種子（梵字）の組み合わせから発して、倶利伽羅の浮彫、垂傘・種子・蓮台・鍬形・剣の多重彫などが登場してくる。

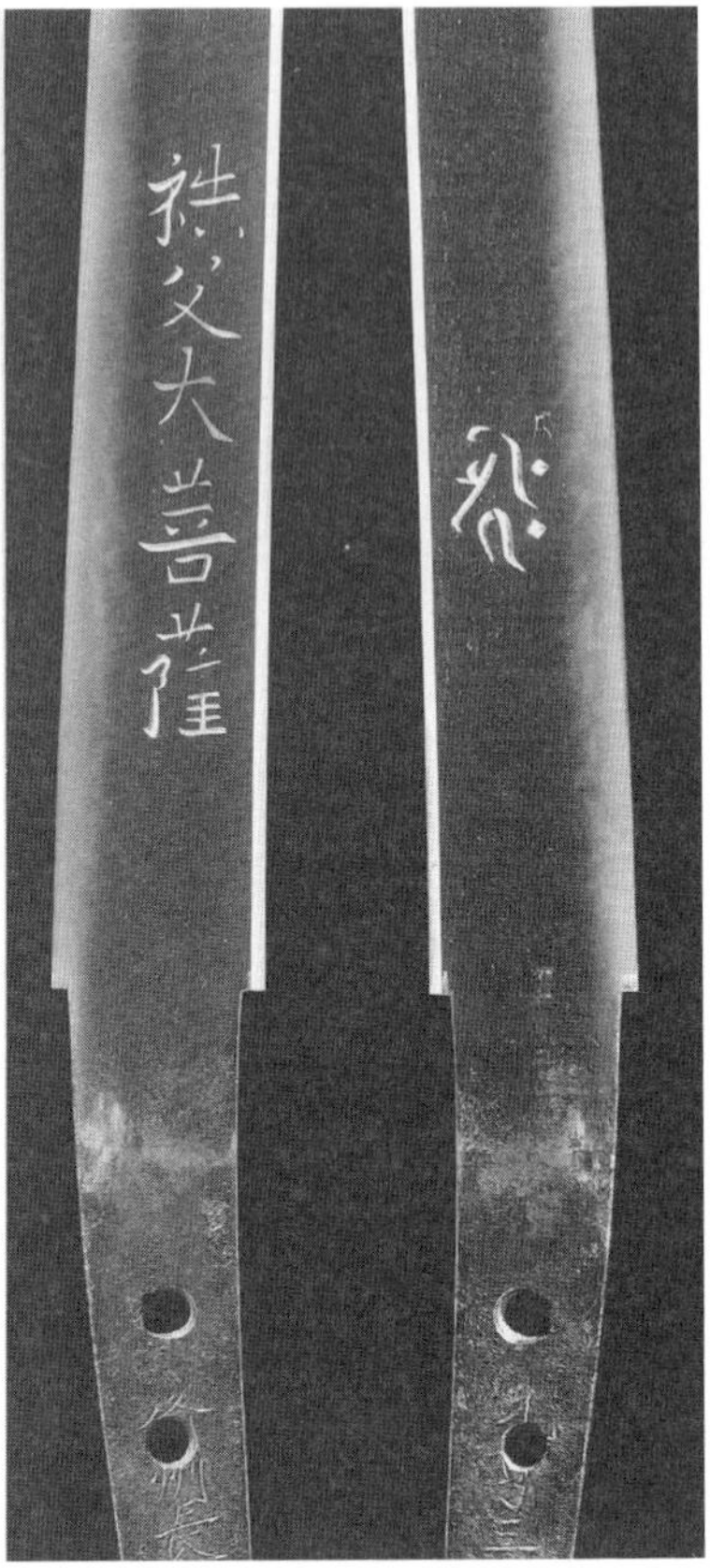

図 40　国宝　短刀　景光
（名号・梵字）［埼玉県立歴史と民族の博物館蔵］

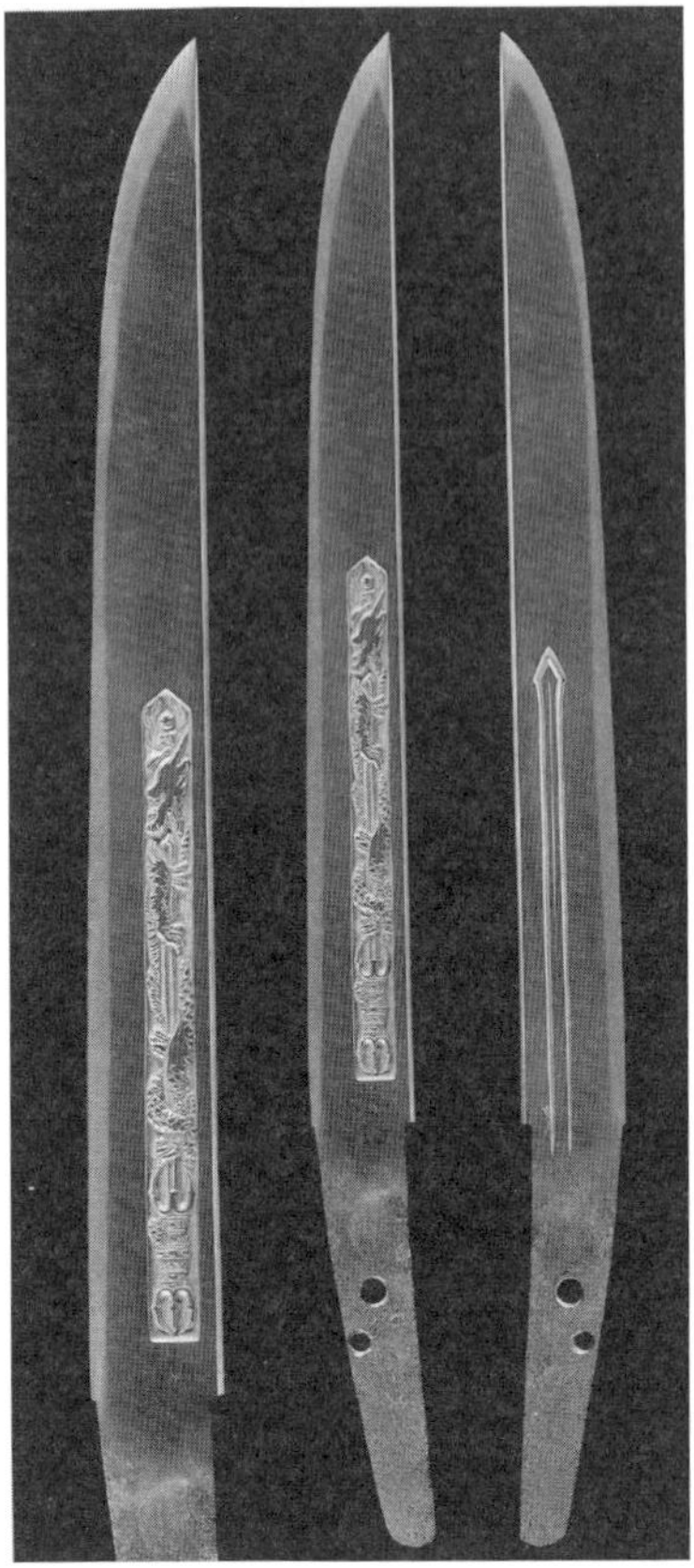
図 41　短刀　行光
（倶利伽羅・素剣）［宮内庁三の丸尚蔵館蔵］

以降行光、正宗などの精緻な櫃中倶利伽羅や不動明王を認める。その後、南北朝期後期から室町に到り、相模の刀工は激しい沸え出来の刃文とともに、特に短刀での濃密な刀身彫でも知られるようになっていく。

但し、相模以外の国でも状況は同様であり、備前、山城もそれぞれ特徴的な彫を入れるようになる。鎌倉後期以降、大きな需要のある国では、彫の注文を受けた場合、精緻なものを施し装飾的になっていくのが時代の流れといえよう。但し、刀身彫は、あくまで依頼主あってのもので、武器である以上実戦では強靭さが最重要であり、彫のある刀剣が主流にはならず、無数の実戦刀が華やかな刀剣の陰に存在していたことは、留意しておくべきである。

彫を施された刀剣の数を広く眺めてみると、そこには天災・戦乱・外敵などの事象に対して武家たちの置かれた立場が素直に表されている。つまり、平安末期から鎌倉前期にかけては、保元・平治の乱、源平合戦、承久の変と全国規模の戦乱が続き、武器の需要が増大したことから戦勝祈願・御礼などにまつわる奉納が多くなるのはうなづけることである。鎌倉中期（元仁元年〈一二二四〉の北条泰時執権就任以降とする）に入ると幕府体制は安定し、刀剣需要は、縮小する。そして鎌倉後期（文永四年〈一二六七〉蒙古国書到来以降とする）に入ると一挙に刀剣需要は拡大して、怨敵退散、敵国調伏、功名祈願など奉納需要も活況を呈するという流れがみえる。

一方、相次ぐ天変地異、疫病の流行は、無常を一層強く感じさせ、阿弥陀信仰を助長し、その心が武器である刀剣にも反映するのは武家、刀工であるからこその自然な成り行きといえよう。

先にも述べたが、元のフビライ帝は、弘安の役後も日本侵攻をあきらめていなかったことは『元史』からも明らかであり、一二八五年（弘安八）にフビライ帝が侵攻を断念してからも、一二九二年（正応五）、一二九七年（永仁五）の二度に亘って元軍が琉球、南西諸島に現れて、島民を略取するということがあり、そうした元の動向によってか、幕府による諸国一斉の異国調伏祈祷は、延慶三年（一三一〇）まで続けられていた。こうしたことからも元寇の衝撃がどれほど大きいものであったが理解されるのである。それは、当時の刀工に刀剣の注文が絶えず来ることを意味しており、御家人たちは、神仏へ加護・功名を願って種子・剣などを彫り、また刀工たちも自身の貢献の証しとなる年紀・官途銘を鑽ったのである。その後、官途銘・年紀を入れることは、一般化して南北朝期以降の動乱時代に引き継がれることになる。刀工の権威づけ、ブランド化の一環として室町期に受領銘が加わり、それらの鑽刻は、常態化する。種子・剣・倶利伽羅などの彫刻は、装飾化して引き継がれることになる。

元寇という衝撃を受けた武士たちは、集団的統率を重視するようになる。御家人一党ごと独立的に戦い、戦いのプ口中心の騎乗弓射、騎乗打物といった戦闘様式はようやく晩節を迎え、遠射兵器として弓矢の重要性は変わらないが、武将たちが徒歩打物で勝負を挑み、大太刀、長巻・薙刀、鉄撮棒《かなさいぼう》など多彩な武器が用いられるようになっていく。下卒の部隊が用いる武器として槍がその重要性を増して、歴史の表舞台に登場する。

註

(63) **槍**：ここでは、茎形式の刺突用長柄武器のこととする。槍の穂先と柄を連結するために茎の替わりに筒のように柄に被せる方式の「袋槍」もあるが、それは、ここでは、鉾に連なるものとして槍の範疇とはしない。基本的な構造が異なり、そして構造が異なるということは、仕立ての考え方が根本で異なることを意味する。

　槍の仕立てとしては、当然、敵から距離を取ることのできる長柄が望ましく、かつ先が軽めで扱いやすいことが求められる。

　槍をもって太刀を持つ敵と戦う際に、気を付けるべきは、先を切り落とされないようにすることである。柄は竹や木で出来ているため、切り落とされやすく、切られれば万事休すとなる。このため穂先近くは、切り落とされないための工夫が必要となる。先を柄に被せる「袋」形式で袋を柄に沿って長くすれば、切り落とされにくいかもしれないが、重くなり扱いに難があろう。茎形式では、茎を長く伸ばしてもさまで重くならずに済むのである。「袋」形式は、徒歩打物に難があり、茎形式の槍が主流となっていく。

(64) **大太刀**：大太刀について、時代はかなり下るが、徳川家康が長寸の刀の功用について述べた言葉が徳川実紀[28]に記載されている。

　御放鷹のおり伏見彦太夫某が三尺五寸の大太刀に二尺三寸の差添を十文字にさし違ひ山路を走廻ること平地の如し、君御覧じ「汝が剛勇類なし。その太刀抜て見せよ」と宣ひしかば…略…「汝は延びたる刀の利をしるか」とあれば、「たゞのべかけて敵を一討に仕るばかりにて、外は心得候はず」と申せば、「いやとよ寸の延びたる刀は、鎗にあて、用ひんが為なり、向後忘れまじ」と教へ給ひしなり（「感状記」）

まさに、当を得た言葉であり、剣法など武術に関心の深かった家康らしい逸話といえよう。

（65）**（中国の）鋳造文化**[29]：中国の鉄鉱石は一般に銅の含有量が多いとされている。古代産鉄地近傍の著名鉱山のうち日韓両国に近い山東省「金苓（Jin ling）鉄山」産では、〇・二七六パーセント、江蘇省「利国（Li guo）鉄山」で、〇・六五及び〇・七〇パーセントと高いが、この銅含有率では、鍛接に難があるという。

（66）**行正**：この行正について今は「波平」とされているが、裏年紀の上に「来国安」と鑚られていたという記述（川口陟『新刀古刀大鑑　古刀之部』歴史図書社　一九七二年）もある。合作であるのか。それにしても平治年間に「来」派はまだ存在していないはずである。判読不明という現状ではなんとも定めがたい。

（67）**種子**：梵字による仏尊・観音・明王などの名号、たとえば、不動明王を梵字で記すと「：カン」、「：キリク」は、五大明王のうち大威徳明王、また、阿弥陀如来などの表記でもある。種子表記の具体例を表8に示す。

表 4　年紀入刀剣分布表（平安時代後期～鎌倉時代）

		年号	年	南朝	年	西暦	山陽道 備前	山陽道 備中	山陽道 備後	山陽道 安芸	山陽道 周防	畿内 山城	畿内 大和	その他 相模	その他 越中	その他 薩摩	その他 筑前	その他 豊後	その他 肥後	口数
		平治	8			1159										行正				1
		安元 / 治承	3 / 1			1177														
			2			1178														
			3			1179														
	1180〜		4			1180														
		養和	5 / 1			1181														
		寿永	2 / 1			1182														
			2			1183														
		元暦	3 / 1			1184														
		文治	2 / 1			1185														
			2			1186														
			3			1187														
			4			1188														
			5			1189														
建久		建久	6 / 1			1190														
			2			1191														
			3			1192														
			4			1193														
			5			1194														
			6			1195														
			7			1196														
			8			1197														
			9			1198														
		正治	10 / 1			1199														
	1200〜		2			1200														
		建仁	3 / 1			1201														
			2			1202														
			3			1203														
		元久	4 / 1			1204														
			2			1205												行平（太）		1
		建永	3 / 1			1206														
		承元	2 / 1			1207														
			2			1208														
			3			1209														
			4			1210														
		建暦	5 / 1			1211														
			2			1212														
		建保	3 / 1			1213														
			2			1214														
			3			1215														
			4			1216														
			5			1217														
			6			1218														
承久		承久	7 / 1			1219														
	1220〜		2			1220														
			3			1221														
		貞応	4 / 1			1222														
			2			1223														
		元仁	3 / 1			1224						左馬尉国頼？								1
		嘉禄	2 / 1			1225														
			2			1226														
		安貞	3 / 1			1227														
			2			1228														
		寛喜	3 / 1			1229														
			2			1230														
			3			1231														
		貞永	4 / 1			1232														
		天福	2 / 1			1233														
		文暦	2 / 1			1234														
		嘉禎	2 / 1			1235														
			2			1236														
			3			1237	友成													1
		暦仁	4 / 1			1238														
		延応	2 / 1			1239														
	1240〜	仁治	2 / 1			1240														
			2			1241														
			3			1242														
		寛元	4 / 1			1243														
			2			1244														
			3			1245														
			4			1246														
		宝治	5 / 1			1247														

建長			5			1253																左近国綱							1
			6			1254																							
			7			1255																							
			8			1256																							
		康元	1																										
			2			1257																							
		正嘉	1																										
			2			1258																							
			3			1259																							
		正元	1																										
			2			1260																							
	1260〜	文応	1																										
			2			1261																							
		弘長	1																										
			2			1262																							
			3			1263																							
			4			1264																							
文永		文永	1																										
			2			1265										清綱													1
			3			1266																							
			4			1267																							
			5			1268																							
			6			1269																							
			7			1270																							
			8			1271																							
			9			1272	守家																						1
			10			1273																							
			11			1274	長光																						1
			12			1275																							
		建治	1																										
			2			1276																							
			3			1277																							
			4			1278																							
弘安		弘安	1														国俊			国綱（剣）									2
			2			1279																							
	1280〜		3			1280	守家																						1
			4			1281																							
			5			1282																							
			6			1283																							
			7			1284																							
			8			1285	長光																						1
			9			1286																							
			10			1287																							
			11			1288																							
		正応	1																										
			2			1289	左近長光	左近長光	左近景依								来国俊												4
			3			1290	長光										来国俊												2
			4			1291																							
			5			1292																							
			6			1293																							
		永仁	1																			国光（短）							1
			2			1294	左近長光										来国俊												2
			3			1295	真近（太）																						1
			4			1296																							
			5			1297	左近長光	長則							入西		来国俊	来国俊（短）											5
			6			1298	長光													有俊（太）									2
			7			1299																							
		正安	1				長元（太）																						1
	1300〜		2			1300	長光	長光	長則																				3
			3			1301	長光	真光																					2
			4			1302	長光	長元（太）																					2
		乾元	1				長光																						1
			2			1303																							
		嘉元	1				長光（太）																						1
			2			1304	長光	左近長光	真長								有国（業·短）												4
			3			1305	真長	氏依（太）	則光（短）								了戒（太）												4
		徳治	1			1306	景光（嘉元4）	長則														国光（短）							3
			2			1307											了戒久信（薙）												1
		延慶	1			1308	助茂																						2
			2			1309	真長（太）										光包（短）			国利（短）									3
			3			1310	助次（太）					秀次（太）										国光（短）							3
			4			1311																							
		応長	1				景光（太）																						1
		正和	1			1312	助長（太）					助次（太）	助次（太）																3
			2			1313	真長	景光（太）	景光（脇）			頼次（短冠）					来国俊	来国俊（短）											6
			3			1314	景光（短）										来国俊						則重（短）						3
			4			1315	雲次										来国俊					国光（短）	則重（短）						4
			5			1316	景光（太）	元重（短）									来国俊												3
			6			1317																							
		文保	1				景政（短）										来国俊			貞吉	貞吉（短）								4
			2			1318	雲次（太）	景光（短）				頼次					来国俊（短）	来国俊（短冠）	来国俊（短）			国広（脇）							7
			3			1319																							
		元応	1				景光	近景（小太）									来国俊（短）	来国俊											4
	1320〜		2			1320	助光															国光（短）							2
			3			1321																							
		元亨	1														来国俊												1
			2			1322	助光	景光	景光（薙）	景光							光長（短）			重吉									6
			3			1323	近景	景光（短）									国光（短）												3
			4			1324	助光							高光						貞吉（短）	重吉（剣）	国広（短）							5
		正中	1																			国光（短）						国友（左衛門尉）	2
			2			1325	景光・景政	景光（短）												則長			則重（薙）						4
			3			1326	将長					吉次																	2
嘉暦		嘉暦	1				元重（短）					吉次（短）					来国光（短）												3
			2			1327	（景光）	景光（太）	景光（短）	近景（太）							来国光							安行（短）	実阿（太）	左（太）			8
			3			1328	景光	重助														正宗（短）							3
			4			1329	景光・景政	近景												貞吉（剣）	包清（短）								4
		元徳	1				左衛地頭吉家（太）	親依				恒次（太）	直次（短）	助国（国分寺）															5
			2			1330	吉家（薙）	景光（短）				吉次（右衛門尉）	吉次（太）				来国光（短）												5
		元弘	1			1331	盛景（薙）	景光（短）元徳三	吉綱（太）																				3
			2			1332	親依																						1
			3			1333	景光	兼光（太）	兼光（短）X2	元重	長義（太）	延次（短）								包次（短）					実阿				9
建武			4			1334	景光（元弘4）																		実阿（太）				2
		建武	1				景光（短）																						1
			2		2	1335	近景	兼光	雲次	兼光（元弘3）		直次（左兵衛尉）																	5
			3		3	1336	兼光（福島）																						1
				延元	1		景光	兼光	兼光（短）																				3
			4		2	1337																							
			5		3	1338																							
		暦応	1		4															則長（薙）									1
			2		5	1339																							
																													173

表5　平安後期〜鎌倉時代　年紀入刀剣刀工別初銘年表

※（太）は「太刀」、（短）は「平造短刀」、（短冠）は「冠落造短刀」の略

西暦	備前	山城	大和	相模	その他
一一五九					（太）行正 平治元年八月日
一二〇五					行平 元久二年
一二三七	（太）友成 嘉禎三年				
一二五三				鎌倉住人藤六左近國綱 建長五年八月日	
一二六五					（太）文永二年三月　清綱
一二六九	（太）備前国長船住守家造 文永九年壬申二月廿五日。				
一二七四	（太）長船長光 文永十一年十月廿五日				
一二七八		（太）国俊 弘安元年十二月日	（剣）国継・弘安元年以下不明		
一二八〇		粟田口国吉 弘安三年庚辰七月日			（太）光房 弘安三年十月日
一二八一					（剣）久国 弘安三年三月日
一二八九	（太）備前国長船住左近将監長光造 正応二年十月日 （太）左近将監景依 正応二年一月日				
一二九二		（太）来孫太郎作（花押） 正応五□辰八月十三日			
一二九三				（短）鎌倉住人新藤五国光作 永仁元年十月三日	
一二九五	（太）備前国長船住人真近 永仁三年九月日				
一二九七		（太）（短）来国俊、 永仁五年三月一／二月日			（太）安芸国入西 永仁五年閏十月日
一二九九	（太）長船住長元作 正安元年十二月日		（太）有俊・永仁六年		
一三〇二					（短冠）子位庄住刑部頼次 □安二二年九月日
一三〇五	（太）左兵衛尉氏依造 嘉元三年三月日 [illegible]	（太）了戒嘉元三年三月日 [illegible]			

	嘉元三年十月日				
一三〇八			(短) 国利・徳治三年八月日		
一三〇九	(太) 備前国吉□住人□兵衛尉助次 延慶二年二月日 (太) 備前国長船住人真長造 延慶二年二月日	(短) 光包 延慶二年二月日			(太) □中国住人左衛門尉秀次作・延慶□年八月日
一三一二	(太) 備前国長船住助長作・正和元年				(太) 備中国子位東庄青江助次 正和元年六月日
一三一五	(太) 備前国住人雲次 正和三年十月日				
一三一六	(短) 備州長船元重・正和五年二月日				
一三一七	(短) 備州長船景政・文保元年十月日 (彫) 八幡大菩薩・種子（大威徳）		(短) □都高市郡住藤原貞吉 文保元丁巳年二月吉日		
一三一八				(脇) 国広鎌倉住人 文保二年（季）二月日	
一三一九	(冠落) 備州長船住近景 元応元年八月日				
一三二二	(太) 備前国吉岡住左近将監紀助光 一南无八幡大菩薩 南无妙見大菩薩元亨二年三月日	(短) 平安城住光長 元□二年二月日			
一三二三		(短) 国光 元亨三年十月以下切			
一三二四			(剣) 重吉入道作 元亨二二正月七阿闍利頼宣		(太) 備州住高光 元亨四年七月日
一三二四			(短) 高市□住金吾藤貞吉 □亨二二年期甲子十月十八日		左衛門尉藤原国友 正中元年□月日
一三二六					(太) 備中国住人吉次 正中三年三月日
一三二七		(太) 来国光 嘉暦二年二月日			(太) 実阿・嘉暦二年 (太) 左・嘉暦二年 (短) 薩摩国住人波平安行・季
一三二九			(短) 包清・嘉暦三二年三月十一日		(太) 備中国万寿庄左兵衛尉恒次・□□九月日、(短) 備中州左兵衛尉直次・元徳元年十二月
一三三一	(太) 備州馬来住吉綱 元徳三年十二月日				
一三三二	(太) 備前国新田荘住親依・元徳四年 (太) 長船住長親・元弘二年三月日				
一三三三	備前国長船住兼光 元弘三年八月日		(短) 包次／元弘三年		(短) 備中国□寿本庄住延次 元弘三 二月十一日

＊国宝、重文を中心に各刀工の年紀入り初銘を記載。但し「将監長光」、「来国俊」は、別に初銘を立てた。

表6　諸国刀工官途銘・受領銘一覧表（平安後期〜室町期）

※現存刀剣銘記載に限定　（　）内のものは現存刀なし

時代	時期	畿内 山城	畿内 大和	畿内 摂津	東海道 相模	東海道 尾張	北陸道 若狭	北陸道 加賀	北陸道 越前	北陸道 越中	北陸道 越後	山陰道 伯耆	東山道 美濃
平安	後期												
鎌倉	前期	（左兵衛尉国光） （馬允）則国 左馬尉国頼											
鎌倉	中期				（左近国綱）								
鎌倉	後期	左兵衛尉国吉	金吾藤貞吉（嘉暦四・1327）										
南北朝			右近允則長 左衛門尉包（応安三年 1370）										
室町	前期	左衛門尉信国 式部丞信国											
室町	中期												
室町	後期／戦国		兵衛尉正実 兵衛尉政次								右衛門尉兼則		吉左衛門尉兼定 和泉守兼定 出羽守高稙 石見守兼房 吉左衛門尉氏房 若狭守氏房 左近衛権少将氏貞

山陽道	備前				左近将監景依（正応二・1289）				
					左兵衛尉長則（永仁五・1297）		右衛門尉勝光	右京亮勝光	右衛門尉祐定
					左兵衛尉氏依（嘉元三・1305）		左衛門尉忠光	左衛門尉勝光	兵衛尉祐定
					□兵衛尉助次（延慶・1308～）			兵衛尉治光	左衛門尉清光
					左近将監助光（元亨二・1322）			修理亮勝光	右衛門尉清光
					左兵衛尉景光（正中二・1325）			左衛門尉祐光	兵衛尉国光
					進士景政（正中二・1325）			修理亮忠光	右衛門尉祐光
					地頭左兵衛尉源吉家（元徳・1329～）				
					左近将監真光				
	備中				刑部頼次（正安・1302）	左兵衛尉直次			
					左衛門尉秀次（延慶弐・1309）				
					刑部尉（助次・文保・1318）				
					右衛門尉平吉次（嘉暦・1324～）				
					左兵衛尉直次（元徳元・1329）				
					左衛門尉恒次（元徳・1329～）				
	備後								
	安芸								
	周防								
西海道	筑前					左（左衛門尉）			
	筑後								
	豊前								
	豊後								
	肥前								
	肥後				左衛門尉国友（正中元・1324）				
	薩摩								

＊川口陟『新刀古刀大鑑　古刀之部』による。

表7　平安末～鎌倉時代刀身彫年表

※太は「太刀」、小太は「小太刀」、短は「平造短刀」、冠は「冠落造」の略　種子は梵字名号、浮は「浮彫」、（不）は「不動」、（毘）は「毘沙門天」の略

区分	平安末期～鎌倉前期（1156～1223）											倉中期（1224～1266）						
備前	友成		高包	行秀		信房												
	太・素剣浮彫、種子（不動）		太・素剣	太・素剣浮		太・素剣												
山城	則国																	
	短・護摩箸 短・素剣浮／護摩					彫ではないが「剣」が多い												
大和																		
						彫ではないが「剣」が多い												
相模																		
その他	豊後定秀		豊後行平															
	短・櫃内倶利伽羅／種子（不動）		太・櫃中二体仏／素剣太・櫃素剣／櫃中鶴、亀、太・櫃中倶利伽羅／種子（大威徳？）																

	鎌倉後期（1267～1333）											
				長光	助次		景光	真長	長元	景政	近景	兼光
				太・三鈷剣、種子（不動）太・草倶利伽羅／種子（不）、太・八幡大菩薩	太・種子		太短・倶利伽羅、種子（不動）、秩父大菩薩、種子（大威徳／毘沙門／大日）、素剣、三鈷剣	小太・素剣	太・護摩箸	短・八幡大菩薩／種子（大威徳）	薙・蓮／種子（不動・大威徳）	薙・倶利伽羅／種子（不動）
国行	国吉	吉光		国俊			来国俊	了戒	国光		國次	
太・種子（不動／大日）、素剣／三鈷剣浮 太・護摩箸、種子（毘沙門）	太・三鈷剣、種子、素剣 短・種子／素剣	短・素剣／護摩箸		素剣			太／短・素剣、護摩箸種子（不動）、素剣に爪	太短・素剣、種子（不動）	短・種子（大日／不動）、素剣、三鈷剣、護摩箸	短・八幡大菩薩／種子（大威徳）	短・素剣／護摩	
										（千手院）	国光	則長
										太・素剣	短・素剣	短・素剣
				国光					行光	正宗	国広	国信
				短・素剣、櫃中倶利伽羅、太・樋中素剣、垂傘、蓮台、種子（不動）、鍬形					短・櫃中倶利伽羅、護摩箸、素剣、種子（不動／？）	短・櫃中不動浮／護摩箸	短・種子（不／毘）、素剣	太・種子（不動）・素剣／種子（不動）・護摩
		備中 頼次								肥後 國資	筑前 左	
		短冠・素剣								短・素剣、護摩箸	短・樋中素剣 短・護摩箸	

＊国宝、重文、重要刀剣から出来るだけ在銘のものから確認した。時代区分は、あくまで筆者が刀剣区分上の便宜で設定したもの。

表８　刀剣における種子表記一覧表

読み・仏尊	彫刻の梵字	種別	刀剣銘
カン 不動明王		刀	無銘　長則① 個人蔵
カンマーン 不動明王		太刀	銘　長光② 個人蔵
キリク 阿弥陀如来 大威徳明王 如意輪観音 千手観音		短刀	銘　備州長船景政 ③ 文保元年十月日 個人蔵
ウーン 金剛夜叉明王 阿閦如来 降三世明王 愛染明王		刀	備州長船長義 ④ 宝永四年折敷代五百貫 ※樋中腰元に梵字浮彫 個人蔵
ベイ（バイ） 毘沙門天 （多聞天） 薬師如来 貪狼星	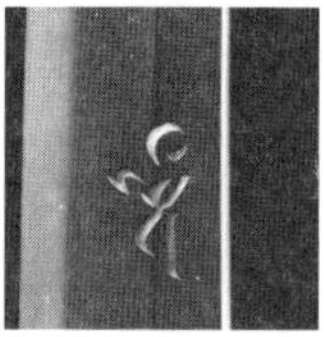	御物 太刀	願主武蔵國秩父郡大河原入道沙弥蔵蓮同左衛門尉 丹治朝臣時基於播磨國宍粟郡三方西造之 作者備前国長船住左兵衛尉 ⑤ 景光進士景政　正中二年七月日 宮内庁
マ 摩利支天 大黒天	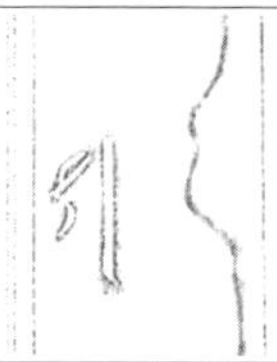	短刀	備州長船兼光 ⑥ 延文□年二月日 個人蔵
バン 大日如来 （金剛界）		太刀 重要刀	備前国（以下切）伝長光⑦ 個人蔵

第六章　南北朝期の大太刀

（秋山は）…樫木ノ棒ノ一丈餘リニ見ヘタルヲ八角ニ削テ両方ニ石突入レ、…（阿保は）四尺六寸ノ貝鎬ノ太刀ヲ抜テ、鞘ヲバ河中へ投入レ、三尺二寸ノ豹ノ皮ノ尻鞘カケタル金作ノ小太刀帯副《はきそへ》テ……弓手ニ懸違《かけちが》ヘ馬手ニ開合テ、秋山ハタト打テバ、阿保ウケ太刀ニ成テ請流ス。阿保持テ開テシトド切レバ、秋山ハ棒ニテ打側《そむ》ク。三度逢三度別ルト見ヘシカバ、秋山ハ棒ヲ五尺許《ばかり》切折レテ手本僅ニ残リ、阿保ハ太刀ヲ鐔本ヨリ打折レテ、帯添ノ小太刀許憑《のこ》リタリ。（括弧内筆者補記）

右は、『太平記』巻第二十九、（第二章）「将軍上洛事付阿保秋山河原軍事[15]」中の一節である。直義方、桃井直常に属する秋山新蔵人光政と将軍方、高師直に属する阿保肥前守忠実との京洛、賀茂川における一騎討ちの場面である。秋山は一丈余の樫木を、また阿保は四尺余の貝鎬の太刀を武器として用いている。

『太平記』は、物語として誤記や誇張も多く史実としてそのまま受け取る事は出来ない。しかし、一方その成立は、南北朝後期から室町初期とされ、貴重な同時代的資料として無視できない情報を残してくれている。この一騎討ちの場面で使用されたと記述にあるような大太刀は、使用されたとして、実際には、どの程度の長大さであったのか、更にその刀法はどのようなものであったのか、あるいはその長大さは、単に物語として誇張された表現に過ぎないのか。ここでは、南北朝期の時代背景とともに、大太刀等に関して、その用法（刀法）も含めて考察を加える。

1　南北朝期の時代背景

南北朝期は、経済学的視点では、その時代的特徴として市場経済の進展が挙げられる。一方、全国的騒乱の時代であり、戦闘様式においては、城郭攻防戦・徒歩戦《かちいくさ》の増加を挙げることが出来る。微視的に刀剣周辺を語る前にこれらの時代的特徴について、もう少し立ち入って見よう。

市場経済の進展

市場経済の進展とは、その中身として農業生産の増大、商工業の発展・貨幣経済・流通経済の進展等が言える。農業生産増大については、よく知られているところであるが、実際、この時代になって鉄器農具が本格普及し、肥料が使用されるようになったのである。二毛作が普及し、畑作も発展した。これらの事象は、人口統計学の観点からも鎌倉後期以降、それまでは若干の人口減少を余儀なくされていた日本社会で再び人口増加[68]に転じた事からも理解されよう。結果として人口増加は、戦闘集団の規模拡大につながり、戦闘様式の変化を促していく。

一方、商工業発展は、種々の技術発展に促され、非農業生産民の抬頭とそれに歩調を合わせた商品流通、貨幣経済の進展へとつながっていく。このことは、鎌倉前期までの国衙や荘園、名主の流れで在地領主から成り上がった武家貴族とは異なった「非農業生産的」民衆あるいは、また陸運、水運などの流通を担う者たちを基礎とする新しい武装集団、言い換えれば南北朝期特有の「悪党」発生の元となっている。

南北朝期とは、主として農業生産に基礎を置いた武家領主階級と非農業的生産や流通経済に基礎を置いた「悪党」層との覇権争いであったということも出来よう。貨幣経済の進展や流通経済の発展は畿内を中心に進んだが故に南北騒乱の舞台は、主に畿内から西に位置して、室町幕府の成立も京にならざるを得なかった。

2　南北朝期の戦闘と武器の特徴

南北朝期戦闘の特徴は、城郭戦と徒歩戦にあり、そこで使用された武器は、太刀、長刀《なぎなた》などの打物に加えて、金撮《かなさい》棒《ぼう》、槍、斧といったそれまであまり歴史の舞台で取り上げられたことのない武器である。

先に述べたように、こうした特徴は、戦いに参加するものの集団が鎌倉以前とは異なってきた、あるいはそこから拡がりを持ってきたということを意味するものである。この時代は、農地に基盤を置いた在地領主層とは異なった経済基盤、即ち商工業、物流（水運・陸運）、金融などに基盤を置いた武装集団が歴史の舞台に登場してきて新しい武器(69)を使用した。またそうした風潮に旧来の武家層も含めて、時代が染まったといいうるかもしれない。

城郭戦の増加

城郭戦が南北朝期に増加したということは、南朝方（宮方）と北朝方（将軍方）との争いが、かつてのように中央でのクーデターによって決まった方向に地方が従う構図が崩れて、それぞれの利害関係を軸に、地元で戦うことになった結果である。中央における大規模な戦闘においても戦いが長期化して、例えば宮方の代表的武人であった楠木正成は、数において劣勢であったために河内、笠置あたりの山城に籠って鎌倉方を迎え討つ。そうすると地の利を持たず、長期滞陣できない鎌倉方は攻めあぐみ、退却せざるを得なくなる構図である。こうした中央の情勢があって、全国的に纏め上げる実力と権威が生まれず、各地で局地戦が展開されることになった。劣勢に立った側は多く城に立て籠もって守りに入ることになる。時間を稼ぐうちに敵は退散せざるを得なくなる、あるいは時勢が変化するというわけである。この基本構造に加えて、城郭戦増加の背景には、地形の入り組んだ西国中心の戦いであるという地理的要因と、騎馬中心の会戦が得意ではない非農民的武装集団の存在も無視できない要素であろう。

こうした騎乗が得意ではない武装集団の存在と山岳地帯での城郭戦増加は、戦闘局面において必然的に徒歩戦《かちいくさ》を増加させる。また打物を得意とする武人の活躍する場面を多くするのは、当然の流れであった。

槍の登場

鎌倉後期から歴史に登場してきた槍は、戦闘集団の規模拡大と戦闘様式の変化に関わるところが大きいと考えられる。更に大陸との交渉の中で得た経験、知識からの影響も無視できないと考える。

戦闘集団の規模拡大は、先に述べたように「人口の増加」によるところが大きい。戦闘集団の規模拡大は、必然的に集団の戦闘技術、錬度の低下をもたらし、同時に武器に対する需要を増加させた。このことは、騎乗しないもの、また太刀、弓箭などの扱いに習熟していないものでも扱いやすく、かつ対騎馬武者や城郭戦で効果を発揮する得物が求められることにつながっていく。槍出現当初は、穂の短い、故に大量に制作できる腰刀・短刀に長柄を取り付けて、もっぱら突きを主体とした用法の槍を生み出すことになったと考えてもおかしくはない。

鎌倉後期、徳治年間の作と伝えられる《法然上人絵伝》の漆間館の場面には、

図 42　隋代騎兵歩兵戦闘図（1974 年安徽省六安出土拓片）

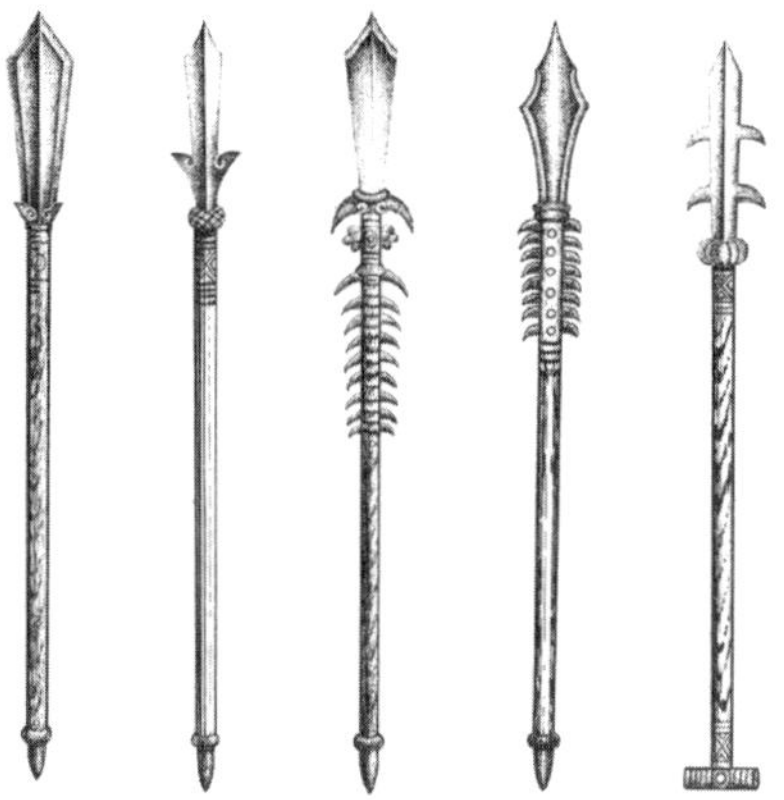

図 43　宋代攻城用槍図

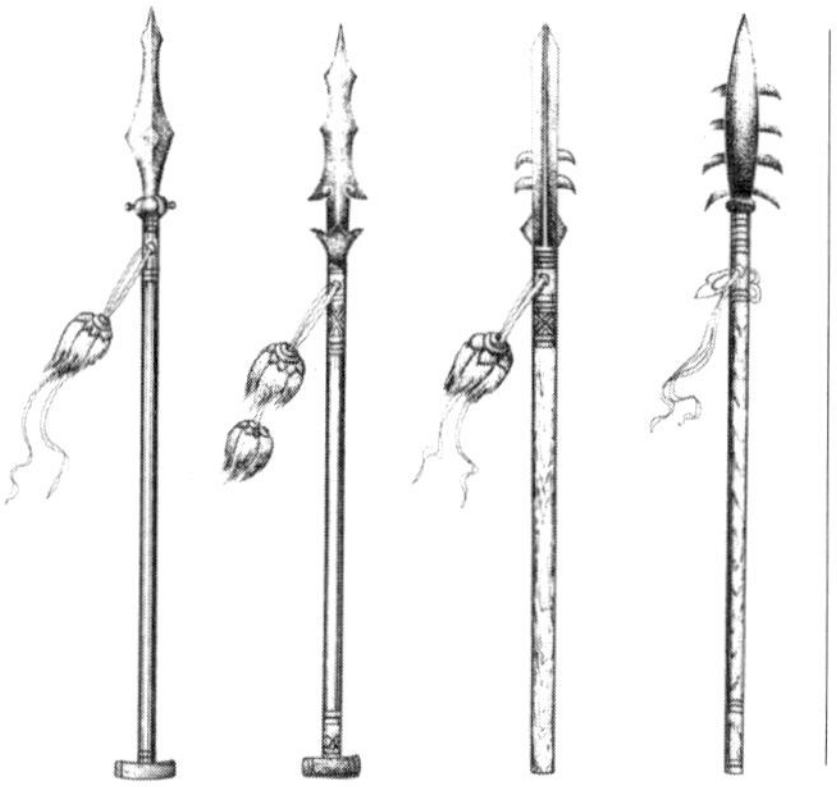

図 44　宋代守城用槍図

明らかに今日「菊池槍」と認識されている得物を手にした武人が見られる。また、『太平記』においても槍の記述[70]を数箇所で見受ける。

南北朝期、その他の得物

南北朝期には、大太刀や大長刀、槍以外に特徴ある得物として斧・鉞、金撮棒《かなさいぼう》などが登場してくる。これらは、室町期以降戦国時代に入っても、更に有効な武器として使用され続けたとは認識されていない。なぜこれらは、南北朝期から室町前期に大いにもてはやされたのか？

こうした槍も含めた新たな格闘兵器は、鎌倉期の中国における武器使用状況に影響されたところも少なからずあるのではないかと筆者は、考えている。日本の平安時代に大きな影響を与えた中国隋・唐代は、長槍と直刀を持つ騎兵（図42）の時代になっていて、槍は、既に相当普及していたという事情がある。更に鎌倉時代に重なる宋代には、異民族（金、元）の圧迫によって城郭戦が多くなり、歩兵主体の時代に入っている。ここでの主要な格闘兵器は、槍となっていた。歩兵や騎兵用とは別に柄の比較的短い攻城用（図43）（約六尺＝一・八四メートル）、長柄の守城用（図44）（二丈五尺＝七・六八メートル）槍などが発達してきている。また、異民族からの影響により斧・鉞、骨朶《こつだ》（図45）、棒なども時代の戦法と相俟って普及していた。

図45　契丹儀仗兵が持つ骨朶
（内蒙古巴林右旗遼慶陵壁画）

周知のように、平安末期には、平清盛主導による日宋（南宋）貿易が行われ、鎌倉期にも継続されて、宋銭はじめ、陶磁器、織物などが舶来された。こうした中から、日本で力をつけてきた〈海賊〉と呼ばれるような、近畿以西の国々、島々に割拠した武装集団が、日宋の正規交易ルートとは別に揚子江以南の諸都市と交渉を持っていたことは明らかであり、中国沿岸を荒しまわった海賊衆、すなわち「倭寇」が宋・元兵、また高麗兵との戦いの中で槍をはじめとする種々の格闘兵器と対戦することになったのは疑いない。この点で中国とゆかりの深い地である九州で「菊池槍」が生まれたことは、故なしとしないであろう。同様に、『太平記』に記述のある「猪の目透した刃亘り一尺余の鉞」や樫の棒、金撮棒などもこうした影響があっての流行と見てもおかしくはない。室町前期に描かれたとされる《十二類合戦図絵巻》にも時代を象徴する多彩な武器が見られる。

3　南北朝期大太刀の実際

現代に残された大太刀

南北朝期に顕著に現れる大太刀は、実際にはどの程度の長さのものが、どのように使用されたのであろうか。大太刀そのものの存在は、各地の神社に今日まで伝えられてきた実物があるので、それらの刃長などは確認できる。例えば、

①《太刀　銘：貞治五年（一三六六）丙午千手院長吉》国宝：刃長四尺四寸八分（一三四センチ）：大山祇神社蔵[71]（図46）

②《太刀　無銘：伝豊後友行》（南北朝時代）国宝：刃長約六尺（一八〇センチ）　伝大森彦七所用　大山祇神社蔵）
③《太刀　銘：長船倫光、貞治五年》（南北朝時代）　国宝：刃長四尺一寸六分（一二五センチ）日光二荒山神社蔵
④《太刀（長巻）　銘：（表）南無正八幡大菩薩　右恵門尉家盛（裏）南無滝摩利支天源定重　應永廿二年（一四一五）十二月日》（室町時代）新潟県文化財：刃長七尺二寸八分五厘（二二〇・四センチ）茎長三尺三寸五分（一〇一・五センチ）、新潟県弥彦神社蔵[72]
⑤《太刀銘：（表）信国、（裏）熱田・八剣》（室町時代初期）新潟県文化財：全長二〇九・一センチ（おそらく茎も含めた長さであり、その場合、刃長は概略五尺超となろう。）三条市八幡宮蔵
等々

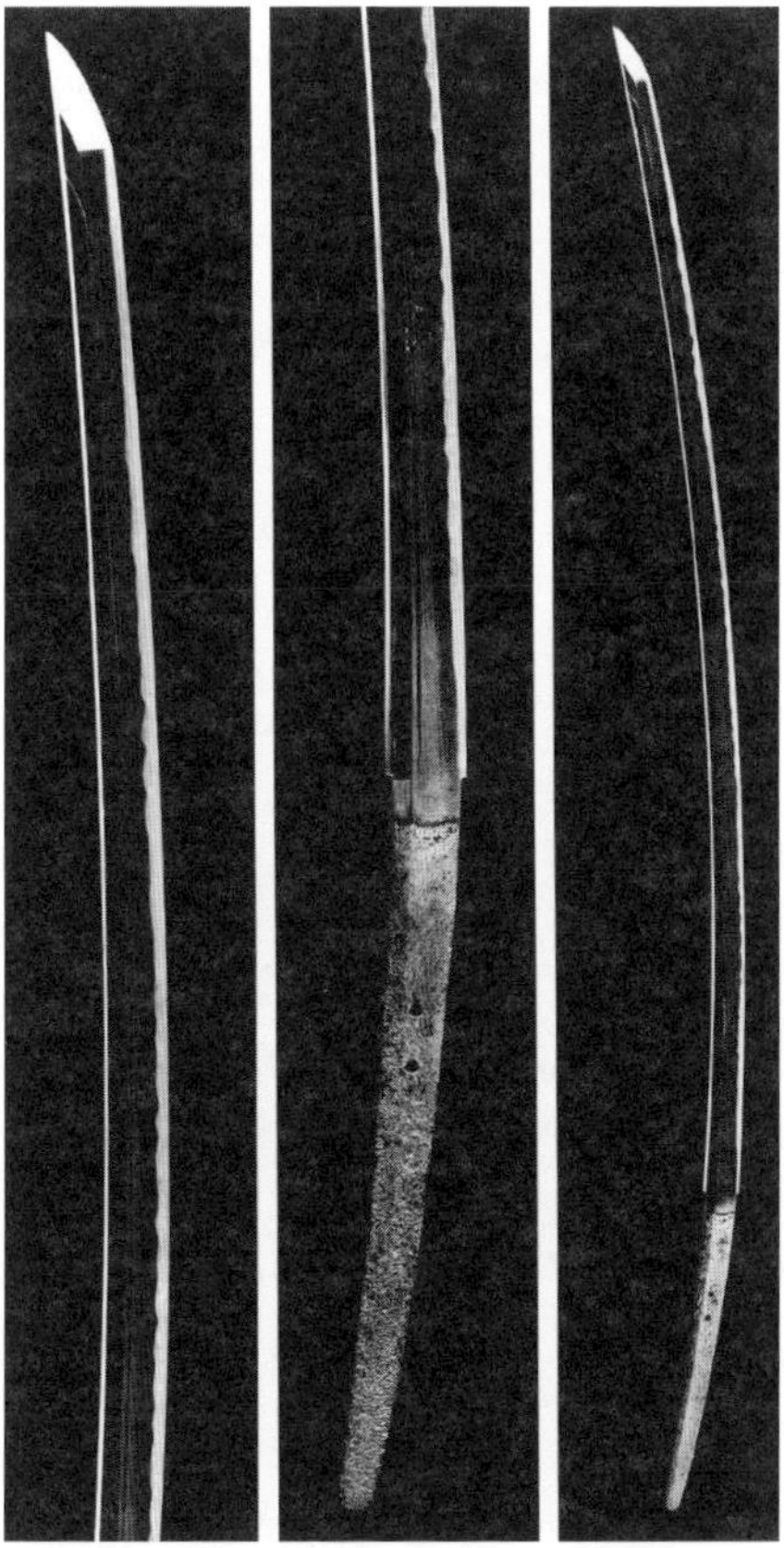

図46　国宝　太刀　銘：千手院長吉　貞治五年丙午［大山祇神社蔵］

このように銘や年紀が残っているものもあり、その他、磨り上げられたものを含めると少なくない本数が確認できると推察される。

『太平記』における大太刀記述

『太平記』に記述された大太刀（三尺以上とする）[73]を見てみると、比較的短いもので長崎為元の三尺三寸（一〇〇センチ）、設楽五郎佩用の三尺五寸（一〇五センチ）、名

越尾張守高家の三尺六寸（一〇九センチ）。長いものでは、妻鹿孫三郎の五尺三寸（一六〇センチ）、大高二郎重成の五尺六寸（一六八センチ）、安田弾正や祢津小次郎の六尺三寸（一九〇センチ）、福間三郎の七尺三寸（二二〇センチ）等がある。

こうして今日残されている大太刀と『太平記』記述の大太刀は、その長大さにおいてさほど違和感はないように思える。実戦でも、かなり長大な刀剣が使われたのは間違いなさそうであるが、『太平記』記述について更に検討を加えてみる。

第一には、『太平記』記述をどう認識するかである。大太刀というものは、それ自体が注目を集める存在であるためにその記述によってあたかも当時の武者の大半が大太刀を使用していたかのような錯覚に陥ることがある。しかし「大太刀がその時代の主流であって、一般化されて実戦使用されていた。」というような考えに陥らないことである。筆者が確認したところでは、『太平記』中の三尺を超える大太刀の記述は、おおよそ三五例である。三尺を超える大薙刀を含めても四〇数例程度であって、『太平記』全四十巻中戦闘につぐ戦闘の記述にあって、さほど多いとはいえない。当然であろう、こうした軍記ものに記されるのは、記すべき価値あるもの、賞賛されるべきもの、常ならぬものであって、時代の中で尋常なものは、特に記述されずにしまうものである。『太平記』に記述された大太刀等を用いての戦闘は、特筆すべきものであるが故に、それを用いた武者の名前とともに記述され、残されたのである。

また神社への太刀などは、ことさらに長大なものを制作して奉納されるものである。これは長弓も同様である。

いくさに明け暮れた南北朝期に、武技を練り鍛えた体力、膂力もある筋骨たくましい漢《おとこ》を、現代に当てはめて想像してみると、格闘技であれば相撲、柔道の重量級、プロレスラーなどの体格が近いのであろう。彼等であれば、常人が振るえないような太刀を振るうことも可能であろう。『太平記』でも、本章の冒頭に引用した「将軍上洛事付阿保秋山河原軍事」で秋山を描写して「……長七尺許ナル男ノ……」とその大力・大男振りを記述している。しかし、それはあくまで異例のことと認識することである。大太刀をふるうのは容易でなく、体力に加えて技も必要なのはいうまでもなく、用いることの出来るのは武者の中でも少数の人たちであろう。多くの武者は、南北朝期でもそれまでと変わりない二尺五寸前後の太刀を振るったであろうし、大太刀を振う豪の者との戦いを余儀なくされた時は、格闘戦を避けて、接近する前に弓で倒してしまおうとしたことも少なくないであろう。『太平記』巻八、「四月三日合戦事付妻鹿孫三郎勇力事」に次のような記述がある。

……縦《たとひ》走ルコト早クトモ馬ニハヨモ追ツカジ。多年稽古ノ犬笠懸今ノ用ニ不立バイツヲカ可期……。先安芸前司、三人張二十二束三伏且《しば》シ堅メテ丁ト放ツ。其矢アヤマタズ田中ガ右ノ頬前ヲ冑ノ菱縫ノ板ヘ懸テ篦中《のなか》許射通シタリケル間……

六波羅方の島津安芸前司が、五尺余の太刀を佩き、八尺余の金撮棒を軽げに引っさげた宮方の赤松勢に属する田中藤九郎盛兼を、太刀打ちせずに得意の騎射で仕留めたというのである。

第二には、『太平記』記載の大太刀の長さをどう解釈するかである。筆者は、太刀・刀の長さを表現するに際して、刃長と茎長とを明確に区分するのは、刀が武器としての役割が軽くなり、身分を表す表象（シンボル）としての役割が大きくなった江戸期以降ではないかと推定している。江戸期以前の刀の長さについての認識及び表現は、かなり曖昧であり、「刃渡り（亘り）」という表現で刃長を明確にすることはあったが、日常的には、主に刀鍛冶や研師、刀目利きなどの人々が使う専門用語に近いものであったとも考えられる。『太平記』作者といわれる「小島法師」[74]が、実戦用大太刀の刃長を実際に確認できたことはないであろうし、確認したとも考えられない。奉納刀での認識や、刀として使用できる姿である柄頭から切先まで（鞘を払った状態）が太刀・刀の長さというものであったかもしれない。[75]

『太平記』における大太刀記述も、刃長と柄・鞘も含んだ全長とが入り交じっていると考えた方がよさそうである。しかも六尺や七尺の長寸であればあるほど、一尺程度のぶれや誇張が出てくるのは、自然であろう。『太平記』中で太刀（大太刀ではなく）について〈歯ノ亘リ〉、あるいは〈身〉いくらと表現した例は筆者の知る限り、ない。他の〈打物〉の長さを記述する場合に、見受けられるのであって、これは太刀が認識として、その全長の大半が「刃」と考えられるのに対して、薙刀などは単に「寸尺」を記述しても刃長、ひいてはその〈打物〉としての威力を認識しにくいからであろう。刃長あるいは柄長を記した例を二、三を挙げると次の如くである。

四尺三寸ノイカモノ作ノ太刀ヲハキ、…柄モ五尺身モ五尺ノ備前長刀、右ノ小脇ニカイコミテ、……（野木与一兵衛入道頼玄）（巻第十四「将軍御進発大渡山崎等合戦事」）

……九尺ニ見ル樫木ノ棒ヲ左ノ手ニ拳リ、猪ノ目透シタル鉞ノ歯ノ亘リ一尺許アルヲ……（巻第十七「山攻事付日吉神託事」）

……柄ノ長一丈許ニ見ヘタル鑓ヲ馬ノ平頸ニ引キ副テ、……（巻第二十五「住吉合戦」）

太刀・刀の「柄長」は、両手使いを前提とすれば無理のない操刀のために「刃長」の三分の一程度以上が必要であり、それに照らして『太平記』に記された大太刀から「刃長」を算出してみると、冒頭の阿保肥前守の四尺六寸大太刀の「刃長」は、三尺五、六寸となり、福間三郎七尺三寸の「刃長」は五尺前後であった可能性もある。こう見るとぐっと現実味を帯びてくるではないか。七尺を超える大太刀の重量は、熱田神宮蔵の真柄太刀（七尺三寸強）で四・五キログラムにもなり、それを振るうことが逆にその重さ故に、戦いに不利になるほどの重量である。

大太刀の刀法

大太刀の刀法についてこれも『太平記』から拾ってみると刃方で馬の脚を薙ぎ、武者の胴、膝を斬る、棟方で兜の鉢、胴を打上げるという記述がよく見られる。実際、この時代は、膝を保護する「大立挙臑当《おおたてあげすねあて》」（徒歩武者、図47）や太腿を保護する「佩楯《はいだて》」と称する具足が登場してきており、徒歩戦対策、なにより大太刀、大長刀の斬撃対策と考えられる。

こうした具足の存在から大太刀は、刃で斬る、棟で打つという「打物」としての力を通常サイズの太刀以上に発揮していると認識できる。さらに、考えうるのは、この時代の新兵器である「槍」への対応である。突きを主体に攻撃してくる槍に対して、従来の刃長二尺五寸前後の太刀より、大太刀の方がより間合いを取ることが出来る分、戦いやすくなると考えられる。体格に恵まれた武者にとって大太刀は、対騎馬武者、対槍用の得物として必然の武器であったろう。

三尺を超える大太刀では、その長さ、重量の点で片手使いは困難を伴う。騎馬武者の太刀使いは別として、通常、刀法は、迅速性を貴ぶが故に初撃から第二撃、あるいは受けに移るための手首の「返し」が重要である。切下げた時は、刃は下を向いているが、それを手首を返すことによって、瞬時に刃を上に向ける。切り上げた時はその逆である。またよく斬るためには刃筋を正しくする必要があり、両手使いであっても「右手（左手）は添えるが如く」、また斬り下げ、斬り上げには右手と左手の力の微妙な配分や、刃の流れに逆らわず、あるいは流れを利用してすばやく右左の持ち替えを行うこともある。左右の手の連携が非常に重要であり、操刀は全身を使うというのが実際である。江戸期以降の常寸の刀でさえそうであるから、それより一尺以上長い大太刀の場合に、「片手使い」が出来たとしても、そうすることによって格闘戦に利することはないであろう。

また騎乗での大太刀使用は想定として困難を伴う。騎乗の足元は、不安定なものであり、それはいうまでもなく格闘戦に不利である。更に大太刀自体の長大さもさりながら、柄の長さが騎乗での操刀を不自由にさせるのである。通常、柄の長さは、刃長の三分の一程度以上が望ましく、二尺四寸の刀では八寸程度の柄長（柄長とは、正確には柄頭、縁金を除いた長さをいう）が必要であり、刀の寸が長ければ長いほど柄長は、その三分の一以上必要とされる。仮に刃長三尺六寸とすれば、柄は最低一尺二寸程度が必要となる。矢軍《やいくさ》から打物戦（格闘戦）に移行した段階で、騎乗による足元の不安定さと扱いにくい柄では、初撃は、ともかく、第二撃以降の動作に無理が生じて、槍や長刀など、長柄の得物の格好の餌食となる危険が大きくなる。

騎兵の基本的な刀剣の用法である「ヒットアンドアウェイ」、つまり一撃しては駆け抜け、また態勢を取り直してまた一撃という戦い方が想定されるかもしれぬが、これも机上の空論であろう。百歩譲って一騎討ちでの戦法と限定すれば「一撃」法もありえるが、各戦いで有るか無いか分からぬ一騎討ちの、しかも一撃戦法のためのみに大太刀を用意してくる武者はないであろう。槍も登場してきた鎌倉後期以降の集団戦では、格闘戦法として無謀でしかない。「ヒットアンドアウェイ」は騎兵集団の機動力を活かす形で用いるものであり、かつ集団として組織された「隊」の編成によるものでなければ、威力を失う。大太刀を使えるのは体格、腕力に勝れた例外的武者であり、南北朝期にこうした精兵を集めて「隊」を編成できたと考えられず、またそうした戦い方がなされたとは聞かない。次に大太刀を使用する武者の体格が問題となってくる。体格、筋力に勝る武者が甲冑を着込むとその重量は、常人のそれに数十キログラムは重くなってしまう。騎馬武者が戦いに望む場合、必要とする馬は一頭ですまない。数頭を替え馬として引き連れてくるものである。背丈六尺をこえるような並外れた大男が騎乗できる駿馬を何頭も揃えうるであろうか。大太刀は、騎兵には不向きであって、徒歩《かち》による戦いが基本となろう。移動には、騎乗しても、大太刀を使用しての戦いには、下馬して戦ったであろう。本章の冒頭に引用した「秋山と阿保一騎討ち」の場面は、騎馬格闘の場面として描かれているが、『太平記』作者の頭には、平安、鎌倉以来の一騎討ちがあり、また騎乗による一騎討ちの場面として描いた方が絵（当時のバサラ絵に描かれたというが詳細不明）になるとして、脚色したものであろう。大鎧を着用し

図47　南北朝期徒歩武者行粧

た徒歩武者が大太刀を持つと次のような行粧（図47）となる。五尺近いような大太刀と見えるが、徒歩でこそその威力を発揮させられると実感できるサイズである。

船戦《ふないくさ》の場合の戦術として、太刀を背に負って敵船に乗り移り斬り回る、というものがある。古くは、元寇当時の資料である『八幡愚童訓《はちまんぐどうくん》』[76]（異本に『八幡ノ蒙古記』など）に伊予水軍の河野通有が夜襲を仕掛け、太刀で散々に斬り回ったとの記述がある。

また瀬戸内海賊として著名な村上氏の戦闘法や砲術などを合わせてまとめられた『合武三島流船戦要法』[30][77]の「水戦之巻」に〈船中太刀打習之事〉として、次のように記している。

船中ノ働ニハ鑓ヨリ太刀打ヲ賞ス、是海賊家ノ古法也。近キ勝負故也。鑓ハ敵船ヘ乗移艫舳ヲ討テ廻ルニ跡先ツカヘテ執マハシ不自由也。太刀ハ其自由ヲ得ニヨリ敵船ヘ飛乗ント欲セハ鑓捨刀ヲ抜テ艫舳ヲ切テ廻ルヘシ。兵士加子ノ撰無アタルニマカセテ切□船戦ノ太刀打ノ古傳也。

つまり船中で戦う際は、槍よりも太刀打ちが良く、船首から船尾まで切ってまわるべきである、槍ではあと先がつかえて扱いに不自由である、としている。

こうしてみると河川海路の運行に関わりのある武装集団を中心として発達したのが徒歩「太刀打ち」であり、そうしたものたちが鎌倉後期から南北朝期の変革時代に歴史の表舞台に登場してスポットライトを浴びたのが「大太刀」であるとの見方もありうる。更に「婆沙羅」といわれる時代精神や集団戦の増加、下卒兵員の増大に合わせて登場した「槍」に対応する武器としてもてはやされたのが「大太刀」と考えられる。

そうした太刀打ちに秀でたものどもが実際に使ったのはどのような刀法[78]であったのか。この時代は、菊池槍を嚆矢として、「槍」が登場してきた時代であり、中国でも蒙古との戦いの中で有力な攻防兵器として重用され、それが日本へも影響を与えた可能性を指摘した。そうした当時の刀法を考えるヒントになる資料として中国、明代の武将が倭寇との戦いの中で手に入れ、後世に書き残したものがある。戚継光が嘉靖四十年（一五六一年、永禄四年）に陣中で手に入れたとされる『影流目録』である。その著書『紀効新書』[31][79]に掲載され、そこから茅元儀著『武備志』に転載されたとされる。そしてその原型に近い形で刀法を伝えるものとして少林武僧出身の程宗猷が著した『単刀法選』[32]がある。そこには、本編に二二形、後半に「続」として一二形、合計三四の形《かた》が掲載されている。

ここで注目すべき点は、これらの形解説では、すべて槍（鑓）に対する刀法として述べられていることである。明軍でも槍は主要な格闘兵器であったこと、そして「大太刀」は、その槍を持つ明兵にとって非常な脅威であったことがうかがい知れるものである。同様に、日本においても「大太刀」は槍への有力な対抗武器であったと間接的に理解される。

……鞍馬ノ奥僧正谷ニテ愛宕・高雄ノ天狗共ガ、九郎判官義経ニ授シ所ノ兵法ニ於テハ、（秋山）光政是ヲ不残

傳へ得タル処ナリ。……（『太平記』巻二十九）

南北朝から室町前期にはすでに、源義経が剣法を天狗から習い受けたという俗説の流布していたことが分かる。

以下に、程宗猷『単刀法選』の〈刀勢図解〉[80]を参考に大太刀及びその刀術について述べる。

『単刀法選』では、使用する太刀の刃長を三尺八寸、柄を一尺二寸としている。明代の一尺は、およそ三一・三センチであり、日本の尺と大きな違いはない。柄長も先述したように刃長の約三分の一であり、理に適ったものである。実使用された大太刀の刀法は、こうしたものと納得できる情報である。

大太刀は長いため、緊急の際に互いに戦友の刀を抜き合わせる形（図48）が載せてある。「右提撩刀勢《うていりょうとうせい》」（図49）という形は、「新陰流」の「一刀両断」での仕太刀と同様の〈車《しゃ》〉の構えだが、左肩を敵方に出して誘い、槍で突いてくれば、腰から、いわゆる〈ナンバ〉の動きで体全体で左へ斬り上げ、あるいは棟で跳ね上げ、賺《すか》して次の斬撃へ移る。この右肩右足を進めて斬り上げた時の形は、そのまま「左提撩刀勢《さていりょうとうせい》」（図50）という形となる。右肩を敵に向けて誘う形だが、そのまま切先を降ろして斬り上げに移行すれば、左右連続した新陰流でいうところの「逆風の太刀」となる。斜身《はすみ》の脇構えである〈車〉は、長大な大太刀を用いての構えとして、実に合理的なものである。

現在伝わっている古武道の形には、残されていないが、「右定膝刀勢《うていしっとうせい》」（図51）も大太刀の構えとして実戦的なものと推察される。柄頭を膝に置くことによって、大太刀の重量を支えるとともに、そのまま槍の攻撃に対応した低い構えをとることになるからである。当然ながら逆の「左膝」に置く構えもあって、前進・後退時、左右交互に構えを移行させることによって敵に隙を見せないものとなる。

図 48　単刀法選你我抜刀勢

図 50　左提撩刀勢

図 49　右提撩刀勢

図 51　右定膝刀勢

この図の鞘を見れば、栗形、返角も描いてあり、明代に日本刀がよく研究され、また日本刀の武技が取り入れられたかが理解される。

以上『単刀法選』から一部を紹介したが、槍相手の実戦刀法の一端を理解いただけたと思う。

ここで少しだけ、横道に逸れるが、「陰流」の刀法について筆者の認識を記しておきたいのでご容赦いただきたい。先にも述べたが、明の武将であった戚継光が手に入れたという『影流目録』は、対「槍」を想定した形であった。ごく素直に考えた場合、もともと影流は、槍を想定して組み立てられた武術ではないかということである。熊野、伊勢水軍の流れを汲む愛洲移香斎惟孝が、日向の鵜戸の洞窟に籠っていた折に、神の啓示によって極意を悟ったとされるのが「愛洲陰の流れ」である。移香斎は、九州、さらに明国にまで渡ったという。水軍、海賊の繋がりを感じさせるものである。そして影流とは、光に応じる「影」であり、簡単にいえば「敵の働きに乗じて勝を得る」というのが、その本態である。光を「槍」に、影を「刀」に置き換えてみればよく理解できると筆者は考える。それを、対「槍」からさらに普遍的な刀法に発展させ、光を「陽」に、影を「陰」に置き換えて、状況に応じて絶えず変転する「転《まろばし》」という極意に昇華させたのが、すなわち上泉《かみいずみ》伊勢守信綱（こういずみ、また武蔵守とも）の「新陰流」ではなかったかと思うのである。

大太刀は、徒歩戦が主流となった時代に「槍」と合わせて必然的に登場してきた武器であった。しかもそれは武器としては主流とならず、武技、体格に優れたものどもの得物であった。南北朝期の上をおそれぬ時代精神は、大太刀ならずとも寸を延ばし、切先を延ばした「だびらひろ」な刀剣体配を好み、それによって身を飾りたて自己主張するという「婆沙羅」な精神を顕在化させたのである。実使用された大太刀は、三尺から四尺が主流であり、よほど体格に恵まれたものが、五尺を超える大太刀を振るったであろう。六尺以上、七尺超というものは、まず奉納用に鍛えられたというのが大筋ではなかろうか。

南北朝期以降はどうであったのか。大太刀の使用には体格と技術の両方が必要であったこと、その量産とコストに難があったことなどからやはり後世でも一般的な武器とはならなかった。しかしその威力と示威などのために室町時代から戦国期に至っても一部の武者には好んで用いられ続けたし、武運長久を祈って各地の神社に奉納されてきた。一部の戦国大名は大太刀を振るう「小隊」を編成していたとも伝えられる。織田・徳川連合軍と朝倉・浅井連合軍が激突した「姉川の戦い」で殿《しんがり》を務めた真柄十郎左衛門が、五尺三寸の大太刀(81)を振るって勇戦したという。ちなみにこの十郎左衛門は身の丈六尺四寸八分（一九四センチ超）と伝えられている。

江戸時代に入って徳川幕府がその通達で二尺三寸程度を「常寸」と定めたのも、太平の時代に異端を嫌う考えとともに、実際に大太刀の威力を怖れたからでもあろう。

註

(68) アメリカの歴史学者、W・ファレルの推計によれば、鎌倉後期の弘安三年（一二八〇）の人口推定は五九五万人であり、一七〇年後の室町時代、足利義政治世の宝徳二年（一四五〇）は一〇〇五万人、四一〇万人増としている。
鬼頭宏『図説　人口で見る日本史』[19]

(69) 網野善彦教授はその著書、『悪党と海賊』[33]の中で次のように著述している。
……東国の騎馬武者の武技、平場懸けの戦闘法とは異なる、畿内近国から西国にかけての『職人的』武装集団に特有な戦闘法、武技をここに見出すこともたしかに可能であろう。

(70)『太平記』における槍の記述
①巻第十五（第三章）「三井寺合戦並当寺撞鐘事付俵藤太事」：三方ノ土矢間ヨリ鑓長刀ヲ差出シテ散々ニ突キケルヲ
……

②巻第二十五（第五章）「住吉合戦」：……柄ノ長一丈許ニ見ヘタル鑓ヲ馬ノ平頸ニ引副テ……

③巻第二十九（第十章）「師直以下被誅事付仁義血気勇者事」：迹《あと》ニ打ケル吉江小四郎、鑓ヲ以テ胛骨ヨリ左、乳ノ下ヘ突徹ス。

そして、当時、鑓も打物としていたことは興味深い。

④巻第三十七（第二章）「新将軍京落事」：……楯ノ陰ニ鑓長刀ノ打物衆ヲ五六百ヅツ調エテ……

(71) 後村上天皇（一三二八～六八）奉納という。後村上帝は、後醍醐帝の皇子。

(72) 越後古志郡夏戸（現、三島郡寺泊町地内）城主志田三郎定重が備前国長船の刀鍛冶家盛に命じて鍛えさせ、奉納したものという。

(73) **尺について**：律令体制以降の日本では尺の基準がない状態となっているが、各地ともおおよそ三〇センチ内外で推移している。

(74) **奉納刀**：神への奉納の武具は、長大になることが多い。茨城県の鹿島神宮の直刀（黒漆平文太刀拵）は、刀身二二三センチ余、七尺を超える大劔である。弓にしても通常騎兵が用いる弓より奉納弓は、かなり大きいものになっている。太刀や弓への誤解を生むこともしばしばであると感じる。

(75) **太刀・刀の長さ**：直心影流の石垣安造氏は、その著書[34]で「刀の長さについて」として次のように記している。

……刀屋が刀の長さを云う場合は、切先から棟まち迄の刃渡を指すのであって、…処が、剣士が云う刀の長さは、柄、縁頭、鍔、切羽、鎺などの拵えを着けた刀総体の長さを指すのである。…刀が刀としての実効を遺憾なく発揮させる…ようにした刀でなければならない。

(76) **『八幡愚童訓』**：八幡神の神徳を童子にも理解させるための書というもので石清水八幡宮社僧の著作という。甲乙二種あり、甲種は延慶～文保二年（一三〇八～一三一八）までの間の作、乙は正安（一二九九～一三〇二）頃の成立とされている。甲種には、文永役における元・江南軍の進攻と鎌倉武士達の戦い方が具体的に記述されているが、疑問の点も少なくない。（元寇の章を参照）

(77)『**合武三島流船戦要法**《ごうぶさんとうりゅうふねいくさようほう》』：森重都由《もりしげすべよし》は、周防出身で三島流舟戦法を学び、さらに諸流の砲術を学んで「合武三島流」を興した。寛政七年（一七九五）

(78) **刀法（剣法）**：日本で剣法が流派としてかたちを為してきたのは、やはり徒歩戦が多くなってきた鎌倉後期以降と考えられる。

(79) 万暦十六年刊十四巻本（一五八八年）

(80)『単刀法選』では、「刀勢」と記されている。新陰流においても形のことを「勢」と読んでいる。

(81) 十郎左衛門使用の真柄太刀は愛称「太郎太刀」、越前「千代鶴」作といわれる。現在、十郎左衛門愛用とされる大太刀が、名古屋の熱田神宮と石川県白山比咩《しろやまひめ》神社に残されている。前者は七尺三寸強（刃長：二二一・五センチ、重量：四・五キログラム）、末之青江とある。後者は刃長六尺二寸強（一八七センチ）、銘行光とあり時代は永正ころという（加州鍛冶であろう）。どこかで千代鶴太刀と入れ替わったものか、もともと十郎左衛門は数振り所持しており、それがそのまま伝わっているものか定かではない。

表9　日本・大陸　刀工関係　歴史年表（鎌倉中期〜室町前期）

※刀工は、初代を基準に概略の活躍年代を記す

年代	政治・社会関連	大陸関連	刀工関連
《鎌倉時代》			粟田口鍛冶、来国行
弘長三（1263）		高麗，倭寇の禁示を請う	長船光忠、一文字
文永五（1268）		蒙古使節黒的、通好の返書を求める	
文永七（1270）			粟田口吉光死去という
文永八（1271）		蒙古、中国にて国号を「大元」とする	長船長光、畠田守家
文永十一（1274）	元寇、文永の役	南宋、臨安陥落	二字国俊、二王清綱
弘安二（1279）		南宋滅亡	
弘安三（1280）	「国中悪党召取令」		
弘安四（1281）	元寇、弘安の役		手掻包永
永仁元（1293）	竹崎季長『蒙古襲来絵詞』		新藤五国光、来国俊
徳治元（1306）		日本商船、元に至り通商す	来国光、相州行光、
文保二（1318）	後醍醐帝、即位		相州正宗、延寿国村
正中元（1324）	正中の変（日野資朝･日野俊基、捕縛される） このころ無尽銭、質屋出現		則重、三原正家
			長船景光、延寿国友
元弘元（1331）	楠木正成、河内にて挙兵		来国次、
元弘三（1333）	鎌倉幕府、滅亡		

《南北朝時代》（年号　上：南朝、下：北朝）

建武元（1334）	建武中興		青江次吉
延元元 建武三（1336）	正成敗死（湊川） 尊氏、室町幕府を開く、後醍醐帝、吉野へ遷る		相州貞宗、 長船兼光
興国二 暦応四（1341）		足利直義、天龍寺船を派遣	長谷部国重
正平元 貞和二（1346）	諸国、海賊追捕令		大左、江義弘
正平三 貞和四（1348）	楠木正行、四条畷にて敗死		長義、志津兼氏
正平十三 延文三（1358）	足利義詮、二代将軍となる		相州広光、 青江次吉・次直
正平二十一 貞治五（1366）	後村上帝、大太刀を大山祇神社へ寄進		千手院長吉、 石州直綱
正平二十二 貞治六（1367）		高麗史、倭寇禁圧を請う	左安吉、 宇多国房
正平二十三 応安元（1368）	義満、三代将軍となる	朱元璋、明を建国	三原正清
正平二十四 応安二（1369）		明史、倭寇の制止を請う	備前秀光
文中元 応安五（1372）	この頃、『太平記』四十巻完成か	倭寇、明、高麗の諸都を侵す	相州秋広、 備前盛景
天授元 永和元（1375）		高麗史、倭寇の制止を求む。、高麗、倭寇により貢租の輸送困難という	備前師光・宇多国宗
弘和三 永徳二（1382）		明、朱元璋、日本との通商を断つ	備前政光
元中六 康応元（1389）		高麗の賊、対馬に入寇	城州信国
元中九 明徳三（1392）	南北両朝、講和成る		石州貞綱
応永元（1394）	義満、将軍を辞し、太政大臣となる	九州探題今川貞世、朝鮮に捕虜600名を返還	

第七章　室町期の刀剣と戦い

室町時代は、歴史的に非常に興味深い時期である。近世への橋渡しとなった時期であり、文化、芸術面でも現代につながる様々な流れのみなもとを生み出した時期でもある。

刀剣においても徒歩戦《かちいくさ》の進展から南北朝期に用いられた「大太刀」の形態も残しつつ、「太刀」から「打刀」への移行、「片手打刀」、「寸延短刀《すんのびたんとう》」、「寸詰短刀《すんづまりたんとう》」が見られるようになる。あくまで斬ることを主眼にした長柄の武器である「長刀（薙刀）」とともに刀の柄を長くして威力を増大させた「長巻」も用いられるようになった。そして長柄の武器の代表格となった「槍」の急速な普及は、刀との関係に置いても十分吟味すべき問題である。戦乱に明け暮れた時代であり、刀剣もその多様な形態は、一見脈絡が無く個々に独立して登場してきたかの印象があるが、決してそうではなく、戦闘様式との関連で必然といえるかたちを与えられ、登場してきたはずである。

まずは、個性ある室町期の刀剣の代表的なものをご覧いただいてから本題に入ろう（図52〜55）。

1　刀剣の室町時代

室町時代をどこからどこまでとするのか、いくつかの設定が考えられる。幕府創設の延元三年（暦応元年・一三三八年）から幕府滅亡の天正元年（一五七三年）まで、二百三十年余に亘る時期とするのか、明徳三年（一三九二）の南北両朝講和から幕府滅亡の百八十年に亘る時期をいうのか。いずれにせよ、政変・闘争の無かった時期は無いといって差し支えない時期であった。争乱時代と呼び換えてもいいであろう。

この時代は、貨幣経済、流通経済の進展などから経済力、武力が多様化、分散化した時代といえる。そうであるからこそ、私利私欲、恣意気侭な権力闘争、利権争いによって戦乱の絶えることがなかった。求心力不在の中央に対応して、地方でも国人であれ、守護・守護代であれ一円支配へ向けて実力を持つものが上に立つという下克上の風潮が蔓延した時代である。

三代将軍足利義満の時代でさえ有力大名の弱体化を狙った政変や争乱（康暦の政変、美濃・土岐氏の乱、明徳の乱、応永の乱[82]）、そして強訴などへの対応に明け暮れていた。そして義満以降も、永享の乱、嘉吉の乱、応仁・文明の乱等々と続く。

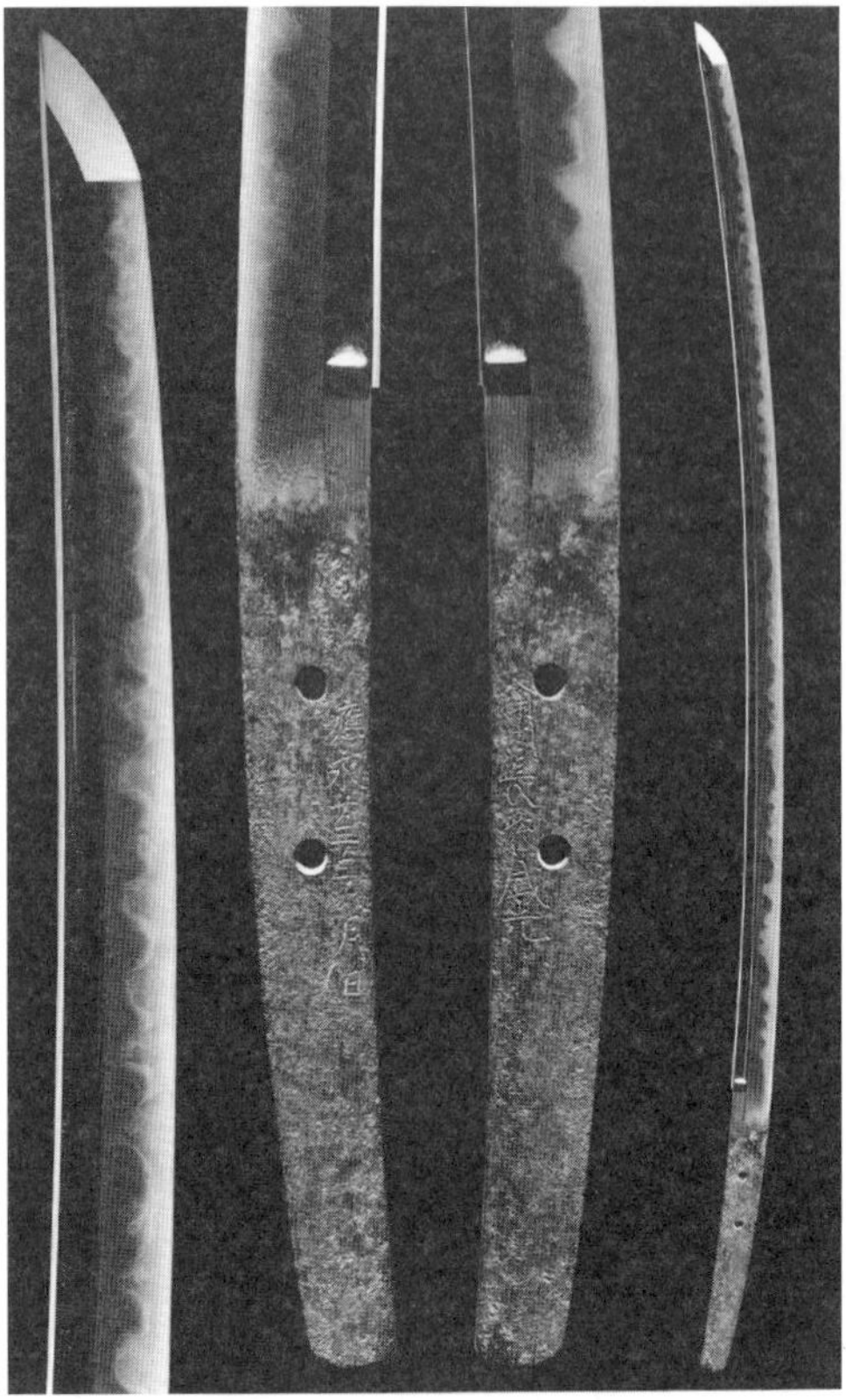

図52　太刀（重文）**銘：備州長船盛光　応永廿三年八月日**　刃長二尺五寸半（77.3㎝）［山口忌宮神社蔵］

各地も、応永年間の薩摩・大隈・日向での乱、陸奥反乱、九州の渋川、菊池・少弐との抗争などが発生している。これらの権力争いと平行して民衆レベルでも国一揆、土一揆、一向一揆などが頻発していた。

室町中期以降各国における一円支配の傾向が顕著になってくると、国大名の動員できる戦闘人員の数も膨れ上がり、戦闘規模も前

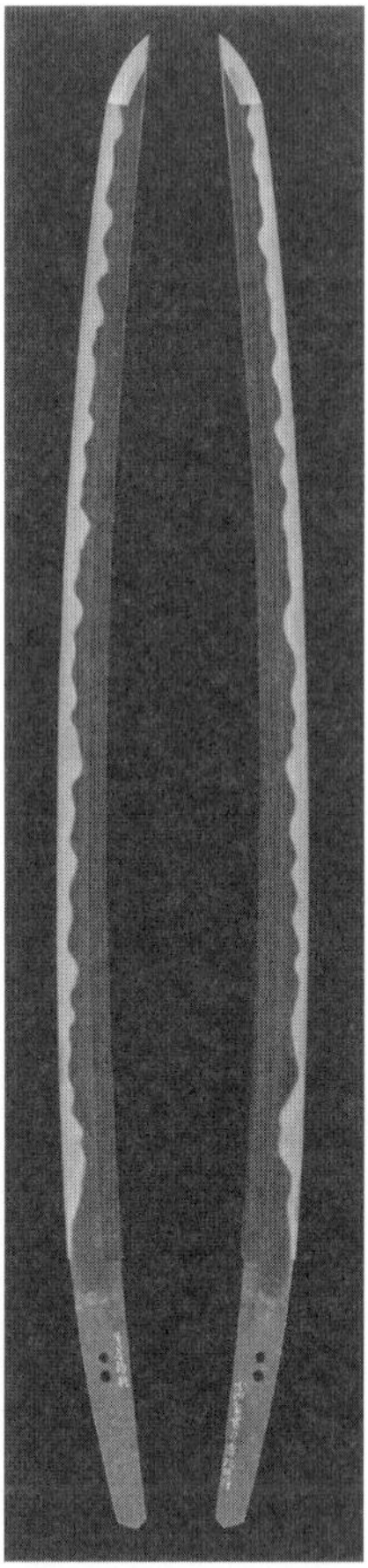

図 53　打刀　銘：兼定作 号籠釣瓶　小須賀帯刀喜政所持　刃長二尺二寸五厘（66.8㎝）［個人蔵］

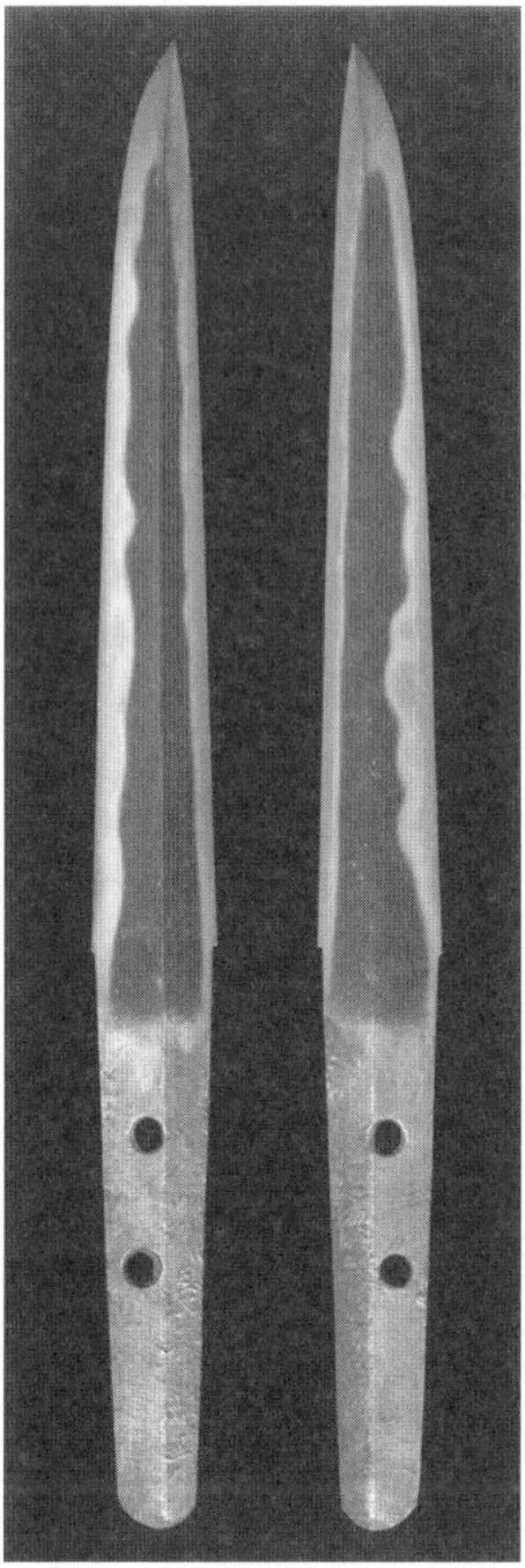

図 54　寸詰短刀　銘：備州長船忠光　延徳二年二月日
刃長：五寸（15.2㎝）［個人蔵］

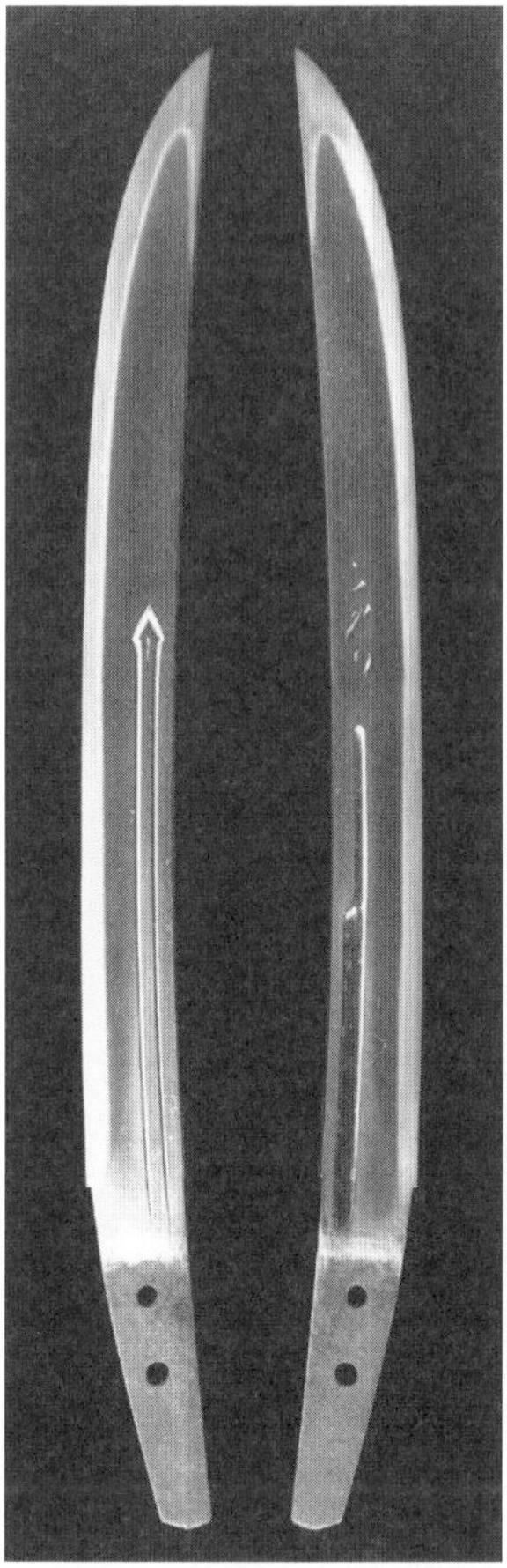

図 55　寸延短刀　銘：兼貞
刃長：一尺七分（32.4㎝）
［個人蔵］

時代に増して大規模になっていく。いわゆる戦国時代の到来であり、そこからさらに天下一統支配に向けた動きが織田信長によって強力に推進される時代へと動いていくのである。信長により騒乱の時代は終焉を迎えた時、戦いの質も変化する。

ここでは、明徳三年の南北両朝講和から、織田信長が本能寺に斃れるまでを広く刀剣の「室町期」として論ずることにする。

2　軍記からみた室町時代の戦闘様式と刀剣

軍記は、その内容を単純に史実として捉えることはできないが、戦闘様式や使用される武具・武器などは、その成立時期に対応した認識によって記述されるために、後世から見ると貴重な資料である。ここでは、軍記中の記述から当時の戦闘様式、特有の武器成立の背景、変遷について述べる。

組討《くみうち》の伝統と槍の組織化

「明徳の乱」（南北朝末期、明徳二年〈一三九一〉）は、義満が山名氏の勢力を殺ぐために仕掛けたとされるが、その主戦場は、京都北辺の平安京の大内裏があったとされる内野《うちの》、二条大宮辺であり、館や、寺社に籠もるというより都大路を東西南北に奔り廻る市街地戦であった。この戦闘形態を『明徳記』[35](83)二条大宮での戦闘から見てみよう。（引用文中括弧内及び横線は、筆者補追、以下同様）

　三百余騎ノ兵ドモ一度ニバラリト下立テ楯ヲ一面ニツキ並、射手ノ兵三百余人、両ノ手崎（先）ニ進テ中ヲ破ル兵共、敵若《もし》馬ニテ近付キ懸寄ラバ馬ヲ切テハネオトサセヨ。敵馬ヨリ落タラバ、取テ押ヘテ差コロセ……

……（大内）義弘ガ其日ノ装束ニハ…（中略）…二尺八寸ノ太刀ヲ帯キ、青地ノ錦ノ母衣ヲカケ、三尺一寸ノ荒身ノ長刀ヲ引テソバメテ、近付敵ヲ待懸タリ……

クライマックスの山名陸奥守対一色左京太夫戦では、

……奥州（山名）ハ先立揉合ケル二度目ノ軍ニ左ノ眉ノ上ヲ長刀ニテツカレテ、両眼ニ血流レ…（中略）…一色左京太夫馳寄テ、四尺三寸ノ泥丸ヲ持圜テシタタカニツヾケテ打タリケレバ、本ヨリ大事ノ手ヲ負給ヌ。……

この戦いでは三百余騎が「バラリト下立テ」とあるように騎兵があえて馬から降りて徒歩での戦いに備えているところが記されている。これに限らずこの頃の軍記ものにはよく「バラリ下立」というような記述を目にするのである。鎌倉後期から南北朝にかけて盛んになった徒歩打物戦の流れそのままに騎馬は主に移動に使用して、戦いには徒歩でおこなったことが少なからずあったと思われる。そして、最後には、「……取テ押ヘテ差コロセ……」とあり、この表現からは、『明徳記』が完成していたといわれる応永初当時は、「組討ち」から腰刀（短刀）で刺殺するという格闘の流れが意識されていたことが読み取れる。

また名のある寄騎や武将の打物は、「太刀・大太刀」、「長刀（薙刀）」であったことが理解される。これらは、「応永の乱」（応永六年〈一三九九〉）を描いた『応永記』[36](84)でも事情は同様で、格闘戦では太刀、長刀が用いられている。

大内今ヲ最後ノ軍ナレバ、…自元《もとより》好ミノ大太刀ニテ四方切リ…入方払ナド云兵法ノ手ヲ尽シテ切テ廻ル。…甲斐蔵人長刀ヲ大内ガ内冑草摺ノ余ヲ二三度籠《こ》ミケレバ……

また興味深いのは、「嘉吉の乱」（嘉吉元年〈一四四一〉）を描いた『嘉吉記』[37](85)では、時の将軍、足利義教の館を急襲するために赤松満祐は、切込み隊を組織したと記していることである。

……其頃切（刀か）鍛冶ニテ世ニハヤル備前泰光（康光か）ニ、同様ニ刀ヲ三百腰打セ、三百人ニ与ヘ切手ニ定メ……

寺社や館への急襲、夜襲ともなれば当然ともいえるが、如何に「打物戦」が主流であったかがうかがわれる。

こうした格闘戦の状況は、少し時代の下がった応仁・文明頃（一四六七年～）になるとどうであろうか。矢戦から接近、格闘戦となった時の得物は、名のある武士では、まだ変化はみられない。『応仁記』[38][86]から見てみよう。山名方が一条大宮の細川備中守の館へ攻め寄せた場面である。

所々合戦之事（巻二）

武衛[87]ノ内朝倉弾正左衛門馬ヨリ飛デ下リ、自カラ敵五六人切伏ケレバ……

……山名入道大ニ感悦シ、着替ノ具足ト馬太刀ヲ被出ケリ

武将は、太刀、長刀・長巻という認識が強かったのであろう。朝倉弾正は、「太刀」を使い、相国寺惣門では、細川方、四国住人一宮入道勝梅が「七尺三寸ノ棟ニ銭ヲ伏程ノ大太刀」を脇に掻い込み、畠山尾張守政長は、「長刀ヲツエニ付いていたとある。しかし名も無い雑兵、下卒クラスでは、大きく変わっていることが『応仁記』から同様に読み取れるのである。それは、「槍」である。再び『応仁記』から引用する。

蓮池合戦附政長武勇之事（巻二）

……諸軍尤モト同ジテ、楯ヲ真向ニ指並敵ノ虎口ヘ突カケテ、一二百帖ノ楯ヲ捨テ、鑓ヲ入ケレバ、東ヨリ東條

近江守二千余人、横鑓ニ懸リケルガ、東條ガ先陣ニ進ンデ鑓ヲ入ルヲ不打ト……
……此手仏殿ニ陣取衆ト鑓ヲ合テ、味方シドロニ見エルゾ一定潰ナン、此手ヨリ二番鑓ニカ、レト…（中略）…
是モ一色ノ如ク味方ノ敗軍ニヨセ合テ、鑓ヲアハセンヤウナクテ、タゞヨヒタリ、……

「タゞヨヒタリ」とは、なんと含蓄のある言葉であろうか。敵に押されて浮き足立ち、統制も取れなくなった部隊の様が眼に浮かぶようである。そうした相国寺辺りでの東軍、西軍必死の戦いであるが、既に組織化された槍部隊のあったこと、その用兵法が浸透していたことが理解されよう。「二番鑓」、「横鑓」などの言葉もいくさ用語として普段に使われていたことが明らかである。組織化された槍隊の持ちものは「長鑓」であったろう。『応仁略記』[39]に次のような文章が見える。

……おりふし見物、誰人は長やり、長ぐそく、蘡《よう》[88]の穂をたてたるがごとし……

槍の下克上

「槍の下克上」とは妙な言い様に思われるかもしれないが、「応仁・文明の乱」頃までの軍記では、先に見たように名のある武士の戦いぶりは、徒歩による打物戦から組討へと至る格闘戦である。槍は、部隊によって組織的に使用されているにもかかわらず、武将の得物としての認識は薄い。槍はまだ「下卒」の武器であった。しかし「応仁の乱」からおよそ百年後の「永禄」頃になると様相は一変している。槍は、武将、さらに大将さえ用いる打物に出世しているのである。「応仁の乱」以降、一円支配が進んでくると大名の動員できる兵員は、さらに大きくなり、闘争は激化していく。その中で、使いやすく強力な打物である「槍」に対する武将の意識も変わり、否応無く使用されるようになっていったと考えられる。松永弾正が、永禄八年（一五六五）、十三代将軍義輝を弑逆したことを記した『永禄記』[40][(89)]に、さらに『信長公記』[41][(90)]に次のような記述が見える。

……御同朋衆福阿弥は、鎌鑓にて相戦、則此鑓にかかれるもの数十人……

……さて御所様（義輝）は、御前に利剣を数多たてをかれ、度々取替て切崩させ給ふ……　（以上『永禄記』）

巻首　天文廿一年壬子五月十七日条　今川義元公討死の事（永禄三年・一五六〇年の誤り）

……余の事に、熱田大明神の神軍がと申し候なり。空晴る、とご覧じ、信長鑓をおつ取つて、大音声を上げて、すはか、れ〳〵と仰せられ、……

巻十五　天正十年六月朔日条、信長公本能寺にて御腹召され候事

……御弓の絃切れ、其の後、御鑓[(91)]にて御戦ひなされ……　（以上『信長公記』）

同朋衆が見事な槍働きを見せる一方、『信長公記』には、信長が自ら槍を持って「全軍突入！」というような仕草をしたとも記されている。まさに槍の時代になっていることが理解される。

最期の場面は、義輝、信長ともに非常によく似た状況であるが、義輝の得物は「太刀」、信長は「槍」と対照的だ。『永禄記』の記述を読み解けば、将軍の身分、立場から、まだ槍を手にすることはためらわれて、あえて太刀を振るった（あるいは、振るったことにされた）と捉えることもできよう。将軍義輝は、塚原卜伝から一之太刀を伝授されるほどの剣客であったという伝承とも合わせて興味深い。

槍に関して、戦国時代の武将に対するほめ言葉への用例がある。「槍の誰それ」とか「賤ケ岳の七本槍」などがそ

れに当たるが、こうした言葉遣いはいつ頃に生まれたものであろうか。先に紹介した軍記中の用例から見て戦国時代後期以前には遡らないと考えられる。槍に対して、武将も用いる打物としての認識が必要であり、それは天文末から弘治年間以降の事、すなわち一五五〇年以前とは考えにくい。『細川両家記』[42][92]の弘治四年の条に次のような記述が見える。

……閏六月五日三好方より待伏して勝軍山より出候者を三人討取。……（中略）……壹人は鑓小牧と云者也。是は松山方林源八討取也。……

前田利家は、若い頃「槍の又左」と呼ばれ、徳川家康の家臣であった渡辺半蔵と服部半蔵は、それぞれ「渡辺半蔵、槍半蔵、服部半蔵、鬼半蔵」と囃されたという。槍が武将の持ち物という認識がすっかり定着していることがうかがわれる。「槍一筋の家柄」という謂いは、さらに下って徳川時代に入ってから家柄を誇る言葉として使われたとして間違いはないであろう。世に知られた本多平八郎[93]の槍、《蜻蛉切》[94]（図56）、母里太兵衛の槍《日本号》なども弘治年間以降の作であろう。

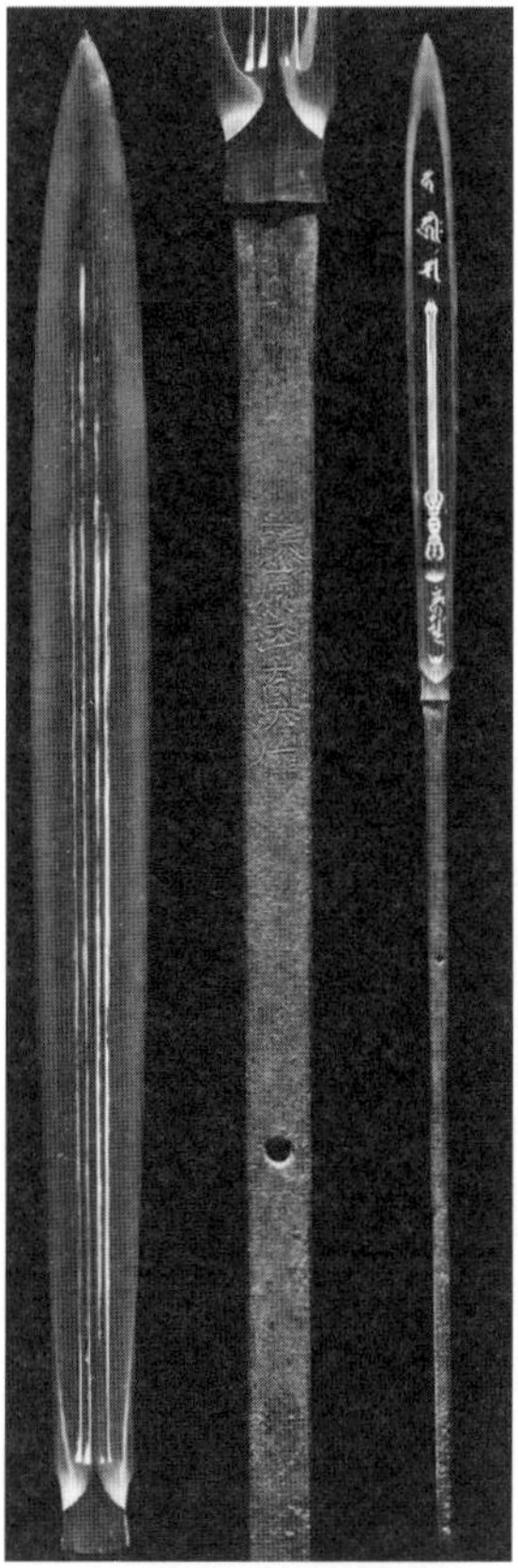

図 56　槍号《蜻蛉切》
銘：藤原正真作
［個人蔵］

多くの引用にお付き合いいただいたが、これによって室町期の戦闘様式、打物の推移を大筋理解いただけたと思う。武将の戦闘様式でいえば、天文ころまでは、徒歩《かち》による太刀打ち（長刀・長巻含め）が主体であったものが、それ以降、槍を振るっての徒歩打物戦へ移っていったと言えるであろう。

3　室町期刀剣の時代分布

表9は南北朝末期（永禄ころ）から戦国時代末期、安土桃山時代ころ（文禄）までのタイプ別の刀剣分布である。ユニークな室町時代特有の太刀・打刀、片手打刀、寸詰短刀そして寸延短刀の各時代分布を見ることによって、室町期刀剣の全体像と戦闘様式をさらに追求しようと言うわけである。

日本美術刀剣保存協会の『重要刀剣図譜』などから、資料の最も多い備前刀と美濃刀に絞って、生ぶ茎、年紀入りの刀剣を拾い出したものである。都合上、「片手打ち」の場合は、一尺九寸から二尺二寸程度、寸詰短刀は、七寸以下、寸延びでは、九寸以上一尺三寸以下のものとしている。

全資料数は、四〇〇本、片手打刀に限定すれば一一九本、寸詰短刀で一五本、寸延短刀で四〇本である。名刀の集積であり、その背後には、年紀の鑽られていないもの、あるいは名作ともいえない刀剣が数多く存在するのは間違いない。年当たりのサンプルは、最大四本と多くはない資料数であるが、二〇〇年にまたがる年月を俯瞰すれば、刀剣特徴別の制作分布はほぼ明らかになっている。

「太刀」については、長禄・寛正頃（一四六五年）まで室町期前半の約七〇年間制作され、それ以降は「打刀」に移行している。「片手打刀」は、応仁前あたりから天文前半ころまでの六〇～七〇年間に集中して制作されている。応仁・文明末から永正にそのピークはある。一方、「寸詰短刀」ではサンプル数は少ないが、永正から天文前半を中心に分布している。また「寸延短刀」は、永禄－天正年間に集中しており、それも美濃に偏っている。天下統一期に入

表10　室町期刀剣分布表

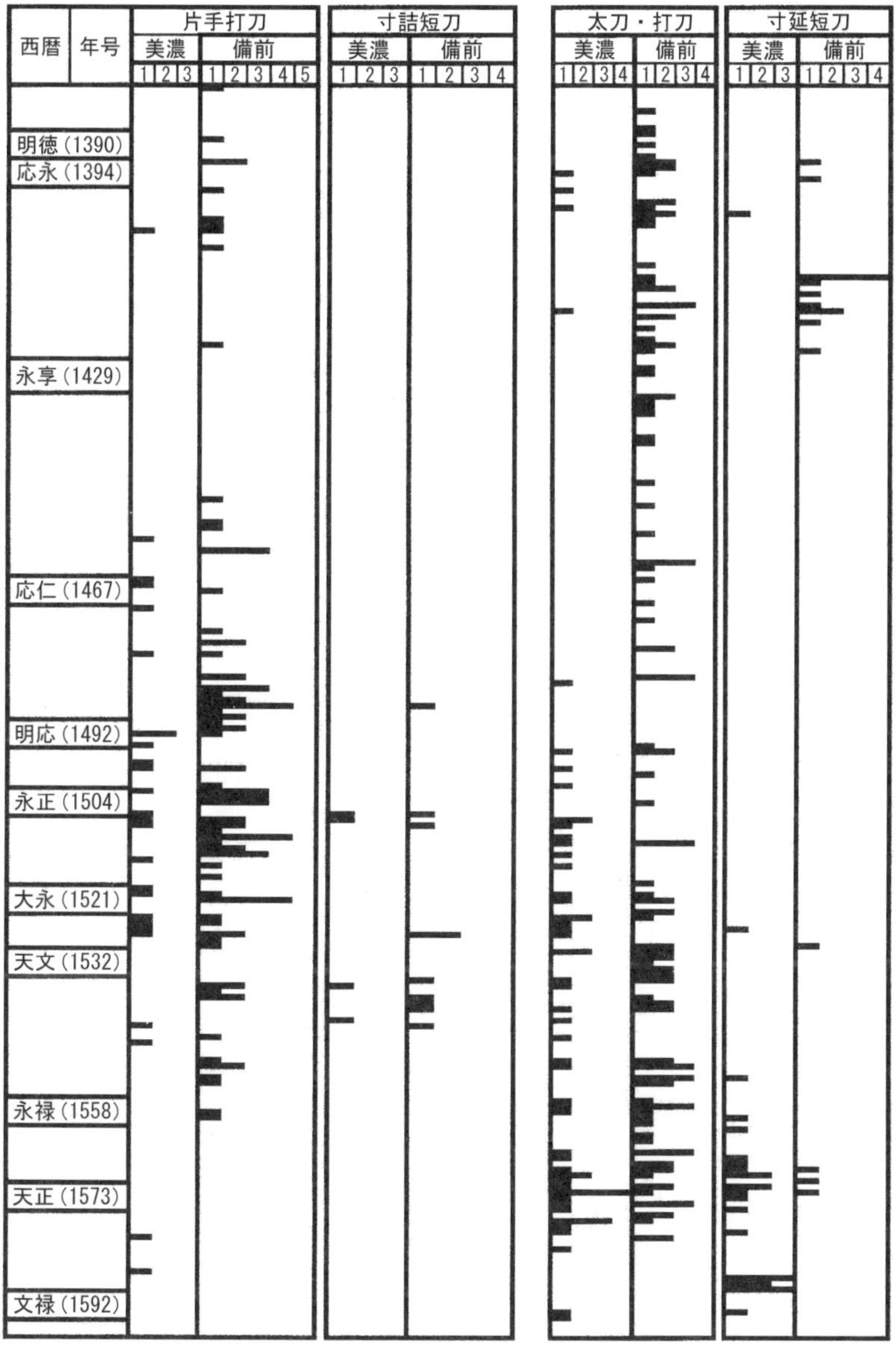

註
1）採録の刀剣は、いずれも生ぶ茎、年紀入りとした。
2）片手打刀：刃長、一尺九寸（約57cm）以上二尺二寸（約67cm）未満とした。
3）寸詰短刀：刃長、七寸（約21cm）以下
4）寸延短刀：刃長、九寸（約27cm）以上、一尺三寸（約39cm）以下
5）国名の下の数字は、刀の本数

り、主だった戦国大名が東海から北陸あたり（織田、徳川、北條、武田、上杉）まで、中部圏に集中していることに関係するものか、群雄割拠の最終段階に入って、領国内生産傾向が顕著になって、さしもの刀剣王国備前の力が衰えたことを意味するものか、興味深い現象である。ともあれ、これまで刀剣界で語られていたことが、ほぼ裏打ちされたといえる。

4　室町期刀剣の実態

室町特有の刀剣の位置づけであるが、「片手打刀」は、常識的には、「差添え」と見るべきである。南北朝末期から応永前期にかけても片手打刀に相当する刃長の小太刀が鍛えられている。徒歩打物が格闘戦の主流となっている時代には、どうしても必要な一振りであったろう。応仁から天文年間にかけては、二尺三寸、四寸以上といった太刀・打刀で作者名、年紀の入った遺例は少ない。同時期の新規制作刀とは別に、南北朝期の長寸太刀を磨り上げたものや応仁以前の太刀も合わせて相当数使用されていたと想定すべきであろう。やはりこれはどうしても応仁から永正にかけて、新規制作刀としては、定寸（とりあえずここでは二尺三寸以上）の太刀・打刀を相当上回る数量の「片手打刀」が発注されたと見ざるを得ない。当時の武将が定寸の太刀・打刀以上に片手打ちを重視し、欠かすことの出来ないものと認識していた証左と考えられる。

「寸詰短刀」については、格闘組討でとどめをさし、頸を落とすための武器であることは当然であるが、なぜ「寸詰り」である必要があるのか。またなぜ片手打刀とほぼ並行する時代に制作され、また同様に制作されなくなったのかという疑問が出てくる。

これについて、筆者は次のように考えている。

図57　重文　細川澄元像とその一部
16世紀［永青文庫蔵］

「寸詰り」は、「馬手差し」との関係で生まれてきたものであり、「片手打刀」との同時代性は、その時代特有の戦い方が関係している。具体的には、甲冑を着た時に、左腰に差す、あるいは佩く刀の本数に関係しているのである。定寸以上の太刀・打刀を左に差し（佩き）、差し添えの「片手打刀」を差した上に、腰刀も左に差すとなると都合三本となり、動作に無理を生じさせることになろう。そこで右腰に腰刀を移動させ、「馬手差し」とする訳である。さらに右腰に移動した場合でも柄はそのまま右方向に伸びる形が、右利きの者には自然である。その場合鞘は、当然左方向に伸びており、股間から左腿の方へ伸びる。鞘が左内腿を押す、あるいは抑える形になって、行動の自由を阻害しかねないのである。これに対して、腰刀の刃長、鞘を短くするという単純な方策が採られたのである。

図57をご覧いただこう。室町後期の武将肖像画として著名な細

川澄元像である。永正四年（一五〇七）頃、澄元十九歳の晴れ姿であり、打物をフル装備している。右手に「長巻」を持ち左腰に太刀を佩いている。そして注目は、腰刀の位置である。まさに右に差している。帯に差している角度をそのままに左腰へずらせていくと通常の位置に収まる形となっている。つまり、特に馬手差し用の拵えとはなっていない。しかしその鞘は腰の中央に伸びている。右腰に差す場合は、短寸にしておくことが合理的なのである。

この認識をもとに室町期の格闘様式と刀剣の推移をまとめて見ると、概略、次の三期に分けられる。

①一騎討ちの名残を留めつつ徒歩《かち》による格闘組討で勝負を決した時期。年代は、明徳頃（一三八九年）から、南北朝合一を経て長禄（一四五九年）頃まで。得物は、太刀（大太刀、長刀・長巻）、腰刀（短刀）である。

②槍の組織化が更に進み集団戦が進展するが、武将達には、前期までの組討による勝負意識が残っており、槍が浸透していない時期。年代は、寛正・応仁（一四六〇年）頃から天文前半頃（一五四〇年）頃まで。得物は、打刀（太刀、長刀・長巻）、片手打刀、腰刀（短刀・馬手差し）。

③一円支配の進展によって、戦いの規模は更に拡大する。槍が下卒のみならず、将官クラス以上の格闘武器となることによって組討による勝負意識は薄れる。得物は、槍、打刀、腰刀（短刀・寸延短刀）。年代は、天文中頃（一五四〇年）以降室町末の天正頃（一五九〇年）まで。勿論、この実戦様式は元和偃武まで継続するが……。

以上で、格闘様式と武器の組合せについて、ほぼ明らかになったと考えるが、それでもまだいわゆる「片手打刀」および「寸詰短刀」が、なぜ応仁以降大いに用いられ、天文以降急速に廃れることになったのか、これについてさらに追求してみる。それは、戦闘の舞台と格闘様式が大きく変わったことによるものと見ている。

応仁以降、戦闘の舞台は、中央で言えば、京を中心とした市街地であった。公方も含めた権力者たちの主導権争いであり、同族であっても敵、味方の入り交じる複雑な関係がある。館あるいは寺社に立て籠もる敵へ、討入るという戦いが主流である。これは地方でも同様であろう。夜討も頻繁に行われた。館や寺社へ討ち入るとなれば、塀を越えたり、庭に植えられた樹木、泉水などの障害をものともせず、室内でも、柱、襖などなどに邪魔されつつも、熾烈に戦ったであろう。そうした場では、兵士の密度も高くなる。また、灌木の生い茂った山地の城砦攻略にも都合が良かったと思われる。こうした戦いでは、長大な太刀などは、却って使いづらいものである。武将たちは、そのためにやや寸の短い打刀すなわち、「片手打刀」を刀鍛冶たちに注文したのであろう。戦いの場面により、武士たちにとっては「差し添え」という以上の得物であったろう。開けた平地では、長巻、太刀を使い、市街地などでは、片手打刀が頼りになったのである。

戦いに臨む武将が盛装したときの得物は、長柄のものとして長巻あるいは、長刀、左腰に太刀と片手打刀、右腰に寸詰短刀となる。

片手打刀と寸詰短刀という形式がなぜ急速に廃れざるを得なかったのか。それは、先に述べた「槍の下克上」が背景にある。天文ころまで下卒の得物であった槍を武将クラスも使用するようになった結果、格闘戦のピリオドは「組討から短刀でとどめを刺す」かたちから多くは「組討せずに槍でとどめをさす」かたちに転じた。これが主因である。槍は、すぐれた格闘武器である上に、やや離れた位置から短刀のように甲冑の隙間に突きを入れることができるため、「とどめをさす」武器としても有用なものであった。とどめをさした上はどうするのか、短刀あるいは打刀で「頸を掻け」ばよかった。そこで用いられたのが、「寸延短刀」であった。一尺前後の刃長があり、やや薄手で身幅の広い得物は、その用途に合わせてつくられたものと思われる（その想像は、気持ちの良いものではないが……）。戦国後期に多く見られる南北朝期の寸延短刀に似た姿の腰刀がこうして再度実戦舞台に登場することになったのである。

註

(82)**康暦の政変から応永の乱**：三代将軍義満の政権掌握のための謀略とも理解される事変。康暦の政変（康暦元・天授五年：一三七九）では、永年義満を支えてきた管領細川頼之を失脚させ、土岐氏の乱（嘉慶二・元中五年〜明徳元・元中七年：一三八八〜一三九〇）では、美濃から東海一円に勢力の強かった土岐康行を討伐、明徳の乱（明徳二・元中八年：一三九一）は、山陽、山陰の大勢力であった山名一族を分断、山名氏清、山名満幸を除いた。これらは南北朝時代のことである。南北朝合一後の応永六年（一三九九）には、明徳の乱で功のあった大内義弘を堺で討った。義弘は、好みの大太刀を振るって兵法を尽くして奮戦したという。

(83)「**明徳記**」：『群書類従』（合戦部）所輯、応永初期の成立であろう。作者は、不詳であるが、義満側に立ったひとと推定される。

(84)「**応永記**」：『群書類従』（合戦部）所輯、応永六年の乱後まもなくの成立であろう。作者不詳。乱自体は、義満が対明貿易の利を拡大するために大内氏を討伐したものとの見方がある。『堺記』という別本もある。

(85)「**嘉吉記**」：『群書類従』（合戦部）所輯、十五世紀後半の成立であろう。作者不詳。赤松氏側に立った記述が見られる。播磨、美作、備前、三ヶ国の守護であった赤松満祐にふさわしいエピソードが記載されている。

(86)「**応仁記**」：『群書類従』（合戦部）所輯、文明五年以降いずれの成立か不詳だが、十六世紀前半、永正年間以前には完成していたと思われる。乱は、文明九年（一四七七年）までだらだらと続いた。東西両軍、将軍方・非将軍方の間を鞍替え、寝返りなど利害・情勢に応じて、複雑な展開を見せる。将軍後継者問題が発端であり、政（まつりごと）に口を出さない将軍義政に業を煮やしたであろう内室である日野富子ら「わわしき女房」たちの影響も大きかったであろう

(87)**武衛**：斯波氏総領家に対する呼称。武衛は兵衛督の唐名。斯波氏が代々任じられたことによる。

(88)**蕘**《よう》：通常はヒメハギ、あるいは草の生い茂っていること、とされているが、中国ではさらにエノコログサの意もあるらしく、槍の穂が林立している意としては、後者がふさわしい。

(89)**『永禄記』**:永禄ごろの世相、特に争乱を描いているが、本文で紹介した松永弾正による将軍義輝弑逆あたりが圧巻。

(90)**『信長公記』**:太田牛一著、牛一自身の日記をもとに記述したといわれている。慶長ころの成立であろう。

(91)ルイス・フロイス『日本史』[43]の「明智謀反……」条には「信長はその矢を引き抜き、鎌のような形をした長槍である長刀(なぎなた)という武器を手にして出てきた。」とあり、秀吉に仕えた大村由己の『惟任退治記』[44]には、「(信長)向兵五六人射伏之後。持十文字鎌(鎗カ)、懸倒数輩之敵……」とある。いずれも伝聞を記したものであるから、信長の振るったのが「薙刀」であるのか、「槍」であるのか決しがたいが、天正という時代相、戦いの場が本能寺の室内であったことから、信長が使用したのは「槍」それも鎌槍であったと見たい。庭から室内に入ろうという敵に対しては、鎌槍はもっとも効果的に使用できる。薙刀は、斬るのが本来であるから、本能寺室内での使用に適しているとは言い難い。

(92)**『細川両家記』**:生島宗竹著。細川家の家督争いにまつわる畿内での抗争を前半に、三好、織田の争いを後半に描く。永正元年(一五〇四年)から永禄十二年(一五六九)までの記述。

(93)**本多平八郎忠勝**:天文十七年(一五四八)生。永禄三年(一五六〇)初陣。元亀二年(一五七一)に武田軍を相手に「蜻蛉切」を振るって寄せ付けなかったといわれるのは満二十三歳の時。

(94)**《蜻蛉切》**:越前松平家の《御手杵》、黒田家の《日本号》とともに天下三槍の一。この「正真」は、伊勢千子派とも三河文殊派ともいわれるが、いずれにせよ大和有縁である。

表 11　刀剣関係歴史年表（建武元年〈1334〉～天正十年〈1582〉）

年代	政治・経済・社会関連	刀工関連
南北朝時代（南・北）		長谷部国重
建武元（1334）	建武中興	大左、江義弘
延元三・暦応元（1338）	尊氏、室町幕府を開く	長義、志津兼氏
正平二三・貞治七（1368）	義満、三代将軍となる	相州広光、青江次吉・次直
元中九・明徳三（1392）	南北両朝、講和成る	千手院長吉、石州直綱
室町時代		左安吉、宇多国房
応永元（1394）	義満、太政大臣となる。薩摩・大隈・日向で乱	備前師光、三原正清
応永三（1396）	奥州にて小山若犬丸・田村清包ら反乱	備前秀光
応永五（1398）	九州：渋川満頼、菊池武朝・少弐貞頼と戦う	相州秋広、備前盛景
応永六（1399）	応永の乱：堺にて大内義弘敗死	備前経家、宇多国宗
永享元（1429）	播磨国一揆、丹波国土一揆	備前康光、盛光、家助
嘉吉元（1441）	嘉吉の乱：将軍義教、赤松満祐に弑せらる	城州信国、濃州兼長
文安元（1444）	京の地下人、酒屋と争い一揆	備前則光、祐光
応仁元（1467）	応仁の乱：京の百余町、三万余宇焼亡、	備前法光
文明三（1471）	蓮如、越前吉崎御坊を開く	濃州千手院、兼定
文明八（1476）	京、大火（ 室町第焼ける）	備前忠光
文明十六（1484）	宇治の合戦（畠山義就・政長）、京に土一揆	美濃兼房
長享元（1487）	加賀一向一揆	備前勝光、宗光、
長享二（1488）	京の盗賊、鷹司政平邸を襲う	備前利光、永光
明応二（1493）	下京に土一揆、近江に徳性一揆	備前祐定、春光、美濃兼元
明応五（1496）	美濃守護代斎藤妙純、近江六角氏と戦い死去	
明応八（1499）	大和：法華寺、西大寺に兵火	
永正四（1507）	細川家内紛（澄元 vs 父政元、高国 vs 澄元）	備前幸光、在光、清光
天文十二（1543）	鉄砲、種子島に伝わる	
天文十五（1546）	甲斐武田晴信（信玄）、信濃村上義清に敗れる	美濃兼春、兼先
天文十七（1548）	長尾景虎（上杉謙信）、越後守護代となる	
弘治元（1555）	安芸：厳島の戦い（毛利元就、陶晴賢を破る）	
弘治二（1556）	美濃斎藤道三、義竜に敗死	
永禄三（1560）	桶狭間の戦い、松永久秀が大和平定、天守を築く	美濃氏房
永禄五（1563）	三河一向一揆	
永禄八（1565）	将軍義輝、松永久秀に弑逆される。	
永禄十一（1568）	義昭、将軍となる、信長、諸国関所を廃す	
元亀元（1570）	姉川の戦い、信長、勢田川に舟橋を架ける	美濃氏貞
元亀二（1571）	信長、延暦寺を焼討ち	
天正元（1573）	幕府滅びる、朝倉滅亡、浅井滅亡	
天正三（1575）	長篠の戦	
天正四（1576）	安土築城	
天正十（1582）	本能寺の変	美濃大道

※参考：『日本の歴史』別巻５年表・地図　1969　中央公論社

第八章　江戸期の刀剣文化

大坂の陣（慶長十九年〈一六一四〉～元和元年〈一六一五〉）後、島原・天草の乱（寛永十四～十五年〈一六三七～三八〉）が終息して以降、煮えたぎったような戦国以来の荒ぶる心を抑え、社会を安定させ、徳川家の永続を図るために幕府は、日本刀の機能を武器として以上に、身分表象に重点を置くように、刀剣関連の法制を整備していく。両刀を帯びるものが武士であり、さらに公が認めた戦い、闘争に限って抜刀使用が認められた。いつの時代も同じようにそれが武力であり、公に認められない場合は、暴力となり、私に抜刀することは、即、改易、切腹に繋がることも稀では無いことであった。

義憤であれ、私憤であれ、最後の決着は、「武」でつけるという古来変わらぬ武家の論理は、徳川幕府の論理としばしば相反することもあり、幕閣内ですら、突然のテロリスト的暴発を引き起こした。

一方、上層の町人や農民ほど、支配層としての武士を羨み、そのシンボルとしての両刀帯刀を望むようになる。身分の格付けに応じた刀剣の格付けが行われ、本阿弥家の「代付け[95]」は、資産としての価値を刀剣に与え、有力町人の蔵に納まるものと認識されることになった。

1　武家身分の可視化と刀剣

関ヶ原以降、徳川幕府創成期にあって、その狙い、統制の方向は、徳川家を頂点とする権力構造、身分、秩序の維持、安定にあったのはいうまでもない。乱世の中で磨かれた武力と政治力によって天下を手中にした家康は、天下を手にしたまさにその瞬間から、権力の正統性を「実力」ではなく、血統や伝統に則って確実なものにする必要があった。変化を嫌い、長幼、主従の別を確立するための精神的規範として儒教を取り入れ、権力を一元化するために、江戸以前の権威、体系のすべてを徳川幕府の管理・統制下に置くことにしたのである。家康は、大坂夏の陣で豊臣家を滅ぼした直後の元和元年（一六一五）七月に「禁中并公家諸法度」を制定して、武家の官位叙任も幕府が、朝廷から独立して行うとした。天皇以下公家たちは、学問・芸能に専念するようにという驚くべき内容のものであった。同時に発布した「武家諸法度」、「諸宗本山本寺諸法度」によって大名家、宗教権威者たちもすべて幕府の統制下に置くことを定めた。すべてこれは、幕府の圧倒的な「武力」によって可能となったのである。

大名、幕府直参たちに関して言えば、参府、登城時、礼式時など身分、役職によって服装、刀剣拵え、江戸城内での控えの部屋、席次など細かな約束事によって管理され、縛られるようになっていった。身分を可視化することは、各々の身の程、分際を理解させ、知らず知らずに幕府の威光に従わせる上で大きな力となった。

兵農分離が徹底されて、農民、一般市人が、大刀を腰にすることは、特別な場合を除いて許されなくなった。大小二振りの刀を差すことができるのは、侍階級の特権となって、二本差しが武士を表象するものとして機能するようになった。「打刀と脇差」の組み合わせは、室町時代中期の薙ぐ、斬る得物が武家打物戦の主流であった時のそれであり、まさに武家的表象であったといえる。支配層としての士《さむらい》を、両刀（打刀・脇差）をたばさむものという姿でその身分を可視化したのである。

両刀は、武家が「武」によって世を治めるものであることを、また有職故実による礼装は、武家内部における身分、位階の別を明示することにあった。

太平の世にあって、使うことのなくなった刀剣（拵え）は、身分の可視化に少なからず貢献したといえよう。

2　江戸期刀剣の機能と区分

江戸期、一般的な日本刀の、呼称は、「刀」、「脇差」である。これらは打刀拵え（刃が上に向くかたちで帯に差す）である。脇差に類似の呼称は、「差添え」であるが、微妙に異なる響きがある。「短刀」という語は、あまり用いられていない。短い刀という言葉は、どの刀を基準に短いというのか、曖昧な響きがある。それ故に江戸時代当初は、あまり一般的な刀剣用語ではなかったと思われる。この刀、脇差、差添えはどう区分されていたのか。

江戸以前は、刃長についての規制というものはなかったので、戦国の余波が残る江戸前期には、バサラで剣呑な気風、風俗を抑えようとして、幕府は刃長について、度々禁令(96)を発している。筆者が『徳川実紀』で確認したところ元和九年（一六二三）から寛文二年（一六六二）の四十年間に六度確認できる。

元和九年、寛永二年（一六二五）の時は、他のものと合わせて「大脇差」が「停禁」されており、言外にはあっただろうが、その長さについて、特に触れられていない。そして寛永三年に刃長についての規制が登場してくる。家光の上洛に合わせて発せられた在洛中法度には、「……大脇差尺八寸、大刀は二尺八九寸の他用ゆべからず」とある。正保二年（一六四五）には、「毎年令せらるゝといへども刀脇差寸尺…衣類制に超過する聞こへあり」と出ていて、毎年禁令が出されていたこと、それにもかかわらず、規制よりも長い刀を帯びる輩が根強くいたことが理解されるのである。

度々刀の寸尺に関する令制が出されているが、その結果として、刀剣と刃長について武士階級の中でどういう認識が生まれたか。

寛文十三年（一六七三）に発刊された『子孫鑑』[45]は、武家に対して次のように教えを垂れる。

刀は二尺三寸五寸わきざしは一尺三寸五寸一尺八寸までしかるべし。いづれもつかがしらこじりははり（張り）たるもよし。くろざや（黒鞘）たるべし。……

江戸前期では、大刀も二尺三寸から五寸、脇差も一尺三寸から五寸が標準的だが、一尺八寸まではよかろうと、幕府禁令に応じつつ、各人の体格、筋力によって幅をもたせている。

そして幕末に到るまでに、幕閣でも「定寸」のような考え方が出来ていることが松平春嶽[97]が著した『幕儀参考』[46]から理解される。

先ツ刀ハ長サ貮尺二三寸を定寸トシ、脇差ハ壹尺六七寸前後ナリ

春嶽は、古来より替わることなしと記しているが、また幕閣での思いはそうであったかもしれないが、窮屈な規定になってきている。

もともと刀の刃長について定まった長さがあるのではなく、二振り目も、あくまでも主たる刀に対しての「脇」、また「添え」であった。明らかな例として、『徳川実紀』[28]の家康の逸話に次のようなものがある。

（家康）御放鷹のおり伏見彦太夫某が三尺五寸の大太刀に二尺三寸の差添を十文字にさし違ひ山路を走廻ること平地の如し……

これをみると差添えでさえ刃長は、今いう大刀と同じであり、戦いのために差しておくもう一振りという呼称である。武士たらんとするものほど長い差添え、脇差を帯びようと肩ひじ張るのも理解できるし、その風潮は根強く残っていたと見えて、殿中刃傷が発生した場合に、禁令の一尺八寸を超える、時には二尺を超える脇差が使用されたとの風説が広まることがあり、それが単なる風説であるとは言い切れないところもある。

例を挙げてみると、天明四年（一七八四）に若年寄、田沼意知が佐野善左衛門に斬られた事件では、松浦静山[98]は『甲子夜話』[47]で次のように記す。

……或曰、此刀は脇指にして二尺一寸、粟田口一竿子忠綱なりき……

また有名な伊達騒動で原田甲斐が用いた脇差についても、二尺超との記録もある。大槻文彦がまとめた『伊達騒動実録』[48]に甲斐の脇差に関する記述がある。

銘信国、一尺九寸原田家重代、異名岩切、柴田脇差助定（家蔵記五に蜂谷家記を引くとして）、あるいは（家蔵記五にとして）、原田は、二尺餘の大脇差、綱宗公より拝領、相州綱廣。

最も幕府禁令に敏感であったはずの大名、元平戸藩主、松浦静山はじめ当時の人々が「二尺余」と違和感なく記述しているのは、相応する状況があったと考えるほかはない。平和な時代が続くと厳格に規制しなくとも不具合は感じられなくなり、また侍に「帯刀の寸尺を確認するので、見せよ」とはいえないから、自然武張ったかたちを誇示するものもあらわれてこよう。

以上のように、刀、脇差という呼称は、刃長によって規定されるものでは無かったが、幕府の、乱を嫌い、殿中での不測の事態を未然に防ごうとする考え方が、日本刀の大小それぞれの「定寸」というような認識を生み出し、その後、現在の刃長による呼称が一般的となる素地を作ったといえるだろう。当然ながら江戸期までの刀剣呼称は、刃長ではなく、その機能、働きによって定められていた。

3　武家服装と刀剣拵え

拵えは、礼装、略礼、通常公務用、普段と、時と場合によって変える必要があった。身分、格式によって規定されているのである。江戸期の武家礼装は、朝廷及び鎌倉以来の幕府規定にならった上で江戸様式にまとめられていた。武家も正式の大礼装は、大名（五位）以上は「束帯《そくたい》」と束帯を簡略化した「衣冠《いかん》」であったが、六位以下は、束帯・衣冠を許されなかった。束帯、衣冠に続く礼装は、将軍以下従四位下侍従まで「直垂《ひたたれ》」、従四位下無官（四品《よんぽん》・諸大夫）は「狩衣《かりぎぬ》」、五位以下は、「大紋《だいもん》（一般大名）」、六位相当の「布衣《ほい》」、それに続く「素襖《すおう》」と区別された。

武家の式服は、長裃《ながかみしも》であり、それに続き活動的にしたものが通常公務用といえる半裃《はんかみしも》（肩衣と半袴）である。本来、裃は上下同じ麻であったが、八代吉宗の時に、擦れやすい袴の倹約、始末のために別の袴を上《かみ》に合わせても良いとしたことが、継裃の慣例になったといわれる。

江戸の礼服について詳しくは述べないが、ここで述べた服装、それぞれに位に応じた布地、その色、織文の有無などの規定があった。そしてその服装それぞれに合わせた拵えにする必要があった。

江戸城へ登城する際、半裃の場合、刀、脇差は、番差《ばんざし》と呼ばれる「大小《だいしょう》」拵えに統一される。大小とは、当たり前ではないか、と言われる向きもあろうが、そうではない。この場合の「大小」拵えとは、刀、脇差を同じ色・仕上げ

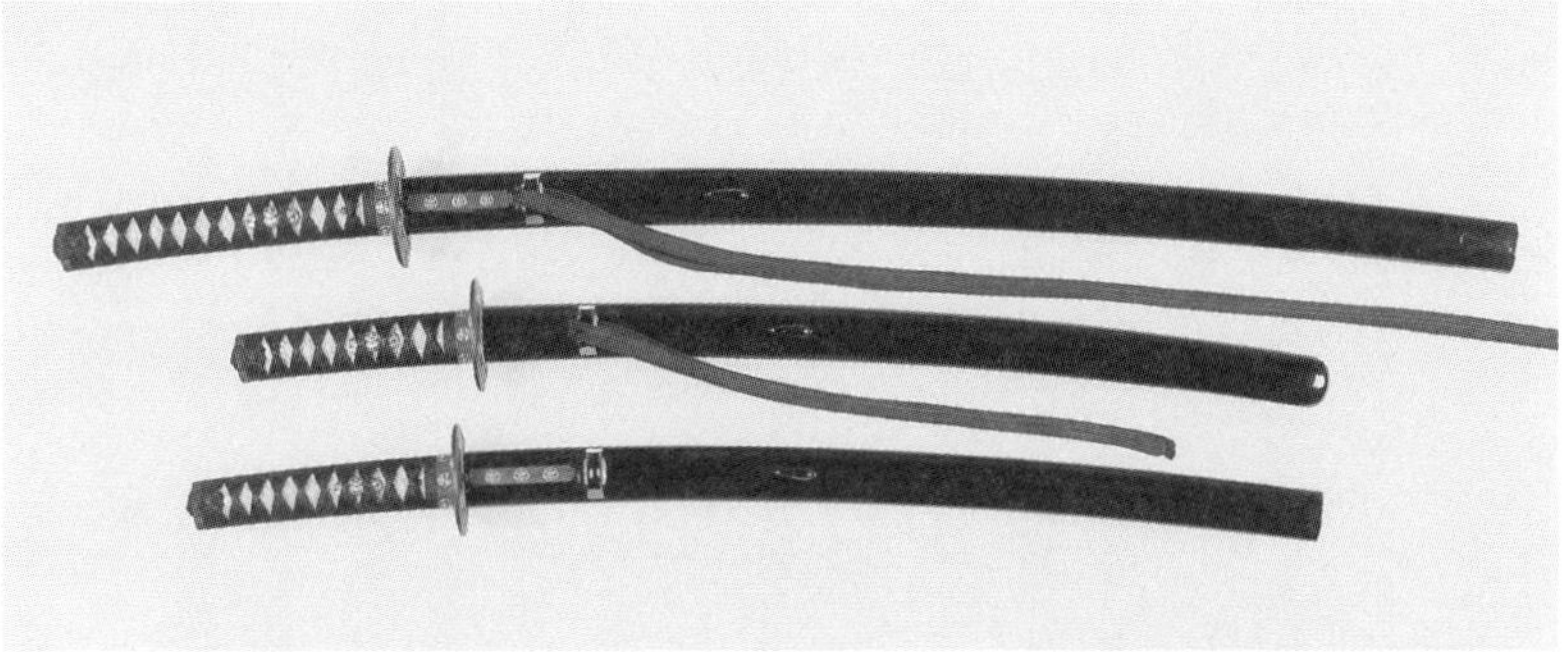

図 58　黒蠟色大小拵え（上・中）**・小さ刀拵え**（下）（14 代彦根藩主、大老井伊直亮差料）
19 世紀［彦根城博物館所蔵　画像提供：彦根城博物館 /DNPartcom］

の鞘、鐔・小柄などの刀装具で揃えたものをいう。この大小拵え、別称「裃差」の場合、鞘は、漆塗「黒蠟色」、鐔、小柄、笄などは「赤銅」製、柄は、白鮫皮で覆い、黒の柄糸巻き、下緒も黒を用いることになっている。

それより上位礼装の場合はどうであったのか。長裃（長袴着用）では、小刀《しょうとう》、即ち脇差に替えて、「小さ刀《ちいさかたな》」を用いることになる。

更に畏まった儀礼の場では、古式を尊ぶ考えがあるので「太刀」と4「小さ刀」の組み合わせになる。大礼装の束帯、続く衣冠では「太刀」のみ佩き、「直垂」、「狩衣」、「大紋」では、「太刀」・「小さ刀」の組みである。

先にも引用した『幕儀参考』で松平春嶽は、太刀（劔）拵えについて、束帯では衛府太刀、衣冠の際は野劔を佩用、直垂以下大紋までは絲巻太刀に小さ刀としている。但し直垂以下の太刀は、玄関までの佩用で、あとは従者が預かり持つと記している。

ところで、春嶽の記す衛府太刀、野劔とはどのような拵えであろう。平安後期から鎌倉初期以降、衛府太刀は毛抜形太刀とほぼ同義となっている。

毛抜形太刀は、平安後期に左衛門督藤原通季が、鳥羽上皇の高野御幸に「俘囚野劔《ふしゅうののだち》」を佩用して以来、衛府で普及した兵仗であるが、それをさらに元関白藤原忠実が春日若宮に餝劔様式のものを奉納して以降、儀仗として認識されるようになったと思われる。

野劔は、本来兵仗と等しいものであり、衛府太刀、平鞘太刀などの呼称をも含んで広い幅をもった呼称である。江戸期にはどう区別していたのであろうか。束帯の折には衛府太刀を佩用と春嶽が記しているのは、江戸後期には、誤認の上、呼称が混乱していたということであろうか。

江戸前期に描かれた徳川美術館所蔵の東照大権現像の家康は、束帯姿で、細太刀（餝劔代）的な太刀を佩いているようだが、鐔は、木瓜形の金鐔になっていてまだ形式が定まっていないように思える。時代を経た大名の肖像画では、束帯と唐鐔を装備した餝劔代（細太刀）形式の組み合わせとなっている。また伝世品で、「衛府太刀拵え」として博物館などで展示[99]されているものも実態は餝劔代形式のものである。一方、筆者の確認した江戸期の毛抜形太刀拵えを見ると、ほとんどが葵鐔装備であり、餝劔様式に用いられる唐鐔装備のものはあまり見ない。

江戸中期、宝暦十一年（一七六一）に小林有之が著した故実書『武家装束抄』[49]では、束帯、衣冠の時に用いる劔として以下のように記してある。

将軍家
（束帯）劔　令装束鞘蒔絵葵丸或磨地装束紫革
（衣冠）劔　令装束螺鈿蒔絵野劔
諸家（大名）
（束帯）劔　令装束蒔絵磨地等（家々の文を描くとある）
（衣冠）劔　糸巻□□或ハ野劔とも用らる

将軍家束帯では、拵えは蒔絵丸に葵紋入りの鞘あるいは磨地の劔、衣冠では、螺鈿蒔絵の野劔としている。諸大名では、束帯では同様な制であるが、衣冠においては「糸巻太刀」あるいは「野劔」としている。いずれも特に「衛府太刀」とは記していない。「衛府太刀」呼称は、江戸中期以降になんらかの理由によって、変化したものか、通称として一般化したものと思われる。

これをどう読み解くか。

同じ『武家装束抄』には劔について次のように記してある。

> 劔ハ餝劔餝劔代、又代の代といふも螺鈿、樋螺鈿蒔絵、磨地、毛抜形、黒漆尻鞘、野劔等あり

将軍家の継続（後を嗣ぐ）時などでは、譜代大名などが側役、随身として加わるが、そうしたものも束帯を着用し、劔は、餝劔の代、更にその代の代として種々の太刀拵えが認められていたということである。毛抜形太刀と野劔とは区別して記してある。将軍家の大礼装時は、餝劔であろう。しかし随身では、正真の餝劔を持つことが容易ではない。また下位のものは、「代」や「代の代」にする事があり、故実に照らして劔を区別していたと考えられる。武門に属するものであるから兵仗的なもの（黒漆太刀や野劔）も差し支えないという認識もあったかもしれない。多様な拵えが許されていた。

先に記したように、毛抜形太刀は、衛府太刀のことであり、束帯着用の時に細太刀（餝劔代）に替えて佩く太刀として認められていた。それがなんらかの理由で、「代の代」として許される毛抜形太刀の呼称、「衛府太刀」が束帯時に佩く太刀全体の呼称として定着してしまったのか。あるいは、衛府太刀が儀仗刀との認識があり、かつ平安、鎌倉時代にまで遡って有職故実に照らしてみれば、本来、衛府太刀は必ずしも毛抜形太刀ではないという関係を知った上で「衛府太刀」を餝劔代から兵仗的な太刀まで含んでの通称とした可能性も否定できない。

鎌倉前期の有職故実書である「助無《じょむ》智秘抄《ちひしょう》」[9]には、年中行事の折の装束、剱などが記されている。

元日、小朝拝
上達部ハ有文ノ帯。金魚袋ヲツク餝剱ヲハク、……
近衛司ハワキアケノ袍ニスヰエイニテラデンノホソダチ銀魚袋……
節会　衛府
……ヒラヤナグイヲオフ。　野剱ムラサキガハノシヤウゾク、シザヤ、ヒラヲ……
三日
上達部、近衛司モ蒔絵細剱ナリ。タダシ一ノトノバラハ、ラデンノ剱ヲ二三日トモモチヰラル。タダノ人ハ蒔絵
……

こうした有職故実に則って、江戸期の武家の三位以上それに準ずる参議（四位）は、正式の餝剱、それ以下では、細剱という装いが、江戸期においても令制にかなったものとしていたであろう。『助無智秘抄』では、近衛司は、元日の小朝拝、三日は、細剱としている。近衛は、まさに「衛府」である。細剱（餝剱代）の拵えが、江戸の武家社会で「衛府太刀」と通称される条件は、ある程度満たされていると思える。

さらに、著名な肖像画で源頼朝は、束帯姿に「毛抜形太刀」を佩いている。毛抜形太刀、すなわち「衛府太刀」が武家束帯の折に佩く太刀として相応しいとの認識もあったかもしれない。

結果として現在伝世品として残されている衛府太刀と称するものは、ほとんどすべてが、餝剱代（細太刀）、少数が毛抜形太刀形式のものとなっている。

野劔はどうであろうか。「野」劔という呼称は、「餝」劔に対応するものである。つまり、「野」とは、この場合、「餝のない」こと、野（外）へ出かける折に佩く劔を意味した。野劔とは、餝のない太刀、即ち、兵仗、実用の太刀を指す呼称であった。江戸初期から中期までは、衣冠において「糸巻太刀」または「野劔」としていたのが、江戸後期には、主に野劔が使用されるようになっていたのであろう。野劔は古来から用いられてきた太刀呼称であるがゆえに、新たに室町期ころから盛んに武家の間で用いられるようになった糸巻太刀より上位の太刀拵えとなったと思える。先に紹介した『助無智秘抄』では、節会の際の衛府の劔装束は、「野劔ムラサキガハノシヤウゾク、シザヤ、ヒラヲ」と記している。この『秘抄』記述当時の「野劔」には、俘囚の野劔である毛抜形太刀が念頭にあった思われる。

一方、松平春嶽が記した衣冠の際に用いるという野劔は、兵庫鎖太刀、長覆輪太刀、革包太刀などの兵仗的太刀の江戸期的呼称であろう。江戸末期の野劔には、衛府太刀の範疇である毛抜形太刀は含まれてはいないと思われる。江戸後期、文政十一年（一八二八）の年始拝賀出座に十一代将軍家斉は、小直衣姿で、御持太刀として「御野太刀」、内府家慶は（従一位内大臣、将軍嗣子）糸巻太刀を用いている（『甲子夜話続編1』[50]）。

こうみると劔装束の順位付け、呼称は、いづれも朝廷の令制に習い、なかでも『助無智秘抄』などを参考に武家独自の制度に形造った。この点で、武家位階を朝廷の例に習いつつ、独自の制度にしたことと同じ志向なのである。

次に、直垂である。松平春嶽の『幕儀参考』に記されているように「直垂ノ色ハ、各家ニ風アリテ定マラス」とあるように重色目《かさねのいろめ》で四季折々の、あるいは四季通用の色目など多様であり、官位、年齢、季節などによって、変わるのであるから、拵えも装束の色目に応じてある程度変えていたと考えるのが自然である。松浦静山は、貴重な文章[51]を残してくれている。

……当元日（文政壬午）朝、雪振出しける折節、登城せしに、ある歴々の人、松重《まつかさね》の直垂《ひたたれ》をくゝり、金作りの梨子地御鞘の両刀いかめしく帯して、……

「歴々の人」と静山は記しているがまさに直垂は、侍従以上の大名から将軍まで着用する礼装である。江戸の古くは長袴を括ってか、あるいは登城後長袴に穿き替えるのであろう。元日拝賀への登城であって、その太刀あるいは大刀は、金作（金梨子地鞘）であり、小さ刀も金梨子地であることが理解される。侍従以上と、無官の従四位下（四品《よんぼん》と呼ばれる）及び五位大名との間でも小さ刀の拵えに差が設けられていたという。侍従以上は、出し鮫柄であるのに対して、五位以下の小さ刀の柄は糸巻掛のそれであったという説[100]がある。しかしこの説について、筆者は、文書などでの確認が取れていない。逆に従五位下大名の小さ刀が出し鮫である例が残された拵え（図60）から確認できる（小さ刀拵え：図59～61参照）。

表12「常」とそれに対応する「上品、式正」の太刀・刀呼称

常、また兵仗的	上品、また儀仗的：その標準的刃長
太刀	小太刀：二尺（六〇センチ）強
打刀	小さ刀：一尺五～七寸（四五～五一センチ）
脇差（差添）	小脇差：一尺（三〇センチ）強以下

さて礼装の折に営中で帯びる「小さ刀」とは、どう認識し、位置づけるものであろうか。脇差に似て非なるもの、中世の「腰刀」の響きに近いと考えてよかろう。意味するところは「脇」差でもなければ、差「添え」でもない。主たる刀に対しての従ではないのであって、一個の独立した用途に対する刀である。これを考える時に、江戸期には鍛えられることはなくなったが、小太刀というものの存在が助けとなる。小太刀は、現存作から推定して鎌倉期から存在するようである。これの用例が室町期の故実書[52]に記されている。

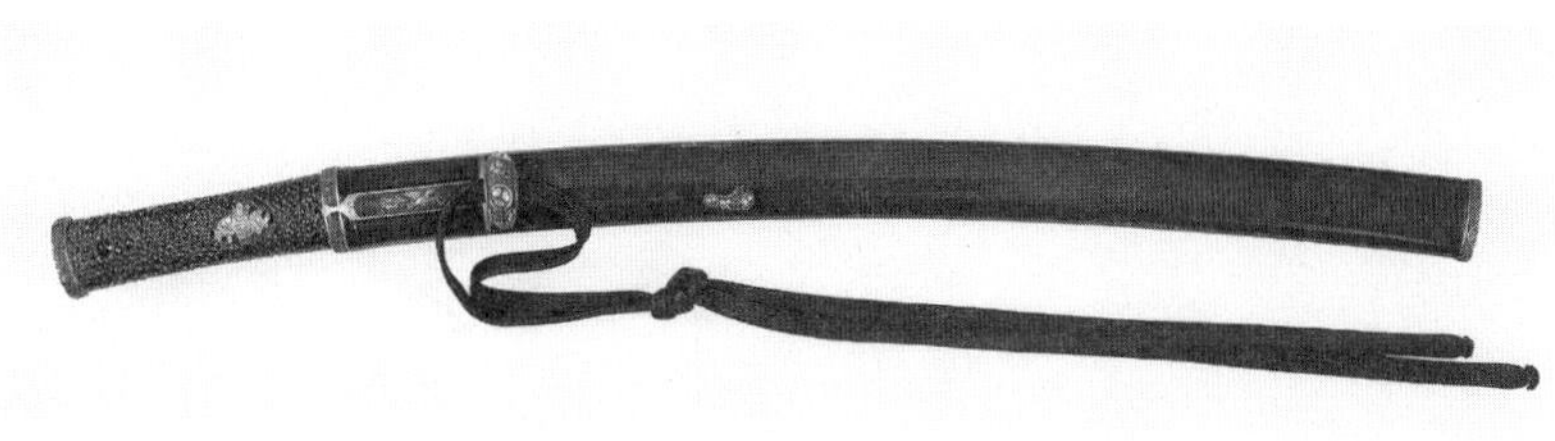

図 59　黒漆小さ刀拵え（合口短刀拵え　刀身は伝行光）16 世紀［久能山東照宮蔵］

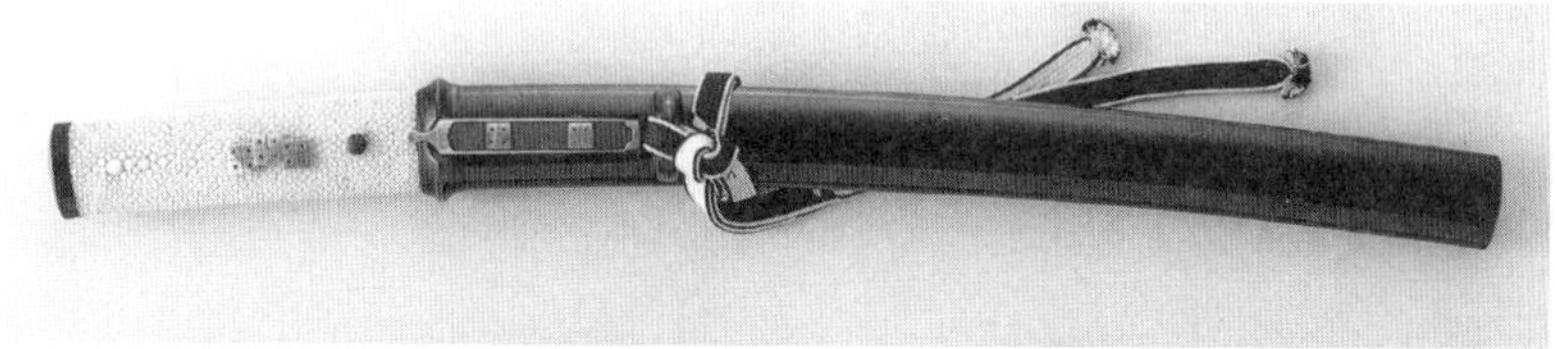

図 60　出し鮫影蒔絵小さ刀拵え（合口短刀拵え）［丸亀藩京極家伝来　個人蔵］

門屋具さしかためこしそなへ（腰備へ）などには、小太刀もちたるか可然候。つはかたなは、めにたち候、なかきもあしく候、只小太刀かよく候。（「故実聞書」）

御門役辻固の時、打刀もたせられ候事も不苦候へ共、小太刀を被持候事、本儀にて候、小太刀もあまり金作ハあしく候、……（「人賢記」）

公方邸（将軍御所）などにおいて大名などを迎える場合に、平時であっても不測に備えて、門や辻を固めるが、そこは平時であるから大

図 61　素襖に小さ刀帯用の鷹見泉石
（渡辺崋山筆）19 世紀
［東京国立博物館蔵　Image: TNM Image Archives］

仰な「強き《こは》」備えはよろしくない、小太刀が然るべきである、としているのである。この場合は、屋外であるが、小さ刀は、殿中での帯刀であり、小太刀同様の考えに基づいたものと考えられる。邸内で打刀は長寸で武張っていて宜しくない、つまり外での小太刀に対して内での小打刀《こうちかたな》、即ち小さ刀とするのである。

幕末の松平春嶽は、幕府規定として小さ刀を次のように記す。

小サ刀ハ直垂・狩衣・大紋・素襖・長上下トモ帯之。製作ハ各家の風アリ。凡身長壹尺五六寸ヨリ七八寸迄ニテ、製造方刀ト同様ナレ共短キヲ以テ名付ル歟。故ニ小尻ハ必刀ノ如シ。（『幕儀参考』[46]）

おそらく室町期からの古式を重んずるかたちなのである。そこが大小拵えとは異なるところである。この小さ刀の仕様として、室町後期の作とみられる「故実聞書」に、「一　刀のつかまきたるは、はれにはさす、まきたるかたなをさし候事は、りやくきにて候」とあり、また「河村誓真聞書」[52]にも、「烏帽子上下《かみしも》の時、つか巻たる刀ハさし候ましく候」とある。実用の点では、蔓などを柄に巻いて滑らぬ工夫をしたところから、刀の普及にともなって革巻、糸巻が用いられたであろう。一方、礼式の点では、正倉院、金銀鈿装唐大刀にみられるように白く見栄えのする鮫皮で柄を包むという鎊鐖の系譜があり、出し鮫柄が、一段上位の拵えと見なされたと考えられる。

ここまでは、殿中での刀剣拵えであるが、外出の折の礼装はどうであったか。外出ということは、不測の事態を考慮して、佩用の武器は、いにしえの兵仗に準ずるかたちを採るのがふさわしく、また大名がしかるべき位の人と格式をもって対面するような場合は、式日でなくとも礼装を着用していた。『甲子夜話』を引いてみる。

……今年は、予白太刀を刀に帯び、赤木造に小桜の金具打たる鞘巻をさして往ぬ。…又先年品川に送りしときは、

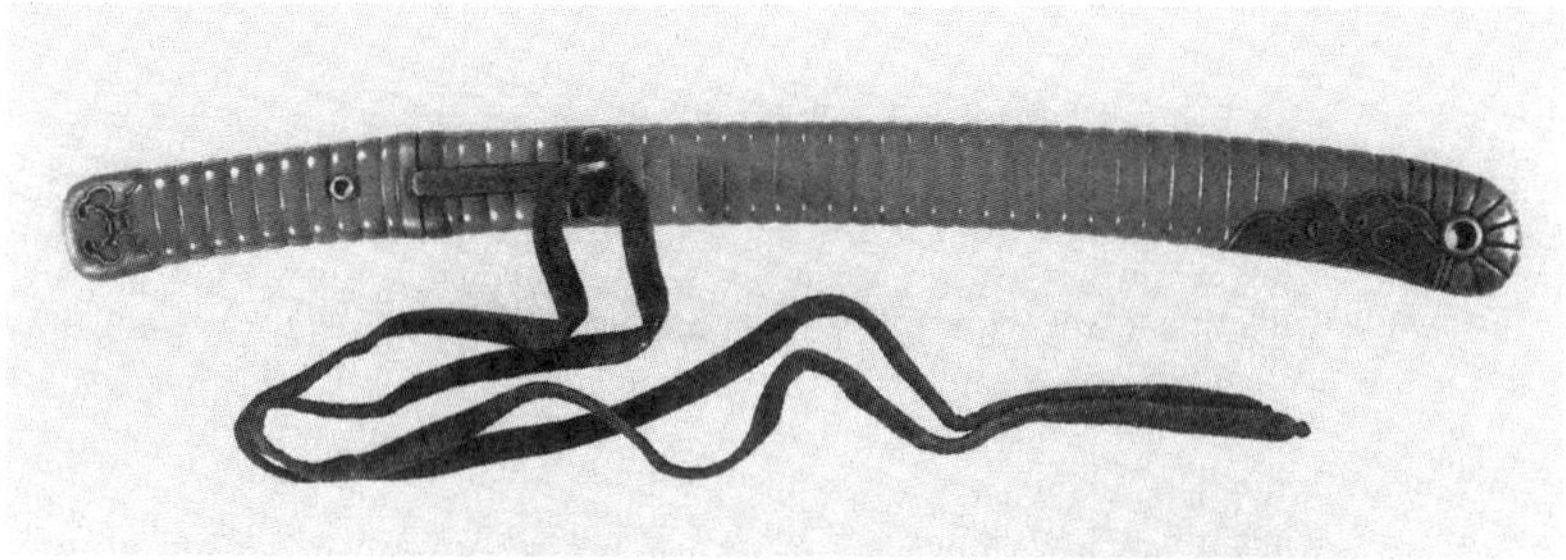

図 62　朱漆千段巻塗合口（海老鞘巻腰刀）［東京国立博物館蔵］

図 63　黒漆合口［東京国立博物館蔵　Image: TNM Image Archives］

黒太刀を帯びて紅の腰紐つけたる彫み鞘の鞘巻なりしが……（巻四十七[53]［三十］）

静山は、その衣紋道《えもんどう》の師であった高倉宰相（参議・高倉永雅）が日光例幣使として下向する際に、その品川宿所を訪問するのであるが、高倉宰相は、「直垂に合口拵えの短刀」と『甲子夜話』にあり、そして静山は、おそらく大紋着用で「今年は、白太刀」、つまり白銀造の太刀に赤木造の「鞘巻」を差していた。そして以前の対面では「黒太刀（黒漆太刀）」に刻鞘の鞘巻を帯用していたという。高倉卿の宿所である品川に出向くのであるから、有職故実に則って、野劔的な太刀が採用されていたと見るべきであろう。

野劔、すなわち兵仗的太刀に対応するのは腰刀である。古くは鞘に葛藤の蔓を巻きつけた素朴、実用的なものであり、その形式を踏まえた「鞘巻」がふさわしいのであろう。鞘巻は、鐔のない合口拵えである。時代が下ると蔓巻などの形状を残した刻み鞘として、長めの下緒で鞘をひと巻きして腰に差すとされる。江戸期では、まったく視覚上の区別、形式に過ぎないが、古式の実用風に仕立てているので

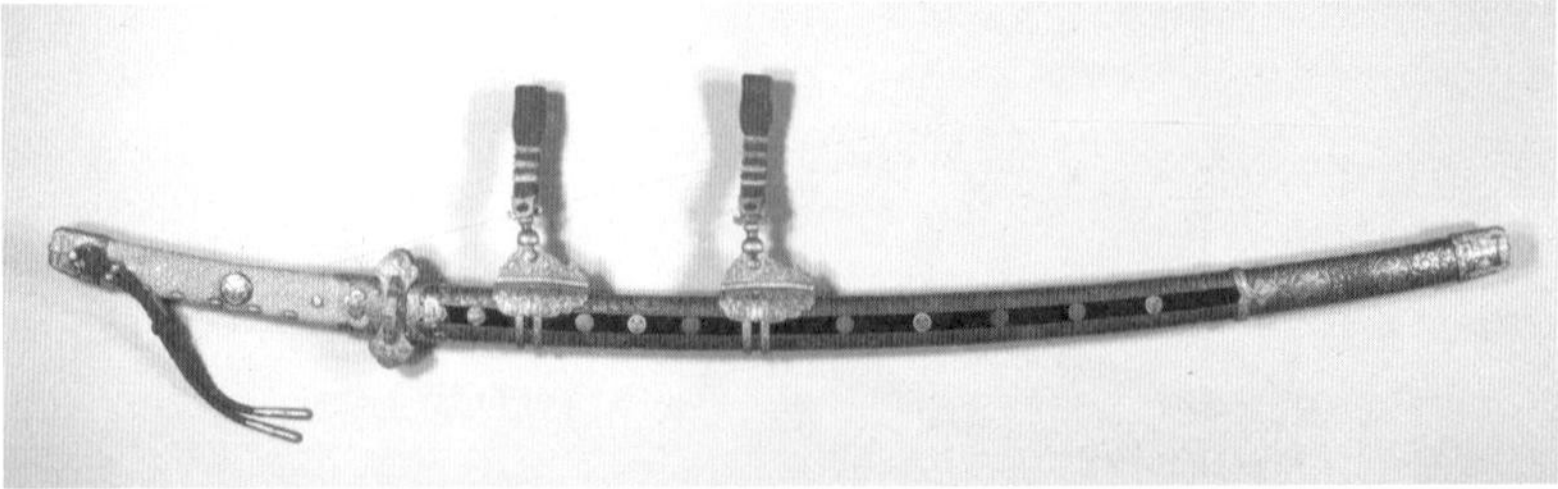

図 64　樋葵紋蒔絵細劔拵え［衛府太刀・餝劔代拵え］（一橋徳川家伝来）
［茨城県立歴史館蔵］

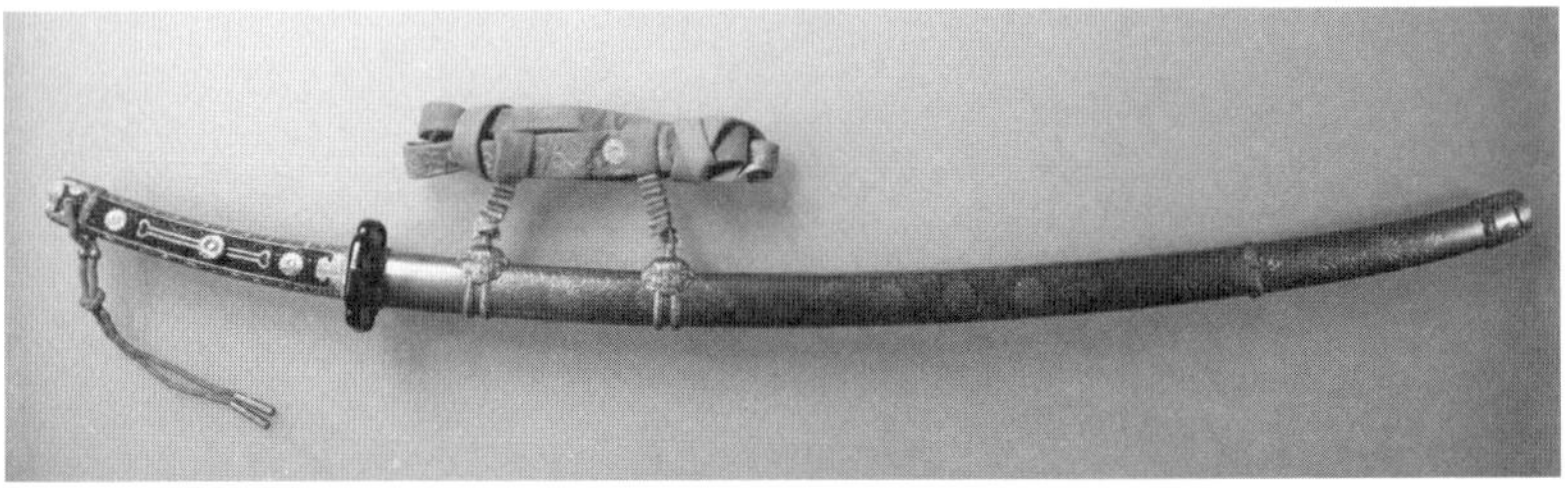

図 65　沃懸地菊唐草文衛府太刀拵え［また毛抜形太刀拵えとも　餝劔代の代］
16 世紀［皇室伝来）［東京国立博物館蔵　Image: TNM Image Archives］

ある。太平の世に、揺るぎなく決められている身分、格式の中にあってひとかどの人物と認められるためには、こうした時と場合に応じた、それも礼にかなった心配りが必要であった。

以下に「江戸期」における武家刀剣拵えをまとめておく。拵えの時と場合による変化や逸脱への許容などを説明しきれるものでは無いが、確認しえた概略として記す。

衛府太刀：細劔の江戸的呼称。江戸期にあって、大礼装である束帯の時、将軍家から公卿に位する上級武家は、餝劔を用いたと考えられるが、四位以下では細劔が多く用いられたと思われる。餝劔、餝劔代、また代の代として野劔、兵庫鎖太刀、糸巻太刀なども許された。古くは、近衛司、衛府（のもの）は、多くの式日で「細劔」を佩くとされ、それ故に正式の餝劔と一律に規定しなかった。武家的礼装の太刀（衛府官人風儀礼太刀）を古式に則って、平緒、帯取りは紫革として、「衛府太刀」の呼称（実体は細劔）を用いたと推測する。

現在、衛府太刀と伝承されている大名家の太刀の多くが略式の鋲劔（鋲劔代、細劔）となっている。通常の脚金物ではなく山形金物を備えているものであるが、玉などは嵌め込まれていない。将軍家、御三家、それに準じる家が本式の鋲劔を帯びていたであろう。

頼朝の古例に従って、毛抜形太刀も佩用されたと思われる。特に江戸府内、また自領や城下から出る場合は、相応しいと考えられたのではないか。将軍家代参として伊勢、日光などへ赴く折に高家武田家で佩用した衛府太刀（毛抜形太刀）[101]が残されている。

野劔：衣冠の際に佩く劔への江戸的呼称。ここでは、毛抜形太刀以外の兵仗的な太刀と見ざるをえない。たとえば兵庫鎖太刀、長覆輪太刀、革包太刀、蛭巻太刀などもこの範疇であろう。

糸巻太刀：直垂の時に用いる。但し、将軍家は、直垂の時に、一段上位の野劔を用いている例が確認できる。大名たちが、実際に営中で佩くことはなく、従者が江戸城中玄関まで持ち従うのみ。およそ室町時代から用いられた武家的式正の拵えといえるのではないか。腰には、小さ刀を差す。

刀（打刀）：およそ二尺を超える寸尺で、刃を上にして腰帯に差す刀であり、営中にあっては、大小の「大」の呼称。但し営中で帯びることはなく、玄関などの刀掛けに預けておく決まりとなっていた。松平春嶽の『前世界雑話稿』によれば、江戸城中で公務を司る幕臣は、御書院御門脇の中雀御門を通り、老中口（御納戸口）や中ノ口から「奥」へ上がる。そこで刀を取り、左手に持って各々の部屋（老中の場合は、御用部屋）まで行き、そこの列座の裏に置いておく決まりであった。幕臣は、いわば身内（奥での公務）であり、親戚、他家（表での応対）とでは扱いが異なっていた。

「裃差」は、黒蠟色鞘、切鞘尻、刀装具は、赤銅鐔、赤銅地に家紋などの金据紋入の三所物（目貫、小柄、笄）を用いる。

脇差：一尺八寸以下で、大刀に添えて帯びるすべての刀剣拵えの呼称。裃差としては、大小の「小」であり、「大」と揃いの拵えで鐔を装具しているもの。通常、丸鞘尻であり、鞘は黒蠟色、赤銅製で家紋などの装飾入りで二所物（目貫、小柄）が装備されている。裃差しでなくとも大小揃え、あるいは揃えでなくとも一尺八寸以下のものは、すべて脇差のくくりとなる。一尺八寸尺以上のものを帯びることは禁じられていたが、どのていど厳格に守られていたかは疑問の点がある。

小脇差：脇差のうち、一尺（三十センチ）内外より短い刃長の脇差は、特に「小脇差」と呼ばれた。いつの時代からか、判然とはしないが、こうした区分、分類は、時代が経るにつれてこと細かくなるものと見える。松平春嶽は、先にも引用した『幕儀参考』の中で次のように記す。〈脇差ヲ小脇差トモ云。短刀ニシテ長サ八九寸縁頭トモ角《つの》ニシテ、合口ト云。柄鮫（白出シ鮫）、鞘蝋色塗、丸鐺ナリ。二所物（目貫・小柄）下ケ緒短ク……〉。『幕儀参考』では、他の拵え同様に小脇差について、位階、身分の規定を記してはいない。こうした短刀刃長の脇差が用いられるについては、やはり古式、鎌倉時代以来の伝統に則ったものが格式、品位が高いとみなされたことが影響しているように思われる。つまり打刀時代の脇差ではなく、太刀と刺刀《さすが》の組み合わせに基づき、短刀刺刀の腰刀風が古式で、格が高いという認識であろう。

差添え：脇差と同様の言葉使いであり、ほぼ脇差と同義と考えられる。刃長の短いものをいうにはふさわしくない感があり、脇差中、刃長の比較的長いものを区分して表現する呼称とも考えられる。

小さ刀：直垂、狩衣、大紋、素襖、長袴の礼装の際に用いる打刀拵えである。礼装で単独に帯びる刀という区分である。殿中で帯びるため、長いものを避けるのである。一尺四、五寸の刃長が通常である。打刀であるから鞘尻は「切」、刀装は三所物（目貫・小柄・笄）を備える。脇差より小さめの鐔付で、古鉄鐔か赤銅鐔とする。拵えの現存品を見ると、鐔は、時代や嗜好によって柔軟にその大小、有無を決めていたと思われる。また、小さ刀に対応する礼服は、直垂から長袴まで多様であるから、その礼服に従って、多様な拵えが用いられたと考えられる。江戸初期に鍛えられた一尺五寸以下のやや短い刃長の刀を見かけるのは、この小さ刀への需要によるものであろう。桃山時代に制作された徳川家康の小さ刀拵えで、鐔をかけない合口拵え仕様のものが、駿府御分物として尾張徳川家に残されている（図59参照）。大名の大紋以上の礼装の場合は出し鮫の小さ刀、長袴の場合は柄糸巻の小さ刀を帯用したと思われる。

鞘巻：殿中での礼装に用いるのは「小さ刀」とされるが、これはあくまでも「打刀」の分類であり、本来太刀を佩くような礼装の時には、「鞘巻」が古式であるという認識であろう。故に殿中を出ての改まった場では、太刀に合わせて「鞘巻」という組み合わせを採ると思われる。

4　刀剣・礼服令制の変化と受容

幕府の身分格式にかかわる令制は厳格なものであったが、やはり権力者の意向、時代の変遷によって、変わらざるを得ないのは、人の世の常である。変化のもといは、次の三点にまとめられる。第一に、為政者の思想、嗜好により免許、追加されること。第二に、権力者の意向によって、簡素化されて「質実」を生み出す時があり、また簡略化されて「弛緩・倦怠」を生み出すこともある。たがを締め直すこと、そしてまた為政者自らが、たがを緩めることがある。第三に、武家の精神性、時代の要請によって令制からの逸脱を制しきれない状況の発生。

第一、二の例として、平常公務の際に着用される継袴というものがある。これが採用されたのは八代将軍吉宗の倹約精神によるものである。「継袴ももとは損ねたると損ねめと交へて用ひらる〻よりのこと……」（『甲子夜話2』[54]）。つまり裃のうち、袴は、擦り減ったりして悪くなりがちであり、その悪くなった袴をまだ良い裃の袴と替えて用いることで倹約するようにしたものであった。さらに吉宗は五位大名・旗本の礼服を「狩衣」から「大紋」に復旧せしめた。将軍となった直後の享保元年（正徳六年・一七一六）五月に次のように衣服の令を発している。

　正徳のころより五位の諸大夫朝会に狩衣きる事となりしが、今よりもとのごとく四位狩衣、五位大紋を着すべしと仰せいださる……（『徳川実紀』[55]）

狩衣の生地は、絹の精好織《せいごうおり》であるが、大紋では、麻晒である、また狩衣の「下」では、指貫（奴袴《ぬばかま》）を着用するが、大紋では、長袴である。「継袴」では、質実を求め、「狩衣・大紋」では、四品（無官四位）との別を可視化して明らかにしたものであった。

第二、為政者が令を緩めることがあった。八代吉宗の代から百年を経た文政十一年（一八二八）年始祝儀の十一代将軍家斉衣服は、どうであったか。〈「是までは、御直垂なりしが、今年より御小直衣にかへ給ひける……」（『甲子夜話続編 二』[56]）〉。その折家斉は、野劔を用い、内府（内大臣、嗣子家慶）は糸巻太刀を用いている。小直衣は、高貴の通常服とされる。古く三位以上がこれを着ての参内を許されたという。令制を緩めて、簡略化したと考えられる。さらに、家斉は、大御所となってから、江戸城内で家康はじめ歴代将軍が祀られている紅葉山参社でも簡略化している。〈「或人曰。近頃大御所様（家斉）御拝賀、紅葉山御参詣のときは、御帯剣なかりしと……」（『甲子夜話3篇』[57][15]）〉。これについて松浦静山は、珍しく批判的ニュアンスの文章を残している。〈「台廟（秀忠）、猷廟（家光）、京城にて御拝賀のときは、御打刀に御太刀をも佩させ給ひしこと、『江城年録』に見ゆと。」〉。

第三、武家の精神性、あるいは時代の要請によって令制からの逸脱が許容されることもある。

江戸後期の奇人、平山子龍[103]、行蔵は、儒学者、昌平黌の教授であったが、常に四尺を超える長刀《ちょうとう》を帯びていたと伝えられる。

また、幕末の嘉永七年（安政元年・一八五四年）に講武所が設立され、洋式調練、砲術と併せて、日本の諸武芸も教授され始めると幕臣の子弟間に「講武所風」[104]といわれる風体が流行り、長大な刃長とそれに合わせた長い柄を備えた「講武所拵え」を閂《かんぬき》に差して町を闊歩するようになった。幕府高官は、これを苦々しく思って武士の道を説くような触れを出しているが、かつての威光はすでになく、講武所教授たちも弟子たちを律していく気力はなく、総体として時代の風潮に流されていくのが実情であった。

身分を可視化して、武家の存在を際立たせてきた日本刀も、幕末に到って、身分の表象よりも尚武の気風を誇示する道具へと回帰した。

末尾に筆者の知り得た範囲での武家礼装と刀剣拵えの関係をまとめた表を付す。

註

(95) **代付け**：祝い事や節会などの折に、太刀や馬などを進上することは、少なくとも鎌倉時代以前に遡る。自分の頼《たの》みとする人に対して、田《た》の稔《み(の)》る頃である八朔《はっさく》（八月一日）に贈り物をすることも古くからの習慣である。刀剣を進上して、それは金何枚あるいは、銭何貫に相当すると認定する訳である。進物競争になってはよくないので、家格に応じた進物の価値レベルが定められた。その代付けの機能は、室町以来の磨《と》ぎと鑑定の家である本阿弥家のみが許されていた。

(96) 刀の長さに関する令制

・元和九年　西丸法度「……又令さらるゝは、…大脇差…停禁せらる……」『台徳院殿御実紀』巻五八

・寛永二年　市井法度「市人大脇差帯る事は前々より停禁なれば……」『大猷院殿御実紀』巻三

・寛永三年　在洛中法度「……大脇差尺八寸、大刀は二尺八九寸の他用ゆべからず……」『大猷院殿御実紀』巻三

・正保元年「毎年令せらるゝ、といへども刀脇差寸尺…衣類制に超過する聞こへあり。」『厳有院殿御実紀』

・正保二年「此日命ぜらる、は刀は二尺八寸、脇差は壹尺八寸を限とすべし。」『厳有院殿御実紀』
・寛文二年「長さ二尺八九寸の刀、一尺八寸の大脇差、すべて停禁せらる……」『厳有院殿御実紀』

（97）**松平春嶽**：名は、慶永。文政十一年（一八二八）～明治二十三年（一八九〇）。田安家六男から御家門、越前福井第十六代藩主となる。正四位上・参議（江戸期まで）。ペリー来航によって、国防の要を説き、次いで開国を主張する。明治維新で議定となる。

（98）**松浦静山**：名は、清。宝暦十年（一七六〇）～天保十二年（一八四一）。安永四年（一七七五）平戸藩家督を嗣ぐ。従五位下壱岐守。文武に通じた。隠居した文政四年（一八二一）から二十年に亘って随筆『甲子夜話』を書き続けた。田沼事件の時は、二十四歳の盛りであった。

（99）インターネット等で江戸期製作のものを確認できたところは、以下。①山口博物館受託　銘□友（伝助友）附衛府太刀拵　宗教法人野田神社所有、②銘　因幡守広重（下原鍛冶）附衛府太刀拵　山梨県笛吹市大宮神社蔵、③樋蒔絵衛府太刀拵え（餝劔と餝劔代との中間的拵え　一橋徳川家伝来　図64参照）茨城県立歴史館蔵、④銘　正恒（古備前）金梨子地牡丹紋散蒔絵衛府太刀拵え　青森県黒石神社蔵　等々、すべて餝劔代（細劔）と見える拵えである。

（100）笹間良彦氏は、その著『江戸幕府役職集成』[58]で直垂着用で、「（将軍以下侍従以上）鮫柄の小刀」としている。

（101）蔓草図衛府太刀拵え　山梨県韮崎市中田町、藤武神社蔵

（102）松平春嶽は、『幕儀参考』で以下のように記す。「只異ナルハ、今ハ切リ袴ナレドモ古制ニテハ長袴ヲ用ルナリ。……」

（103）**平山行蔵**：幕府御家人。行蔵は通称、名は潜。字は子龍、宝暦九年（一七五九）～文政十一年（一八二八）、江戸後期の儒学者、武芸者。近藤重蔵、間宮林蔵とともに「化政の三蔵」と呼ばれた。武芸は、軍学、剣術、槍術、弓術、馬術、砲術、柔とおよそ修めなかったものはないという。六十一まで寝るときは夜具を用いず、土間に寝たと伝えられる。

（104）**講武所風**：講武所に通った若者たちの間で流行った風体。細目に剃った月代《さかやき》（映画の月形半平太などで見る）、長大で反りの少ない刀。羽織袴、帯の結び方などにも独特の風があった。

表 13　江戸幕府礼装と刀剣拵え

家柄・身分	官位	将軍宣下・御遠忌法事継統時紅葉山初参など	拵え	歴代将軍五十回迄法事など	拵え	正月・朔望	拵え	五節句	倅御目見得	婚姻御礼
将軍 （征夷大将軍）	正二位内大臣 左近衛大将 従一位太政大臣	殿中五位（諸大名）以上すべて束帯	餝劔、また餝劔代	衣冠	野劔（将軍は蒔絵螺鈿、諸家は餝劔代の代としての野劔、糸巻太刀など）	侍従以上直垂（但し文政十一年より家斉小直衣着用） 合口（出鮫）小さ刀 将軍：野劔、世子以下糸巻太刀、小さ刀 ※江戸末期に直垂の下は長袴から切袴となる	野劔 小さ刀 （鞘巻）	——		
西の丸殿 （正嗣）	従二位権大納言 ～内大臣						糸巻太刀 小さ刀 （鞘巻）			
尾張・紀伊 御三卿	従三位左近衛中将 従二位権大納言							熨斗目 長袢（幕臣） 小さ刀		熨斗目 半袢（幕臣） 脇差
水戸	左四位下左近衛少将 従三位権中納言									
加賀前田	正四位下近衛少将 従三位参議									
高松松平 保科	従四位下近衛少将 正四位下近衛権中将		餝劔代（細劔、通称衛府太刀）また、餝劔代の代として野劔、糸巻太刀なども用いた							
井伊 島津 伊達	従四位下侍従 ～ 正四位近衛権中将									
越前松平 松江松平 熊本細川 鳥取池田 岡山池田	従四位近衛権少将 ～ 正四位									
本多 酒井 小笠原 老中	従四位下（四品） ～ 従四位下侍従 従四位上近衛少将									
所司代 高家						四位諸大夫 狩衣				
諸大名	従五位下 五位無官 諸大夫					大紋				
御目見以上	六位相当	布衣	小さ刀	布衣	小さ刀	布衣	小さ刀	熨斗目 半袢・脇差		
御目見以下 陪臣		素襖		素襖		素襖				

筆者まとめ参考：笹間良彦『江戸幕府役職集成』[58]、大田南畝『半日閑話』、松平春嶽『幕儀参考』、松浦静山『甲子夜話』小林有之『武家装束抄』など
※官位は、初官～極官を記している。（但し凡そであり、例外も多い）

第九章　江戸殿中刃傷

秀吉によって始められた兵農分離は、徳川政権に引き継がれたとは思えない。農本的性格をもった徳川幕府は、刀剣所持、帯刀を武家に限定する考えはなかったと思われる。城下での治安維持、安定に心をくだいたのが始まりであろう。刀の寸尺（長さ）の制限である。そのつぎに、大小二振りの刀を差すことができるのが武士であるという侍階級の特権となって、二本差しが武士を表象するものとして機能するようになった。

大きくは、徳川政権のもとに太平の世が出現したのである。当初、石高は違えど武将として同格と考えていた大名や旗本たちは、固定化された身分によって否応なく上下の関係に縛られるようになってしまった。戦働《いくさ》きによって一国一城の主となることも夢ではなかった武士たちは、太平の世となって、所領や家臣を守ることに汲々とせざるを得なくなった。内に籠められた意趣、遺恨などは、どう処理されるのか。武士である以上は、体面を傷つけられたり、恥をかかされた場合の最終決着は、本来闘争以外はあり得なかった。太平の世であればこそ、仕える身の侍としては、ともかく、強直な武士ほど、相手を討って、自分も死ぬという途《みち》をえらびがちであった。

この章では、江戸城中（営中また殿中）での刃傷沙汰を採りあげる。

1　殿中（営中）[105]刃傷の概要

殿中の刃傷で、最も知られているのは、浅野内匠頭による高家吉良義央への刃傷であるが、他にも『徳川実紀』に残るだけで八件、都合九件もあって、これらは、すべて江戸城中のみの事件であり、他藩の件は含んでいない。是に加えて、準殿中として、酒井忠清邸で発生した伊達騒動の、原田甲斐による刃傷を加えて、十件を採り上げる。徳川家正史である『徳川実紀』[59]を中心に拾い上げる。

最初の記録は、寛永四年（一六二七年、三代将軍家光）十一月六日の事件[60]。

この夜西城にて花畠番楢村孫九郎某。遺恨ありとて同僚木造三郎左衛門某。鈴木久右衛門某にきりかくる。久右衛門切れながらその座をにげ出る時。燈火をふみけしければ。同僚こと〴〵く途を失ひ狼狽す。時に曽我権左衛門近祐は孫九郎を伐留むとて。暗中に左腕右股に深手をおふ。……

歌舞伎のだんまりのような刃傷であった。

次に寛永五年（一六二八年、将軍家光）目付豊島信満《としまのぶみつ》（正次とも）が老中井上正就を斬殺した西の丸事件[61]。豊島は、井上正就の嫡男、正利と大坂町奉行、島田直時の娘との縁組みを進めていたが、井上正就は、将軍家光のお声掛りで、鳥居成次（忠長付家老であった）の娘との縁組に変更、島田直時娘との縁組は破談となった。この婚約違背に面目をつぶされた豊島は、西の丸で「遺恨あるよしいひて不慮」に宿老井上主計頭正就を刺殺」した。豊島は、小十人番士青木忠精《ただかず》に羽交い締めにされたが、脇差を自分の腹に刺して自裁。脇差の切先は、青木にまで達したという。結局、井上と豊島、さらに巻き添えを食った青木まで絶命という結果になった。

第三に、貞享元年（一六八四年、五代将軍綱吉）に起こった件[62]。被害者は、時の大老、堀田筑前守正俊、刃傷に及んだのは、若年寄、稲葉石見守正休であった。『実紀』に、「（八月）二十八日少老稲葉石見守正休発狂して。大老堀田筑前守正俊を刺したり。……」と記している。続いて「……深手にて既に危くみえければ。大久保加賀守忠朝。戸田山城守忠昌。阿部豊後守正武はせ来たり。其座にて正休を討と、む。……」とあり、ほどなく堀田正俊は、自邸で息絶えたとある。なぜ稲葉正休が刃傷に及んだのかは定かではない。『実紀』では「発狂」としていながら、ことさらに「……されど実に狂気の所為ともいひがたし。世に伝ふる所は……」として正俊が権勢をよいことに驕慢であったことを憂いて、あるいは摂津水路をめぐっての確執などを挙げた上でさらに「此説まことしからず……」と記しているのが興味深い。

第四は、元禄十四年（一七〇一年、将軍綱吉）三月の浅野長矩《ながのり》による事件である。[63] 忠臣蔵で有名な赤穂事件の発端である。『実紀』では、「浅野内匠頭長矩義央が後より宿意ありといひながら。少さ刀もて切付たり。義央驚き振むく所。また眉間を切る。」と記録している。吉良上野介は「更に覚なきよし」と申し述べているが、浅野内匠頭は「宿意あり」としているから、つもりに積もった思いがあったのは疑いがなく、そのあたりは後世に尾鰭がついて、歌舞伎の「仮名手本忠臣蔵」や大仏次郎作「赤穂浪士」などなど憶測も交えて数多くの脚本、小説などで伝えられている。

第五には、正徳六年（享保元年・一七一六年、八代将軍吉宗）小普請方の争論。[55]『実紀』には以下がすべてである。

けふ未刻ばかり小普請方川口権平某。多賀主税高国。中の口部屋にてものあらがひし。二人ともに討果しぬ。

詳細は、全く不明である。相討ちで、双方ともに即死に近い状況であったのか、あるいは一方が討ち果たしたのちに自害したのか、一切は闇である。

第六に享保十年（一七二五年、将軍吉宗）七月、信州松本城主水野隼人正忠恒が、長門長府藩主毛利主水正師就に突然斬りつけた事件。[64]

真相はまったく分からない。水野忠恒は事件の前日、大垣藩主戸田氏長養女を娶り、当日将軍吉宗に報告、御礼の為に登城して、その帰りに松の廊下ですれ違った毛利師就に刃傷に及んだという。

大廊にて俄に心くるひ佩刀を抜毛利主水師就に手おはせたり。師就狂人とみしかば。いかにもしてをしとら《押捕え》へんとせしに。忠恒ものもいはずただ切かゝりければ。やむことを得ず師就さしぞへの鞘ながらぬきあはせ。忠恒が刀もちし手をしたゝかに打て其佩刀をうち落す。

『実紀』では、割合具体的に刃傷の模様を記している。水野忠恒にその理由を質したところ以下の陳述であった。

我等身の修まらざる事ども世にきこえ。こたび所領の地めしあげられ。師就にたまはるよし聞て憤りにたへず。かくはからひしなりと……

酒毒等によるものか、全くの妄想によるものと思われる。

第七番は、延享四年（一七四七年、九代将軍家重）八月十五日、旗本寄合、板倉修理勝該《かつかね》が熊本藩主細川越中守宗孝を害した事件[65]。月並の拝賀に出仕した細川宗孝が大広間の厠で何者かに差添できりつけられたという。斬りつけた理由として、勝該は、日頃狂癲の疾があるためこれに替えて板倉宗家[106]、勝清の庶子に家を継がせようとしているのを勝該が聞きつけて、

勝清を御所のうちにて一太刀にきりすてんとおもひまうけしが。細川越中守宗孝が家の紋の似かよひたるにまどひて。心みだれかつ見たがひて殺害せし……。

九曜紋

九曜巴紋

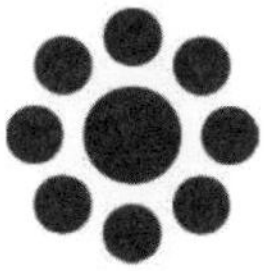
細川九曜紋
（刃傷後）

図 66　九曜紋 3 種

細川家の九曜紋が板倉家の九曜巴紋に似ているのを見誤って斬りつけたものとしている（異説もあり）。細川家では、この一件以降、紋所が見間違われないように変更を加えたという。

第八番目は、天明四年（一七八四年、十代将軍家治）三月二十四日に起こった刃傷[66]。老中田沼意次の長子、若年寄田沼意知が、旗本新番の士[107]、佐野善左衛門政言《まさこと》に斬られた事件である。田沼意知は、四月二日に死去する。『徳川実紀』には、以下のように記されている。

新番の士佐野善左衛門政言直所よりはしり出。刀ぬきて田沼山城守意知に切かけたり。意知殿中をやはゞかりけん。差添をさやともにぬきしはしあひしらひたりしに。その座にありあふ人々は思ひよらざることなれば。たれ押へむともせずあはてさはぎしに。はるかへだてし所より大目付松平対馬守忠郷かけきたりて。善左衛門を組み伏せし……。

後にまとめられた「営中刃傷記[67]」には具体的に刃傷の様子が記されている。

桔梗之間の方二番目善左衛門也、走出、山城殿御覚可有之声を掛け、三度を掛とも云、中之間へ出る口にて切付る。初太刀、山城肩先長三寸、深さ七分計切込…（中略）…山城仆候所《たおれそうろうところ》を腹と存突候所下り股を三寸五六分突、此疵に山城大ひに痿痺候て……

（『徳川実紀』による）　　※括弧内の武器はすべて『徳川実紀』以外の文献による

被害者		顛末	場所	武器	武器攻撃状況
同僚	木造三郎左衛門		西の丸	（脇差）	斬撃
同僚	鈴木久右衛門	傷病い死亡			斬撃
	曽我権左衛門近祐	深手・二百石加増			斬・刺撃
同僚	倉橋宗三郎	深手24所手負い			斬撃
老中	井上主計頭正就	死亡（即死）	西の丸	?（脇差1尺6寸〜）	刺撃
小十人番	青木久左衛門義精	深手死亡			刺撃
大老	堀田筑前守正俊	死亡（即死）	本丸御用部屋	?（脇差）兼房／虎徹?	刺撃
高家	吉良上野介義央	浅手（背・額）	本丸・松の廊下	小さ刀	斬撃
同僚	多賀主税高国	相討ち	中の口の部屋	?（脇差）	?
長府城主	毛利主水正師就	深手・咎め無し	本丸・大廊（松の）	佩刀（脇差）	斬撃
肥後国主	細川越中守宗孝	死亡・咎め無し	大広間厠	差添（脇差）	斬撃
若年寄	田沼山城守意知	深手死亡・弔慰	桔梗の間前	刀（差添）忠綱?	斬撃・刺撃
同僚	本多伊織	死亡（即死）	詰め所	（脇差）村正? （小脇差）関平造?	斬撃
	沼間右京	死亡（即死）			斬撃
	戸田彦之進	死亡（即死）			斬撃
	間部源十郎	深手			斬撃
	神尾五郎三郎	深手			斬撃

伊達家一門	伊達安芸	死去（即死）	大老酒井邸	脇差（綱廣?） 脇差（無銘国包?国正?）	斬撃
伊達家重臣	柴田外記	深手（当日死亡）			
伊達家重臣	蜂屋六左衛門	深手（翌日死亡）			

次に掉尾を飾るといっては語弊があるが、文政という近代に近い幕末のこの怪事件は、後々まで映画や小説の題材として取り上げられることになる。文政六年（一八二三年、十一代将軍家斉）四月二十二日の西の丸書院番松平外記（松平忠寛）が引き起こした事件[68]であるにもかからわず、『実紀』はかなり簡略に記すのみである。

　西城書院番松平外記その相番の士本多伊織・沼間右京・戸田彦之進を斬殺し。間部源十郎に深手。神尾五郎三郎に浅手負せておのれは自殺しぬ。

『徳川禁令考』[69]を見ると、「文化六年（文政六年の誤り）十月廿八日非常之事有之時勤方之儀ニ付御書付堀田摂津守殿御渡として「西丸御書院番松平外記、相番共を及刃傷候始末、相番共常々嘲弄ケ間敷仕成議有之ニ付、差迫致乱心候様子ニ相聞、……」と老中お達しがあった。これを見ると新参の松平外記に対して相当の新参者虐めがあったものと見て取れる。

表14　江戸期殿中刃傷

	時代	年	西暦	加害者		背景・状況	処断・顛末
1	寛永	4	1627	花畠番	楢村孫九郎	遺恨・争論 遺恨 楢村捕縛のため 楢村捕縛のため	切腹
2	寛永	5	1628	目付	豊島刑部少輔信満	遺恨 制止のため	切腹
3	貞享	1	1684	若年寄	稲葉石見守正休	遺恨・大義	討ち果たさる
4	元禄	14	1701	勅使御馳走役	浅野内匠頭長矩	宿意	切腹
5	享保	1	1716	小普請方	川口権平	争論？	相討ち
6	享保	10	1725	信州松本城主	水野隼人正忠恒	狂気（筋違）	改易・蟄居
7	延享	4	1747	寄合	板倉修理勝該	人違	断絶
8	天明	4	1784	新番組	佐野善左衛門政言	大義・意趣？	切腹
9	文政	6	1823	西の丸書院番	松平外記	意趣	自害
番外10	寛文	11	1671	伊達藩奉行	原田（甲斐）宗輔	藩政姦悪露見？	討ち果たさる 御家断絶 息子・孫切腹

営中のみで九つの事件が記録されているが、この他に江戸城中ではないが、それに準じるものとして伊達騒動の一件を加えたい。

伊達騒動は、歌舞伎の「伽羅先代萩《めいぼくせんだいはぎ》」や山本周五郎の小説「樅の木は残った」などでよく知られている。藩主綱村の大叔父である伊達宗勝の専横の有無を審問するため、寛文十一年（一六七一）時の大老、酒井雅楽頭忠清邸に、全老中および大目付も集まった。席上、伊達藩家宰（奉行）、原田宗輔（通称原田甲斐）は、政敵であった伊達宗重（伊達安芸）を斬殺、同じく政敵の柴田朝意と斬り合い双方負傷。混乱した酒井家家臣三名は、原田、柴田に加え、聞き役であった蜂谷可広も斬殺してしまい、大老酒井忠清陰謀説の遠因となった。

『実紀』[70]は次のように記す。

……（甲斐）脱置《ぬきおき》し脇差を手にとると見えしが、直に抜ながら安芸（伊達宗重）に切付たり。安芸も抜合せしかど遂にうたれたり。外記（柴田）側より驚きて、これも脇差ぬきて甲斐に切かけしが、外記も深手負、六左衛門（蜂屋）も切かけ、これも深手負たり。甲斐は、手負ながら、直に奥の間へ進みす、み入らむとせし所を。出雲守忠政（町奉行島田忠政）、雅楽頭忠清家人石田弥右衛門、太田伊兵衛、折合て。遂に甲斐を討取たり。……

この番外を合わせて十の刃傷沙汰となる。これをまとめたものが表13である。

2　刃傷に使用された刀

時々の刃傷で使用された武器がどのようなものであったのか。現在「大刀」と認識されている主たる刀は、城中に入る時に腰から外して預けておくのが決まりであったから、殿中刃傷での刀は、すべて脇差以下の刃長である、現在の短刀もそこに含まれる。ただ表から見て取れるのであるが、当時「短刀」という用語は一般的ではなかった。記されているのは「脇差」、「刀」、「佩刀」、「さしぞえ」、「少（小）さ刀」である。江戸期の分類では、殿中あるいは屋敷内で通常帯びる刀は、基本的にすべて「脇差」の分類である。今いうところの短刀（一尺・三〇センチ以下の刃長）も脇差（小脇差）の中に含まれる。

「小さ刀」は、脇差の分類ではない。江戸以前に呼称されていた腰刀と近い語感がある。「脇差」、また「さしぞへ」とは、あくまでも主たる刀剣に対して従たる存在であることを示す言葉使いである。故にそのニュアンスは、単独に帯びる刀としての呼称でもある「小さ刀」、「腰刀」とは、いささか異なっている。

「小さ刀」は、殿中刃傷のうちの浅野内匠頭事件の時の兇器として記されており、勅使饗応役であった内匠頭の差料であるから、儀礼時に帯びる刀であることが理解される。儀礼時に差す刀は、武骨を嫌ったものであり、通常の脇差より短いものが用いられたと思われる。現在残されている脇差・短刀の範疇のうち、刃長が一尺四寸内外あるいはそれ以下のものが多いように思われる。現存品から見れば、短刀刃長のものも少なくないようである。

脇差の刃長について、江戸期に入り、一尺八寸を超えることは禁じられていた。それを逆に読み解くと江戸期以前に脇差の刃長が、特定されていた訳ではないことが分かる。

脇差の尺寸について、家康から四代家綱の治世まで調べてみると刀の尺寸について度々、禁令が発せられていた。拵えをうまく仕立てれば、重ねの厚い刀も目立たず、一尺八寸を超える脇差を営中で帯びていても、あえて確認する訳にもいかないから、実態では一尺八寸を超える脇差を帯びる輩が根強く存在したということであろう。禁制の存在はそれとなく認識していても、時と場合によって、あるいは武士のこころの問題として、武張った脇差を帯びるものもあったとみえる。

享保十年（一七二五）の毛利師就が斬られた事件記述の「佩刀」、延享四年（一七四七）に板倉勝該が細川宗孝を殺害した件での「さしぞえ」、文政六年（一八二三）の松平外記の「脇指」、寛文十一年（一六七一）「伊達騒動」での原田甲斐「脇指」は、規制限度の一尺八寸ぎりぎりの刃長であったか、あるいはそれを超えていた可能性があろう。

3　刃傷の様相

表13をご覧いただくと殿中刃傷のほとんどが、斬撃であると理解される。殿中で帯びる短めの刀を用いているにもかかわらず、斬り付けているのである。現代の感覚では、斬撃が多いというのは不思議に思われるかもしれないが、江戸期以前の武士の感覚では、「突く」・「刺す」という攻撃は、いまでいう短刀（刺刀《さすが》）を用いる時であった。一尺（三十センチ）を超えて反りのある刀の主たる用法は、「斬」ることであった。それはまた合理的なものであったといえよう。

殿中の大名、御家人たちの多くはごく自然に彼らが認識していた、あるいは剣術修業によって身に着けた作法によって攻撃したのである。それは斬撃であり、日本刀での攻撃であれば、まったく無理のない用法である。不意を襲う形でなく、同様に武器をもった敵と戦う時に、刺撃は切先の一点、一方向にエネルギーが向かうためにその破壊力は大きいが、その一点を上から、あるいは横方向からの力で簡単に逸らされてしまう。片手の場合、敵からの打撃によって刀が手から離れる危険は大である。

それが殿中刃傷での初太刀十例中の二例のみが、刺撃となっている理由である。そしてこの二例が他の大方と異なっているのは、どのように相手を仕留めるか前もって手順を決めていたと思われる点にある。仕留める相手はただひとりであり、それを間違いなく仕留めることが重要であった。外さない距離まで近づいて実行することである。

その一例が、寛永五年（一六二八）に起こった老中井上正就の一件。まさかと思って構えのなかった井上正就を刺殺して、制止の為に豊島刑部を抱きとめた青木久左衛門は、その状態で自刃した豊島刑部の切先に貫かれて死亡したと伝える。このことからここで用いられた得物は、現代分類の脇差（二尺、六十センチ以内の刃長）であったことが知れる。短刀ではそこまで通らないであろう。井上正就の違背に対して周到に討ちとめる方法、手順を考えた結果であったと思われる。

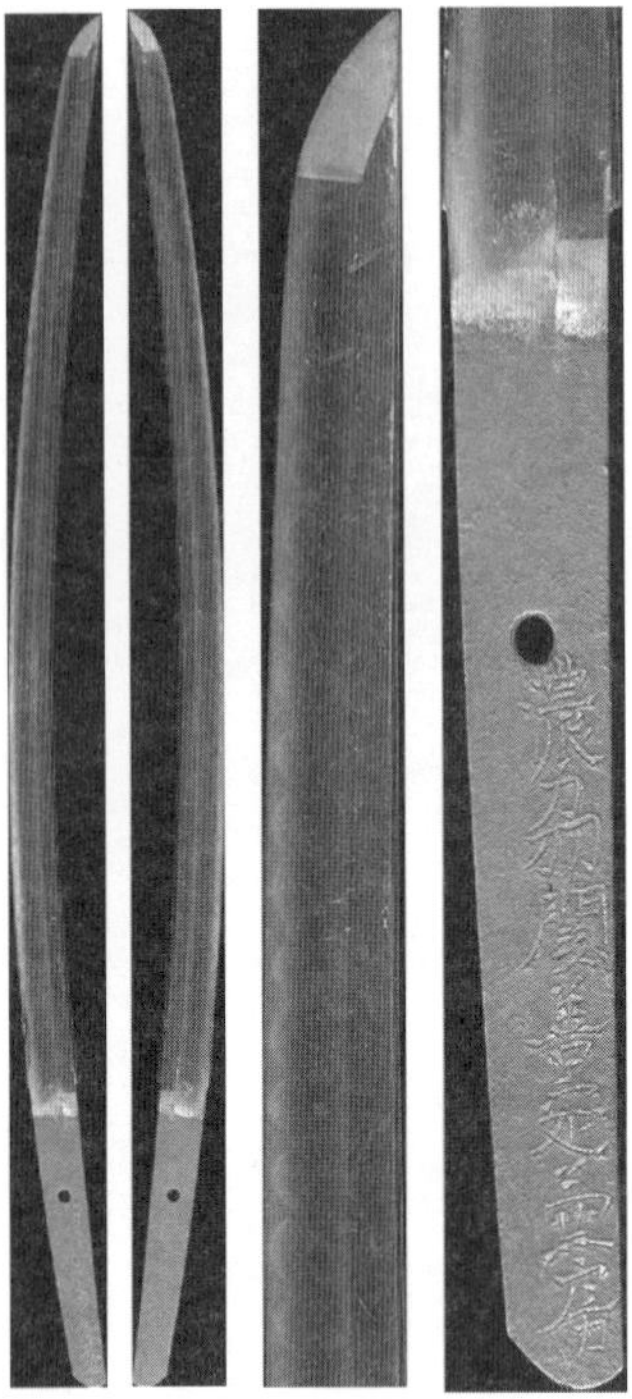

図67　脇差　銘：濃州関善定兼房
（但し新刀：刃長59.8cm〈1尺9寸7分強〉、反り1.9cm）［個人蔵］

いまひとつの刺撃は、貞享元年（一六八四）大老、堀田正俊の一件。「堀田家文書」に「急所ト申ス突キ疵ニテ以テノ外重……」

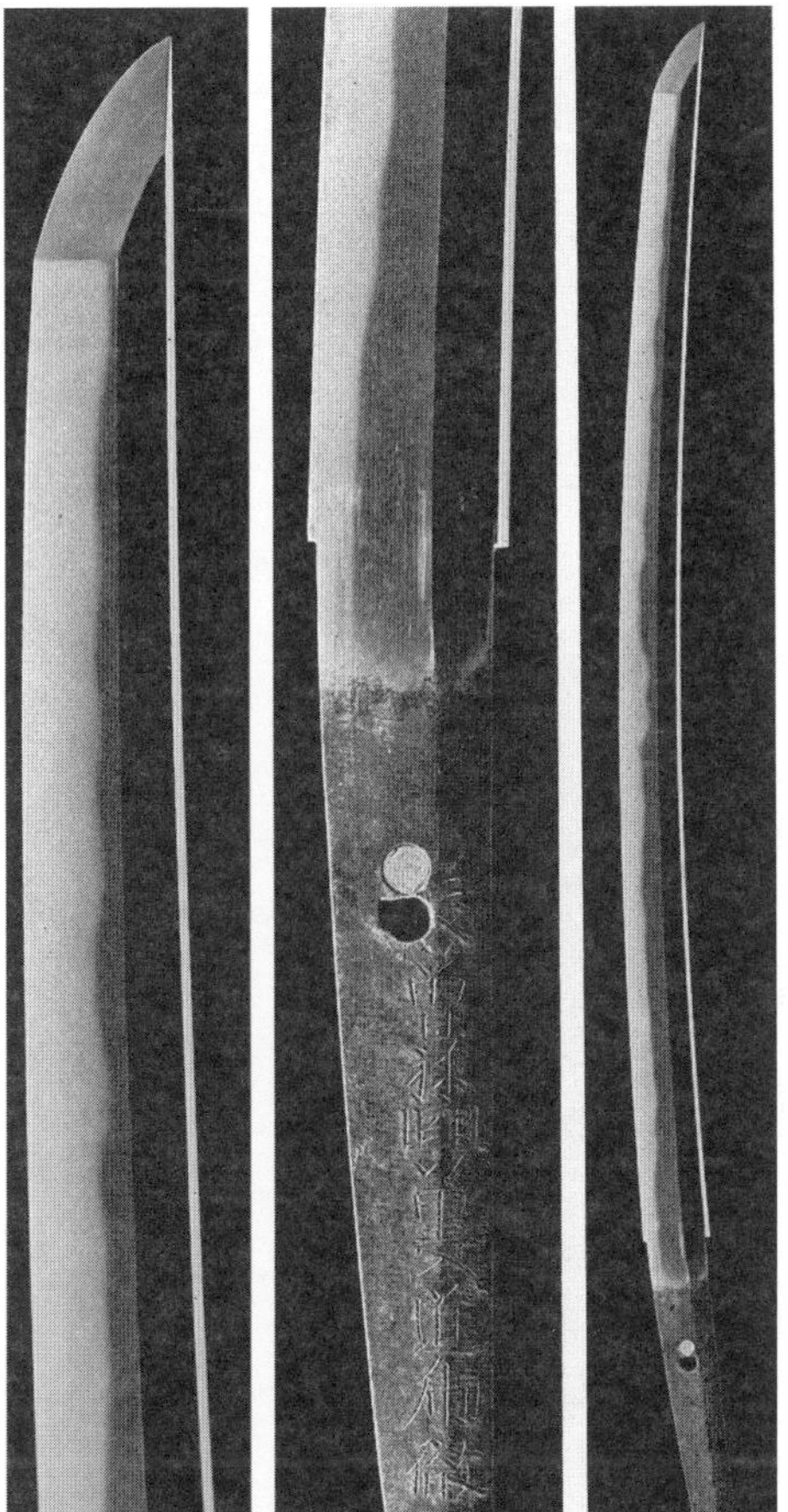

図 68　脇差　銘：長曽根興里入道虎徹
（刃長 52.8㎝〈1 尺 7 寸 3 分強〉、反り 1.16㎝）［個人蔵］

と記されており初撃の突きが致命的なものであった。いずれの資料か確認できていないが、切先が、堀田大老の脇の下から左肩先にまで達していたとも伝えているものがあるようである。そこで用いられた兇器は、兼房銘であったとも虎徹銘であったとも伝えられる。

　真偽は分からないが、享保年間に丹波篠山藩家老、松崎堯臣の著した随筆『窓のすさみ』[71]に、その脇差は、兼房銘であったと記されている。老中御用部屋である御座之間大溜の前の廊下を二人並んで次室の方へ歩いていて、右（斜め）側に位置した稲葉正休が、堀田正俊の右脇から至近で刺し貫いたと推定できる。刃が「左肩先にまで達して」いたのが事実としてであるが。対面しての正面に近い角度からの突きで、左肩先には抜けないであろう。刃長は、一尺六、七寸であったという。そして別の説として兇器である虎徹の脇差が今も東京都杉並区の宗延寺に稲葉正休遺品として存在するという。実見した福永酔剣氏によれば[72]相当朽ちていたが、年紀は寛文五―六年であったという。虎徹は、寛文年間のある年から寛文十年まで稲葉家の抱え鍛冶であったということである。

決定的な資料はなく、憶測でしかないが、この場合、「兼房」が凶器となった脇差であった可能性が高い。心臓あるいは右脇の急所（脾腹）を突いて左肩に抜けるということは刀の反りによって斜め上方に切先が逃げていっているということであり、切先が詰まりこころで反りの少ない虎徹より、切先延びこころ、先反りのある戦国期の刀である兼房の可能性が高いと思われる。ただし兼房は、新刀兼房もあって真相は、わからない。

他の刃傷の初太刀は、すべて斬撃である。先に述べたように通常、今いう脇差の長さで反りのある刀では、斬り付けるのが、日本刀の自然な用法であった。刀で突く行為は、刃長が長く、反りの少ない得物を両手使いして、かつ具足を着用していない時にありえるのである。組討格闘時に、組んず、ほぐれつの状態が、腰刀（ここでは短刀）、すなわち刺刀《さすが》を用いる時である。

元禄十四年の浅野事件では、内匠頭が動きに制約のある長袴着用、かつ比較的刃長の短い「小さ刀」で、突発的に斬りかかったのが、失敗のもとであったといえる。長袴に制約されて、踏込みが足らなかったのであろう、吉良上野介への斬り口は浅かった。もともと幕府としては、営中でのこうした刀争を想定して「長袴」の着用を令制したということである。

享保十年の水野・毛利一件では、水野は、婚姻の謝礼に登城してその直後、刃傷を起こしている。婚姻の御礼に登城する場合は、熨斗目麻裃である。毛利師就は深手ながら一命を取り留めた。やはりその場での乱心、突発的行為であったと思われる。

延享四年の板倉・細川事件は、八月十五日の月次拝賀の後に発生しており、先の刃傷とは違い、細川侯は、小疵の多い、凄惨な傷を受け落命した。幕府調書に細川宗孝の受けた傷について本道医、外科医各二名の報告が残されている[67]。（『新燕石十種』第四巻「営中刃傷記」）。

疵所容体

一、首筋脇、七寸程、一ヶ所、
一、左之肩、七寸程、二ヶ所、
一、右之肩、五寸計、一ヶ所
一、左右之手小疵、四五ヶ所、
一、鼻之上耳之際、一ヶ所
一、背右之脇腹より左之脇腹迄筋違、一尺五寸計、一ヶ所
一、頭に小疵、弐三ヶ所

人違いであり、狂気に駆られての事とも併せ、仕留めるための計画、手順が練られていたとは考えられない。長袴で動きの悪い中、遮二無二斬りたてられた様子が窺える。

佐野・田沼の一件では、松浦静山が『甲子夜話』[47]にその状況を記している。少し長いが、以下に掲げる。

……後より佐野申上ます〳〵と云ながら、刀を抜き、八さうに構へ追かけ、田沼ふり返る所を、肩より袈裟に切下さげ、返す刀にて下段を払たりしを、越前目の当り見たりしと云。或曰、此刀は脇指にして二尺一寸、粟田口一竿子忠綱なりき。是よりして俄に忠綱の刀価沸騰せりとぞ。……

また言う、此時田沼氏の指たる脇差は貞宗なりしが、鞘に切込付しと。

事実関係は別にして、心形刀流[108]の達人でもあった松浦静山の聞書きだけに勘所をよく押さえた書き様である。そし

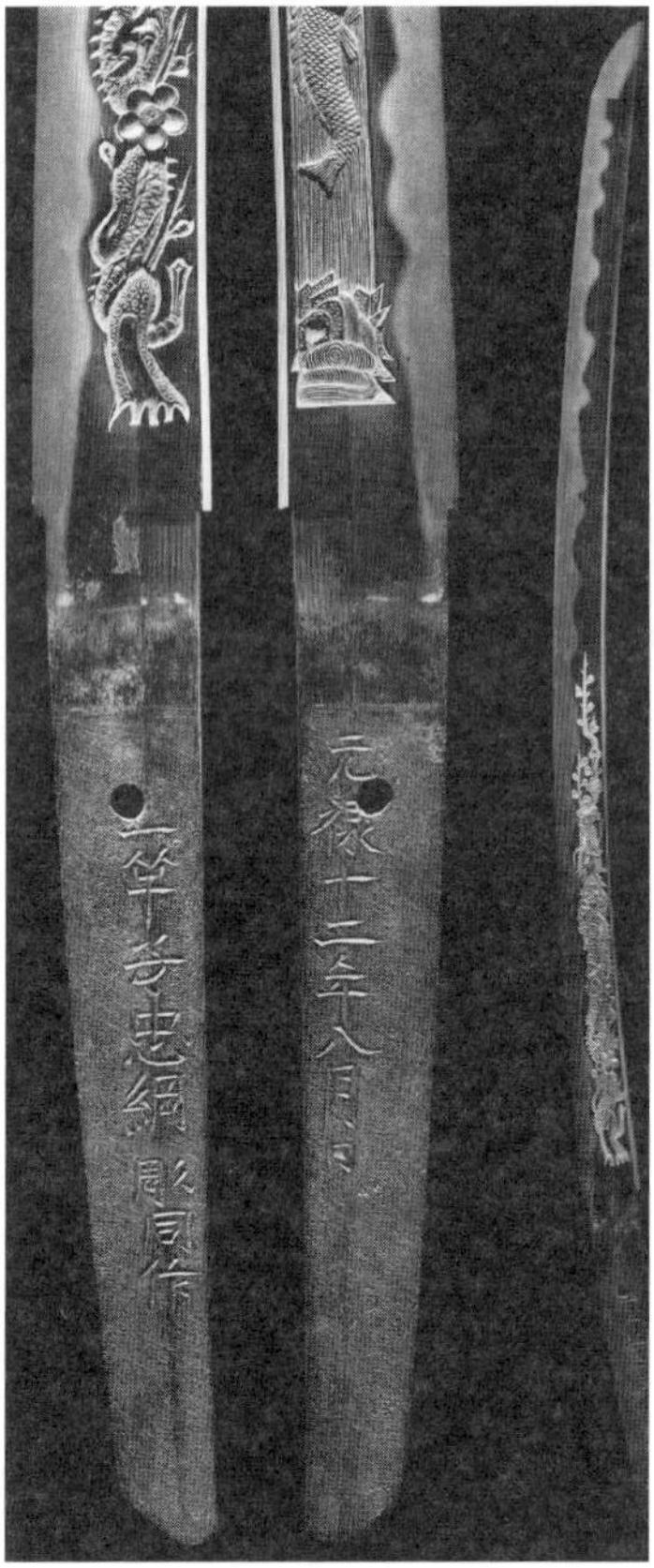

図69　刀　銘：一竿子忠綱彫同作　元禄十二年八月日（刃長63.6cm〈2尺1寸弱〉、反り2.3cm）［個人蔵］

て刃傷に用いられた忠綱のことを、「脇指にして二尺一寸」と記して特に違和感を感じていないようであるのが興味深い。つまり、二尺を超える刃長であっても丸鐺の脇差拵えのものであったろう。また田沼意知の差料は、貞宗であったとのことで、当時の田沼家の権勢のほどがうかがわれ、かつそれは、上品な出鮫柄の小脇差（短刀）であったと推察される。一竿子忠綱の価格が高騰したことに加えて、世間では、佐野のことを「世直し大明神」ともてはやしたというから、当時田沼は武家、町人両者からもはや人気がなかったということであろう。権勢に付随してくる富への妬みということでもあろうか。

練達の士が刀を振るった時の凄まじさを示した例が、文政六年（一八二三）の松平外記事件であった。

松平外記の使用した脇差は、無銘であったとされるが、こうした事件の例にもれず、様々なうわさに尾鰭がついてくる。大田南畝随筆[109]『半日閑話』[73]に次のように記されている。

外記差料は無名也。承候所《うけたまわりそうろうところ》「村正」の由、慥《たしか》の説也。壱尺八寸と云々。

また松浦静山は『甲子夜話』[74]で次の様に記す。

又外記の脇差は村正に非ずして関打平造の者にして一尺三寸なりしと云……

いずれにせよ外記の振るった脇差は、凄まじい威力を発揮したといえる。近世史が専門の氏家幹人氏の調べ[75]によれば、最初に斬殺された沼間右京は、勤務交代の為二階に上がってきたところを一閃、咽の皮一枚を残して首を落とされた。戸田彦之進は、頸から肩にかけて斬り下げられて、腕も落ちるほどであったという。本多伊織は、頸から咽にかけて深く斬られた。三人ともほぼ即死である。間部は、騒々しいと二階へ上がったところ、腕を深く斬られて翌日死亡、神尾は、二階から階段で逃げるところ、尻を三寸ほど斬られる。飛んで逃げたのであろう。『新燕石十種』第四巻「営中刃傷記」によれば命は辛うじて拾ったものの、居眠っていたこと、取り押さえようともせず、白衣無刀で逃げた事が卑怯の振舞とされて改易となった。

この一尺八寸の脇差が、徳川家にたたる「村正」であるとのうわさも幕末の世相を感じさせる。しかし刃傷の様相によって、松平外記の腕のほどが知れるのである。遺書があったとの巷説もあるが、神尾などは、当時御用部屋二階で居眠りしていたことなど、仔細に亘って評定所の調書に記されており、遺書を隠す必要があったとは思えない。外記のこころは、日頃に陰湿な虐めに、同僚皆を斬って自らも果てる思いと、ぐっとこらえて耐える思いに揺れ動いていたであろう。腕に覚えがある故に、何度も脳裏に同僚を斬って捨てるシミュレーションをしていたのではないか。それが四月二十二日の夕刻に堪忍袋の緒が切れたということだと推察する。

当時の世間を驚かせた事件は、近代にいたっても映画や小説に取り上げられることになった（小説：林不忘作『新版大岡政談 魔像』、戦前映画：一九四一年「剣光桜吹雪」嵐寛寿郎主演、戦後：①一九五二年「魔像」大曾根辰夫監督・坂東妻三郎主演　松竹、②一九五六年「魔像」深田金之助監督　大友柳太朗主演　東映）。

準殿中刃傷である伊達騒動の一件[70]。『徳川実紀』には、兇器について「脇差」と記されている。「脇差」との記述はこの伊達騒動の一件のみであるが、原田甲斐は、一尺八寸を超える刀を酒井邸内に持ち込んでいた可能性があろう。『実紀』の記述に「……甲斐脱置し脇差を……」とあることが示唆的である。大刀ではないが、一尺八寸を超えるやに見える差添えを帯びていたために原田甲斐は、腰から外させられていたのではないか。被害者である柴田外記の佩刀も「脇差」と記述されている。酒井邸での審問で原田甲斐の立場は非常に悪く、甲斐は、酒井邸にはあらかじめ覚悟を持って臨んでいたと思える。

明治から大正の著名な国語学者である大槻文彦が取り纏め、著した『伊達騒動実録[48]』に、この事件で使用された刀剣についても記されている。

銘信国（画像）、一尺九寸原田家重代、異名岩切、柴田脇差助定（家蔵記五に蜂谷家記を引くとして）、あるいは家蔵記五にとして、原田は、二尺餘の大脇差、綱宗公より拝領、相州綱廣ともある。柴田外記のものは、「脇指、一尺二三寸、相馬国政[110]」とある。しかし更に『実録』中に「（案）家蔵記四ニ」として「無銘、山城大掾国包（伊達家お抱え鍛冶初代、寛永四年死去）一尺五寸二分、みだれ焼ナリ」と柴田宗意（外記の息子）手記所載の外記所佩脇差の茎押形について記している。

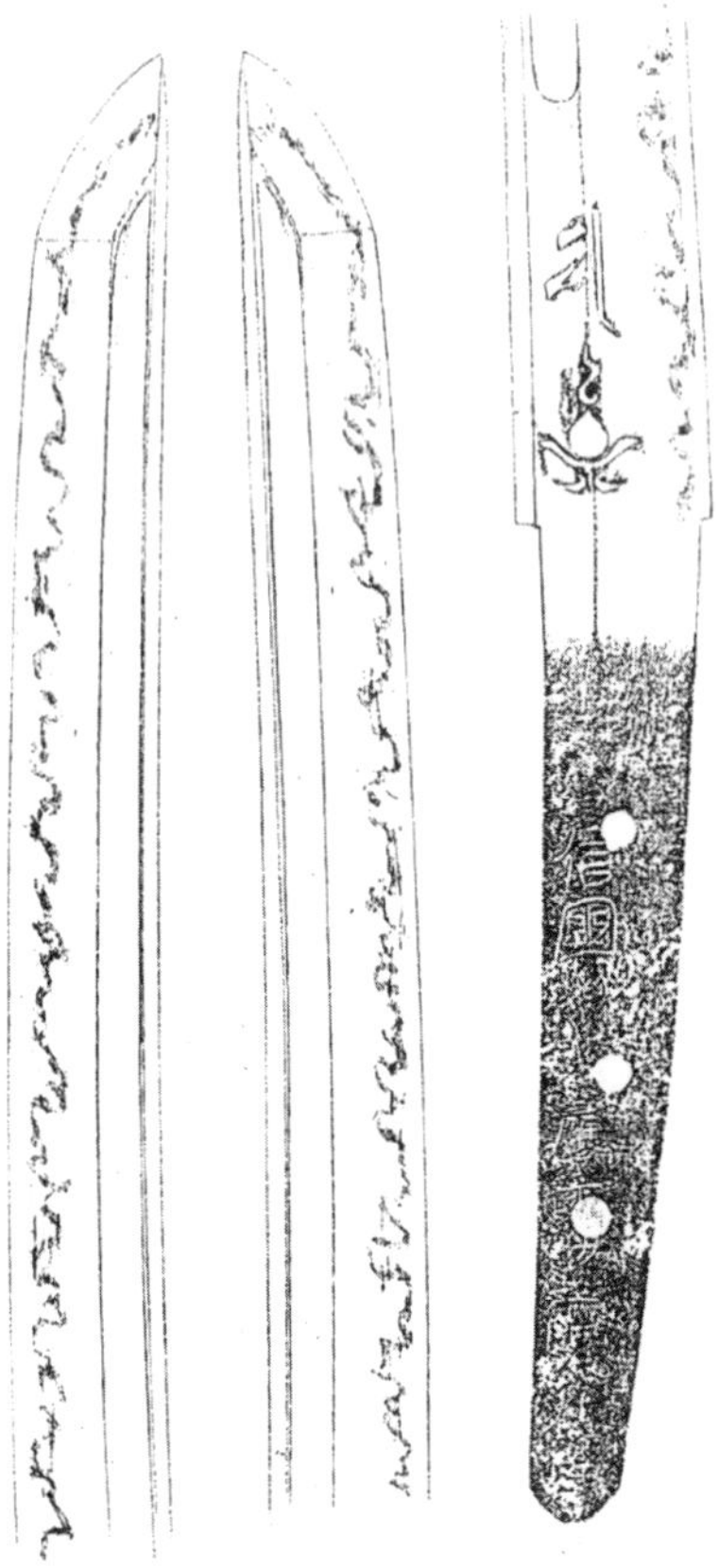

図70　重要刀剣　小太刀　銘：信国　応永三十年八月日（刃長64.4㎝〈2尺1寸2分半〉反り2.2㎝）［個人蔵］

どちらが真実か判然としな

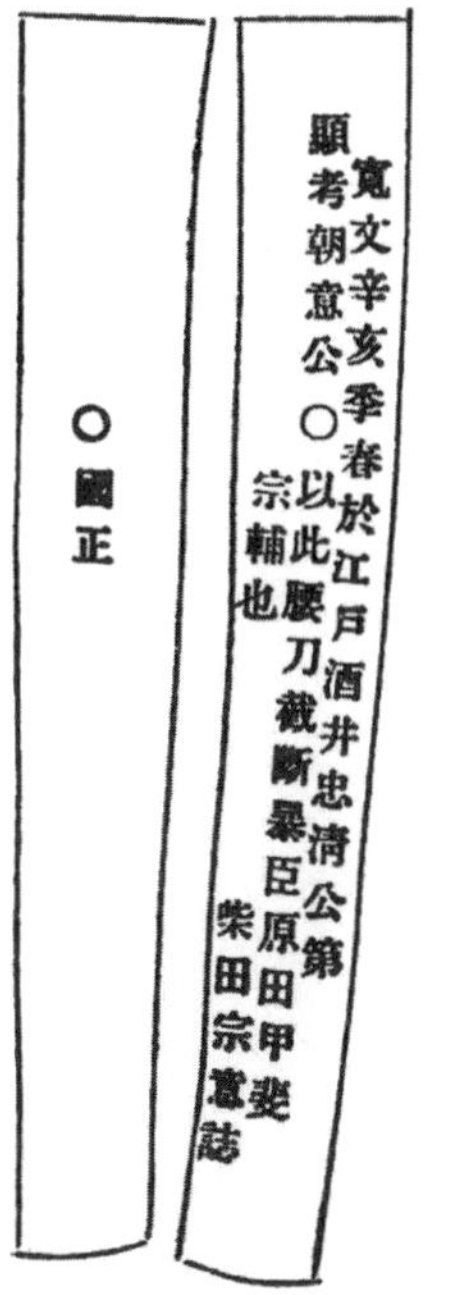
寛文辛亥季春於江戸酒井忠清公第
顯考朝意公○以此腰刀截断暴臣原田甲斐
宗輔也
柴田宗意誌
○國正

図 71　柴田外記所佩脇指心裏銘［柴田郡、船岡、柴田氏蔵］

いが、武家には、亡くなった後に所持していた刀を主君に奉ることもあり、刃傷事件の刀を寺院へ奉納することもある。後世になって、いずれも事件で用いられた刀であると伝説化することもあろう。原田甲斐の刀は、おおよそ二尺近い大脇差で、着込（鎖帷子）を着ていたとの記述もあって、酒井邸での審問に覚悟のいでたちであったとしている。柴田外記の方は、当時数え六十三歳の高齢、仙台藩重臣が無銘の国包[三]の脇差を指すのも頷けない。相馬国正とみたいところである。同じく原田甲斐の手に懸った蜂屋六左衛門の刀が、新調の拵えに入った「国包の大脇差（家蔵記五）」とあって、柴田外記の刀と後になって混乱したのかもしれない。

この伊達騒動から派生した刃傷沙汰について付け加えておきたい。松浦静山の『甲子夜話続編2』[76]に紹介されている。

酒井雅楽頭家臣、鈴木三郎大夫は、伊達騒動の折、三間柄の鑓を振るったがよい首尾ではなかったという。それを後日、同じ酒井家の使番、亀山権大夫が、「原田甲斐を止めたのは、三郎大夫の鑓にきわまった」とからかったことから、武士の体面を汚されたと憤った三郎大夫は、亀山権大夫邸へ出向き、権大夫外出の準備をしていた若党を討ち、亀山権大夫も討った後、騒擾の知らせを受けて駆けつけた酒井家家老、関主税（権大夫の兄）の若党を討ち、関主税にも手傷を負わせたという。鈴木三郎大夫は、その後すぐ討ち止められたが、それは、武士になりたいと関主税に従っていた町人、麦村六兵衛というものの手によるという。この手柄によって六兵衛は、酒井雅楽頭のめがねにかなって

図 72　押形脇差茎　銘：国正（刃長 48.8cm〈1 尺 6 寸 1 分〉）［個人蔵］

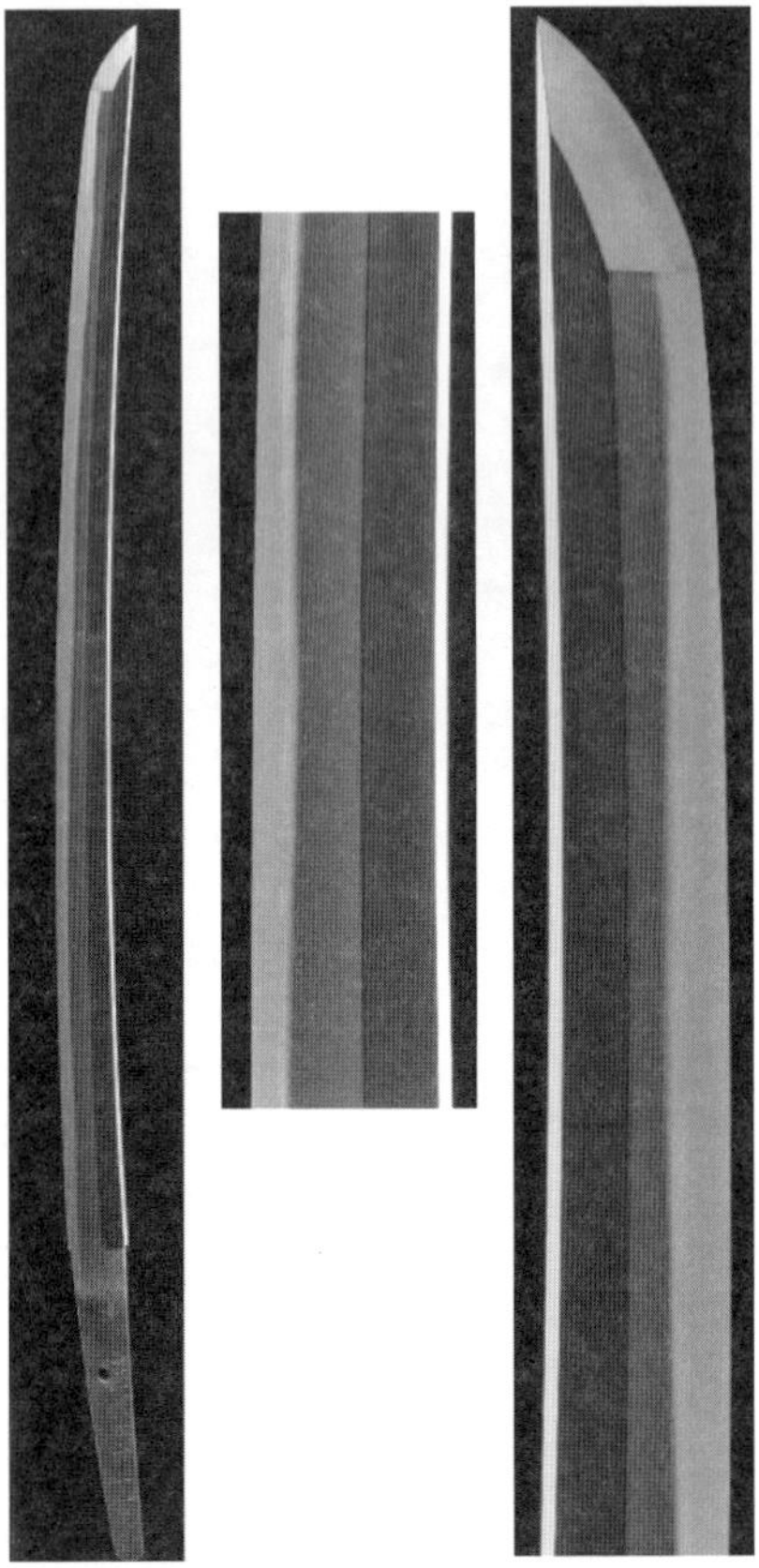

図 73　脇差　銘：山城大掾藤原国包（刃長 53.4cm〈1 尺 7 寸 6 分強〉、反り 1.18 cm〈3 分 9 厘強〉）［個人蔵］

二百石で取り立てられることになった。

武士の体面を傷つけられたのを雪《すす》ぐのも武士の有りかたであり、主人を守って、見事、敵を討ち止めるのも武士の誉れ、という例である。

脇差の寸尺について、一尺八寸を限りとする令制は、確認できるが、そのお達しも四代将軍家綱の寛文頃までに度々発せられていることが分かっている。その後、徳川体制は、種々の難題は抱えつつ、安定期に入り、厳格査察されることもなくなったと見える。ことがない状態では、取り締まることもないのである。また現代とは異なり、後代の役職者が、寸尺についての令制を、確認することは容易ではなく、また、刃長を確認するために佩刀を見せようとは諸大名、旗本たちになかなかにいえるものでは無いから、いつしか突き詰めない、おおらかな状態となっていたと推測する。であるから諸記録の上でも特に不審を感じることなく二尺を超える脇差・差添えを帯びていたと記述されているのであろう。

徳川二七〇年の治世で営中刃傷は、九件、酒井邸を含め十件である。多いといってよいのか、にわかには決めかねるところである。刃傷が営中で起こり、万が一、公方・将軍に害が及ぶのを恐れた幕府は、衣服について鎌倉、室町の先例に学び、厳しく規制しようとした。一方では、太平の世で、目くじらを立てて取り締まることも無くなっていくのも世の習いである。太平の世であればこそ、身分の上下、格式を重んじて、その秩序、安定を損なうような動きは、本能的に抑えようとした。しかし闘争による決着が武士の真骨頂である限り、謹厳な士であるほど太平の法秩序では納得しがたいことについては、自らのいのちを捨てても恥を雪ぐ、体面を保つ行動をとるものであった。まさに「武家はおそろし」である。そうであるからこそ、寛永五年に豊島刑部が老中井上正就を害した件で、時の権力者酒井忠勝は、武士の最期のよりどころとして刃傷に及んだこころねを認め、一族郎党への連座を認めなかった。それを認めては、武士が武士ではなくなるという考えであった。『実紀』[61]にはつぎのように記す。

殿中といひ……豊島が一族ことごく罪せらるべしと有しに、酒井隠岐守忠勝一人がへんぜず。小身の武士たるもの大名に遺恨を果さんと思ふに邸宅にても叶ふべき事ならず。旗本の輩遺恨を果さんには殿中こそよき勝負の仕所なれ。遺恨をそのまゝにすてざるも武士の道の一なりいまこれを罪せば武士の意地是より絶て農商婦女も同じくなるべしと申しけるに人々是に同じて……

近代から現代にいたっても実態として世界は、こうした武の論理から抜け出せているのか。世界の指導者たちは、本音のところで「武」の信奉者であるとしか思えない現状がある。しかも結局のところは、我が「利」のためにしか「武」を効かすことが出来ていないのではなかろうか。弱肉強食の世界をオブラートに包んで飲み込みやすいようにしているのが現代であろう。

武を振るうもの、振るわれるもの、共に敗者であるのが、真理であり、武による決着をみないように心を砕くのも武士の知恵であった。最終的な決着は「武」によって行うと考える世に有って、殿中刃傷十件は、少なかったといえるのではあるまいか。

註

(105) **営中**：将軍の居所をいう。漢の将軍周亜夫が匈奴征伐の時に細柳という地に陣をしいた事に由来して、将軍の陣営、また幕府を「柳営」と呼ぶようになった。

(106) **板倉勝清**：遠州相良藩一万五千石藩主

(107) **新番**：江戸幕府の警護、軍事役方である番方のひとつ。将軍外出時に警備にあたったという。

(108) **心形刀流**：伊庭是水軒秀明の創始。初め柳生流を学び天和二年（一六八二）に創始したとされる。

(109) **大田南畝**：寛延二年（一七四九）～文政六年（一八二三）。四方赤良、蜀山人など多数の号をもち、幕府の能吏である一方、江戸後期の文壇、歌壇の中心として活躍した。

(110) **国政**：奥州宇多郡中村住人国正であろう。新刀、寛文頃（刀工総覧による）

(111) **国包**：国包は、伊達家の抱え工、初代は京で越中守正俊に学び、寛永三年「山城大掾」受領。大和保昌末裔と称して、その伝系の復活に努めた。家は、伊達政宗に仕えた初代以降、明治まで続いた。

第十章　市人・農民・無頼と刀剣

兵農分離を推し進めるために豊臣秀吉は、刀狩り令〈天正十六年（一五八八）〉を発して、各地に刀剣を提出するように命じたが、それは農民から徹底して刀を取り上げるものではなかったことは、近年明らか[77]になってきている。それは、形成された城下町とそこに居住することになった武士（侍）、市人（町人）と村々に居住する農民との区分を明確化することが主目的であったと思われる。

その考え方が、徳川幕府に受け継がれていたのかどうかは、明確ではない。どちらかといえば、幕府初期において、この問題にそれほど神経質であったとは思えない。

小規模な闘争、喧嘩沙汰の場ではともかく、江戸期以前に、大規模な戦闘の場で帰趨を制する武器は、「鉄砲」や「大筒」などの火器であることは、修羅の場に身を置いていた武士たちには常識として身についていた。それは、朝鮮の役における加藤清正の鉄砲督促状[112][78]や幕藩体制下で発生した島原・天草の乱で城に籠る一揆勢と攻める大名勢との銃撃戦の有様を見ればよく理解できる。

戦《いくさ》の実態とまだ安定していない世情の下、元和偃武から遠くない時期には、兵農分離を明確化する意識は顕在化しておらず、村々の掟によって秩序が保たれていた農村には、あまり目が向けられていなかったと思われる。

またそうした中で町人をとりあえず商人とすれば、江戸期当初、不穏な街道や水運で、産物の流通のためには、運送業者とともに商人も当然の如く武装する必要があったことも背景にあろう。

家康が存命の頃の駿府、三代家光、四代家綱のころでさえ江戸府内で辻斬りが横行していたのである。逆説的ではあるが、甲冑を身に着けない太平の世で、日本刀は、この上なく危険な武器となったのである。商機を求めて集まった輩や主家が取り潰しにあったり、主家から離れた牢人たちが城下に集まり、戦国以来の殺伐とした気性や武を誇示しようとする傾奇者《かぶきもの》たちとも相俟って、ややもすれば人目を驚かす長刀《ちょうとう》を帯びて町を闊歩するものが絶えないのが江戸前期であった。体質的には、中世の在地武士の体質を感じさせる徳川家の意識は、城下町を形成した江戸、駿府、天領中の最重要都市であった京、大坂の秩序の安定、治安にあった。それが、徐々に身分格式の違いを明確にする方向へ移行していったと推定できる。それ以降、武家以外の帯刀状況は、どのようなものであったのかを見る。

1　帯刀に関する禁令

徳川幕府が町人に対して発した帯刀に関する法度では、将軍秀忠による元和八年（一六二二）八月及び十一月の京でのものが最初であろう。

元和八年八月[79]
武士之奉公人并町人刀脇差を帯し不可出向火事之場。若此掟不承引輩有之者見合次第可搦捕之間堅可存知事
元和八年十一月[79]
京中市街へ令せられしは…武家につかふるものか。又は市人刀脇指を帯したるもの。火災の地に出むかふべからず。

これによって日常では、違和感なく町人の帯刀（両刀）が許されていたと読める。むしろ火事現場近くの混雑での

喧嘩沙汰、火事場泥棒を抑えるための処置といえよう。

寛永六年（一六二九）に三代家光は、町人の大脇差を禁じている。

寛永六年覚[79]

一．町人大脇さし差候儀此以前より無用之由申付候。弥《いよいよ》堅申渡へし。先々にて盗人に紛候之間自然大脇差さし候
町人於捕ハ盗同前可申付事

大小帯刀を禁じているのではなく、町人の「大脇差」が禁止のポイントであり、治安上の意味が強いといえる。

慶安元年（一六四八）二月に到って家光は、「市人、めし仕ひ、店かり、借家の者も含め」次のように法度を出している。

慶安元年二月法度[79]

刀脇指美麗に作るべからず。

町人も、刀脇差を帯びることが前提となっていて、その拵えの奢侈が武家の癇にふれる問題となってきている。

慶安頃大坂でも同様な触れが出されている

大坂町中諸法度并追加[113][79]

覚

一．町人刀脇指金鍔を掛結構成拵無用事附長脇さし同前之事

そして慶安元年六月、初めて大刀を禁じたと見えるのが大坂市中に発っせられた次の法度[80]である。

旅中の他、市街にて刀。大脇差帯る事停禁たるべし。召つかふ奴僕。大わきざし用ること屹度禁止せしむ。見及ぶに於てはとらへて獄に繋ぐべし……

慶安元年二月頃は、まだ贅沢を禁じる段階である。しかし同年六月大坂では、大刀と大脇差が禁じられた。江戸でも同様であったのか、商人の町として特に大坂を選んで身分の別を明確化しようとしたのかは、確認できない。家光は、すでに寛永二年（一六二五）に「大脇差」を禁じており、これの延長線上にあるのだろう。辻斬りなどが横行する世相に鑑みて、さらに市中における大刀が、禁じられることになったのである。しかしなお、旅行の際には、両刀を帯びても良いとされていた。

具体的な江戸町触として慶安二年（一六四九）二月に次のように見える。[81]

一　町人長かたな大脇差さし申間敷事

一　町人かふきたる躰仕間敷事

右の趣此以前も御法度ニ被仰付候一両日過より御改ニ御出し被成候間、弥町中…不相背候様……

町人の町大坂とは違って、江戸ではまだ大小ともに許されていたとも読める内容である。かぶいた形《なり》、長いものが禁じられた。

四代家綱の世となって、寛文二年（一六六二）十月、刀剣に関する次のような規定が出されている。[82]

……長さ二尺八寸九分の刀。一尺八寸の大脇ざし。大鍔。大角鍔。黄漆の鞘…是等すべて停禁さらる。……

この禁令は、武家に対してのものと思われるが、武家でも一尺八寸以上の大脇差が禁じられたということは、当然町人の脇差に対しても同様であるはずで、許される脇差の寸尺が明確化されたということである。

さらに、寛文八年（一六六八）三月には、江戸の町方に対して次のように発令されている。[83]

月俸賜はる市人。刀を佩て府内徘徊する事堅くすべからず。但免許を蒙りしは此限にあらず。

……又刀脇差引出物とすべからず…嫁取万事なるべきなど軽くし……

「徳川禁令考」[84]を見ると、この法度についてもう少し具体的な内容が奉行所からの「町触」として残されている。

覚　御扶持之町人刀差候儀御免之事但法躰之ものハ無用之事附召連候下人是又刀無用之事

「御扶持町人」とは幕府の御用を勤めて扶持、即ち禄（給料）をもらっている町人のことであり、この町触には、附記として帯刀御免の江戸町人について記されていて、合計四十名が挙げられている。

内訳は次の通り。呉服所七人、金銀座七人、本阿弥七人、狩野九人に続いて屋号通称で記された商人が十名である。

「呉服所」は、幕府の衣服御用を承った者たちで、後藤縫殿助《ぬいのすけ》、茶屋四郎次郎などである。「金銀座」は、幕府金貨銀貨御用を勤めた者で、金座は後藤庄三郎、銀座は大黒長左衛門が御改役である。「本阿弥」は、いわずと知れた刀剣の鑑定、研ぎの家であり、狩野は御用絵師の家である。

これ以前に、町人は脇差のみ帯用となっていたのであるから、ここでの「刀」は、打刀、すなわち現在いうところの大刀である。この「月俸賜はる……」は、主人から給金を毎月もらっている使用人ではなく、幕府御用を勤め、毎月扶持を頂戴している町人である。そうした有力な町人でも特別なもの（幕臣に準じる扶持人帯刀御免のもの）以外は、禁帯刀ということである。すでに家光の代に禁じられていたにかかわらず、大小を帯びて出歩くものも少なからずいたということであり、それを改めて禁じたのである。そして婚礼に際して大小刀剣を町方のものが、引出物として出すような風習があったということも併せて理解される。

寛文八年三月に次いで、五月には、「猿楽等鼓吹手。狂言師まで刀帯ることを禁ぜらる。…旅行の時も鑓もたすべからず……」と法度が出されている。猿楽師たちで武家に仕える者は、武士に準じるかたちで帯刀していたのである。その猿楽師に従う楽師、狂言師たちの帯刀を禁じたのは、「分際」の別を強化したと考えられる。つまり猿楽師の帯刀はまだ許されるが、その下の者は、身分・分際から、認められないとしたものであろう。

しかし綱吉の代になって、さらに次の令が発せられる。

天和三年（一六八三）十二月[83]

諸大名の家人にても。猿楽の技芸を職とするものは。刀帯しむべからず。藩中の画工たとひ侍たりとも其技をつとめとせば。是もおなじかるべし。…市人は、後藤、本阿弥等といへども。刀帯ぶる事をゆるされざれば…失火の時たりとも。市人の輩刀帯ぶべからず。

大名の家臣であってもその果たす役割によって帯刀（大刀）が禁じられ、町人は出火の際にも帯刀を禁じられてしまった。

こうした幕府の、果たす役割、機能による身分区別の厳格化にかかわらず、江戸の名主、町代などが両刀を帯びることは根強く残っていた。ひとは自らの地位、格を上げて見せたいという欲求に抗しきれないものと見える。故に身分の別を明らかにしたいという幕府の意向は、町人の財力が増すにつれて露わになってさらに強硬になってくる。

常憲院（綱吉）殿御実紀附録下[85]

此外も名主。町代などいふもの等が。双刀を佩て士林（114）に扮擬する事をも。いたく禁じられ……

ここで認識しておくべきことは、町人であっても一尺八寸未満の脇差帯刀は禁じられていない事実である。幕府の記録においては、刀と脇差は、明確に区別されている。単に刀とあるのは、打刀、即ち二尺以上二尺八寸九分未満の大刀《だいとう》であり、脇差とは一尺八寸未満の小刀《しょうとう》である。すべての刀が禁じられていたのではないのである。また脇差帯用が禁じられていなかったといって市中で町人が日常、脇差を帯びていたかというとそうではなかったことも認識しておきたい。常の仕事、作業の場で邪魔になる刀剣を帯びるものは少なかった。体をつかった仕事ではなく、あるいは事業を人任せに出来る富裕な町人層が脇差を帯びて、ややもすれば大小を腰にしたいという願望を持ち続けていたということである。百姓、町人のみならず、遊芸人にいたるまで、職に応じてあるいは、慶弔時などに脇差を帯びているのを浮世絵や各種の絵・本に描かれているのを見かけるのは、当然といえよう。一般庶民は、禁じられていないといっても、脇差も相応の費《つい》えとなるわけであるし、体を使う仕事の場合は、邪魔にもなるものを常用することもなかっただけのことである。

享保五年（一七二〇）に将軍吉宗が命じて、町人帯刀の経緯[86]について調べさせている。老中戸田山城守から評定所へ伝えられ、町奉行大岡越前守、中山出雲守から町年寄月番であった樽屋藤右衛門へ町人帯刀の由緒などを報告させている。概略は、以下のとおりである。

・お尋ね文

「町人共脇指さし候儀、如何様之恰好之者より帯し候と申し定め等有之候哉。」つまり、町人脇差帯用について決まりがあるのかと。

・返答文

古来決まりはなく、勝手次第であった。但し、身分の軽いものは、差さず、夜間の外出に帯びることがある。

正保二年（一六四五）から一尺八寸より長い脇差帯用が禁じられた。

昔は、旅立、火事、婚礼、葬礼等では刀（大刀）も差していたが、寛文八年（一六六八）から刀（大刀）が禁止された。但し、旅立と出火の時は別であった。

天和三年（一六八三）に旅立、出火の時も帯刀（大刀）禁止となった。但し御扶持人は、非常時の帯刀は御免となった。帯刀してきたが、天和三年後は、帯刀しなくなった。

お尋ねの文言に「町人が脇指を差しているのは、どのようなものから差してよいなどの決まりがあるのか」とあり、享保五年当時、町人の脇差帯用が禁じられていなかったことは明白である。両刀を差すことが禁じられていたことが再確認できる。

以降、綱吉の発した町人禁帯刀の令制は、江戸後期まで緩められることはなかった。しかし、寛政四年（一七九二）

表15　帯刀に関する法度・達し

年代		西暦	将軍	対象者	法度・禁令
元和	8	1622	②秀忠	武士の奉公人 町人	火事場へ向かっての帯刀（刀・脇差）を禁じる
寛永	6	1629	③家光	町人	大脇差を禁じる
慶安	1	1648		大坂町人	贅沢な刀・脇差（拵え）を禁じる 長脇差を禁じる
				大坂町人	旅中の他、市中で刀・大脇差差すことを禁じる
	2	1649		江戸町人	長かたな・大脇差を禁じる
寛文	2	1662	④家綱	全ての階層	二尺八寸九分（以上）の刀、一尺八寸（以上）の大脇差を禁じる
	8	1668		御用商人	市中で大刀を帯びることを禁じる
				猿楽の囃子方 狂言師	大刀を帯びることを禁じる 旅中で槍をもつことを禁じる
天和	3	1683	⑤綱吉	お抱えの猿楽者 侍身分の画家 町人（後藤、本阿弥含む）	刀帯びることを禁じる
				町人	火事においても刀帯びることを禁じる
文化	2	1805	⑪家斉	農民	武術稽古修業を禁じる
文政	7	1824		町年寄三家	町奉行所、評定所出仕の折、帯刀を免ずる
	9	1826		関東農民・町人	長脇差を禁じる
天保	14	1843	⑫家慶	町人	武術稽古修業を禁じる
慶応	3	1867	⑮慶喜	農民	武術稽古修業を禁じる

のロシア船の来航以来、享和、文化と年を経るにつれて、外国船の来航あるいは来寇が打ち続いて、世上、不穏な気配が感じられ、太平に慣れた幕藩体制の緩みは、安定の中の微妙なほころびを感じさせるようになってきた。

十一代将軍家斉の時代、文政七年（一八二四）、江戸府内の町年寄に対して次のように触れが出されている。江戸の町年寄三家に対して、「その精勤を賞す」として、評定所及び町奉行所（官宅）へ出仕の折のみ帯刀を許すとした。しかしなお城内、他所は許されなかった。

文政七年十二月発令[87]

……町年寄喜多村彦右衛門。奈良屋市右衛門。樽吉五郎其精勤を賞せられて。其身一代は。評定所。町奉行官宅へ出るをりは帯刀を免じ。城裏其他は無用たるべしと町奉行へ伝へらる。

2　江戸後期の世相と剣術熱

文政九年（一八二六）十二月　在関東発令[87]

このごろ無宿の者長脇ざし帯び狼藉。農民市人厳しく禁帯長脇ざし……

文化、文政以降、江戸府内においても、処々で斬り合い（剣戟）、強盗などが目立ち、世が物騒になっていた。そうした時代を背景に、町人、農民間で武芸習得に熱心となる風潮が目立ってくる。

享和四年（一八〇四）に初編が上梓されて、文化九年まで続編が刊行された十返舎一九の『東海道中膝栗毛』、また続篇の膝栗毛（木曽街道）にもわづかであるが、世相を感じさせる部分があるので紹介しておく。

東海道中膝栗毛　三篇下[88]

砂川[115]の坂道にかゝりけるに…かたはらの木かげより、のさ〳〵とふところ手にて出来るは、どてらぬの子に一こしぼつこみ、山をかづきんをかぶりたる。……

これは結局棒などを腰にした乞食であったが、弥次郎兵衛、喜多八は、長脇差を腰にしたならずものかとぎょっとしたのである。実際に本身が入っているかどうかは別にして、長脇差の拵えを差していたとも読める。

また三田村鳶魚は記す。

捕物の話[89]「八州取締出役」一尺八寸

自堕落な昔の旗本衆、一刀でも外を歩こうという人は、一本ざしである手前、短い並みの脇差ではいけないから、大脇差とか、中脇差とかには拘らず、一種の長い脇差を拵えてさした。はなはだしいやつになると、二尺五寸もあるやつをさしたのもある。これがいわゆる長脇差でありまして、大脇差よりも長い、……

三田村鳶魚は、江戸後期には、一尺八寸以上、一尺九寸（台）以下が「大脇差」、二尺以上の一本差しは、「長脇差」としていたという。

これに関してちょっと脇道にそれるが、江戸前期には、まだ「一本差し」が自堕落な旗本の差すものとは認識されていなくて、武家の「一本差し」というものは、脇差を帯びているという認識であり、その場合は、二尺を超えても良いという考えであった。

町人の大刀禁止からまだ年を経ない時期であれば、まだ堅苦しい考え方ではなかったと思われる。寛文十三年

（一六七三）に発行された当時の教育書『子孫鑑』[45]には、かたなの寸尺の記述の後に「一つ脇差」として、次のように記している。

……又一つわきざしの時ハ二尺一寸もよし、長たんハきりやう《器量》にもよるべし……

近所の親しいものところへ非番の折に出向くのに二本差しは、重くもあり、大仰でもありということで、軽く一本を差して出かけるその心情は、よく理解できる。時代とともに幕府が、身分の別を厳しくするようになったのは、武士たちの中に、扶持や知行からの収入のみでは、困窮してよからぬ手合いと交わり、副収入を得て、自堕落な生活をするようなものが目についてきたからでもある。

町人が大刀を禁じられたのと逆に、町人的に一本差しで放埒な行いをする幕臣は、刀を帯びていないことを咎められるようにもなった。

退廃的な文化・文政時代に先立つ、十代将軍家治治世の明和から安永、天明にかけては、田沼意次が側用人となり、さらに老中となった時代であるが、火山の噴火、長雨、疫病、飢饉による一揆などが頻発した「大変」の時代であった。その影響から、浮浪人、無宿人が大幅に増えたのである。関東一円他各地に博打が流行し、江戸でも御家人の目に余る所業が増えてくる。

明和四年（一七六七）十月[90]

……小普請本間鉄五郎某追放《おいはな》たる、住所定まらぬ者を多く友として交わり、刀も帯せず市中を遊行し、さまざま検束[116]せざる行多きをもてなり

安永元年（一七七二）八月[90]
小普請宇野市十郎某、小姓組山崎兵庫正美が養子左門某ともに追放たる。是は、刀をも帯せず、両国橋のほとりの娼家にあそび、酒興に乗じ、宴飲の具ども打こはし、はてに垣をのりこへて、大徳院といへる寺の門におしいり、狼藉せし事あらはれ……

あきれ果てた所業と云うべきだが、時代相であった。

十代家治の明和ころから「浪人躰」のものが「合力」と称して在方（農村）へ来て、金品を無心する事例が目立ってくる。
幕末の大名、松浦静山は、『甲子夜話』で、興味深い言葉を書き残している。二本差しの追剥のことである。

『甲子夜話三篇6』[91]
近郷花又村、[117]隣村の農夫、夜行せしに、両刀士（リャンサムライ）に値《あ》ふ。彼言。金を借せ。農曰。是なし。士曰。然らば衣服《きもの》を与へよ。……

「リャン」は「両」の唐音で、武士は二本差しであることから、当時武士をあざけって、「リャン」などとよんでいたらしいが、こうした例を見ると「リャン」という呼称は、武士の無頼なのか、二本差しの風体を真似て悪事を働いた無頼のことなのか、判別がむずかしくなる。

『岐蘇街道膝栗毛』[92]第四篇下巻

……浪人めきたるふたりづれ、いづれも髪髭ぼう〳〵として、眼ざしきよろつき、…柄糸切し大小をさし、壹人は鉄の胴金入たる大脇差をよこたへ、……

この浪人めいた二人は、素性を盗賊だと冗談をいって弥次喜多を震え上がらせるのだが、実のところは、木曽街道の加納宿で剣術を指南する先生であったとわかる。

弥次喜多道中は、しごく脳天気で、ばかばかしい、笑いに満ちた出来事で溢れているのだが、時に長脇差を帯びたならず者や、追剥や押し込みでもやりかねない浪人と見えるものも登場して世相を感じさせる。

膝栗毛で剣術の師範が出てくるのも、江戸後期は、今では考えられないくらいに町人、農民の間で武術稽古が盛んになった時代であったからである。それを快く思わなかった幕府は、文化二年[93]（一八〇五）五月に農民が浪人から武芸を習うことを禁じている。

近来在方ニ浪人もの抔《など》ヲ留置、百姓共武芸ヲ学、又ハ、百姓同志相集り稽古致候相聞候、農業ヲ妨計《ばかり》ニモ無之、身分ヲ忘レ、気カサニ成行候基《もといに》候得ハ、堅ク相止可申候、勿論故ナクシテ武芸師範致候モノ抔、猥ニ村方へ差置申間敷候

天保十四年に町人、慶応三年に至っても農民の武術稽古無用の触れを出している。

天保十四年[84]（一八四三）　武術師範之者町人江ハ教授無用之御書付
大目付江　　越前守殿御渡

町人共従来其産業ヲ守、武術稽古等不致筈《いたさぬはず》ニ候処、当時世上武備盛ニ被行候ニ随ひ町人共之内稽古致候ものも有之、師範之ものも中ニハ其望ニ任せ町人共江教授いたし、免許目録なと差遣候向も有之趣相聞如何之事ニ候、向後武術師範之もの町人共江ハ其道ヲ教授いたし候儀一切可為無用候

慶応三年[94]（一八六七）御触書

百姓共武芸稽古又者修行者等留置申間敷旨

河内守殿御渡（老中井上河内守）

近来在方ニ浪人もの抔を留置百姓共武芸を学又ハ百姓同士相集稽古いたし候由相聞農業を妨儀計ニも無之身分を忘れ気かさに成行基ニ候得ハ堅相止可申候、勿論故なくして武芸師範いたし候もの抔猥ニ村方ニ差置申間敷候

この触書では、天保十年（一八三九）にも触書を出しているにかかわらず、近来心得違いの者が多数でている、としている。

時代の危機意識と農民、町人の上昇志向は、江戸及び関東周辺の武芸流派、道場隆盛の有様を見ればよく理解される。農民や町人の意識は、永い太平の間に培われた侍の規範やそのたしなむべき表芸を習得する方向にエネルギーが向かった。

幕臣にしろ、尊皇、勤王の志士たち[118]にしろ、学問の塾以上に武道場でのつながりを重視し、そのリーダーが求心力をもつことも多かった。

江戸後期の関東周辺の武芸諸流派を見る。

甲源一刀流は、安永年間に甲斐源氏を祖にもつという秩父郡の名主、逸見《はやみ》太四郎義年が創始したものである。秩父

を中心に大いに栄えた。甲源一刀流は、維新後も継承され、昭和十八年に至るまで関東の神社へ流派の奉額(119)がなされたほどである。中里介山による戦前の人気時代小説『大菩薩峠』の主人公、机竜之助は、甲源一刀流の使い手と設定されている。

神道無念流は、福井兵右衛門嘉平が栃木（下野）で創始。その弟子である戸賀崎熊太郎暉芳《てるよし》が江戸で発展の基礎を作る。その門流から、斎藤弥九郎が出て、九段下の練兵館は、江戸三大道場のひとつにまで数えられる。弥九郎は、越中（富山）氷見郡仏生寺村の郷士倅というが貧農のレベルである。幼くして高岡の商家に奉公に出たという。戸賀崎熊太郎、そしてその弟子、岡田十松とともに武蔵国の出身である。

北辰一刀流は、中西派一刀流を学んだ千葉周作成政の創始。周作の父幸右衛門は、奥州の馬医者であったというが、農民と変わらぬ暮らしぶりであったろう。周作は、江戸神田お玉が池に、江戸三大道場のひとつ、玄武館道場を構えた。千葉氏の本貫地である千葉県松戸に近い江戸川流域の農民層に人気があったといわれ、門人三千を超えるといわれた。

天然理心流は、近藤内蔵之助長裕が創始したといわれる。多摩郡（八王子）の名主の長男であった坂本（近藤）三助方昌が二代目を継いだ。同じく多摩郡（町田市）の名主の三男であった島崎（近藤）周助から道統を受け継いだのが、これまた同じく多摩郡（調布市）の豪農の子、宮川勝五郎であった。これが新選組(120)局長、近藤勇となる。

柳剛流は、武州葛飾郡出身の岡田惣右衛門奇良が、心形刀流を修めた後、始めた流派である。力のあるものは、修業年数が短くとも免許が与えられたという。北辰一刀流と同様に昇級も「切紙」、「目録」、「免許」の三段階しかなく、分かりやすかった。実戦的であることは、臑《すね》切りが有名であったことからも分かる。関東周辺の農民層に人気があり、一説によると幕末の三大道場に並ぶ門弟を擁していたともいわれる。江戸期の武士道や儒教的観念から、この臑《すね》切りは、後世の盛名を得る点で損をしたかもしれない。

奥山念流は、奥山念僧が始めたとされる。武州児玉郡を中心に江戸中期以降普及した。
真之真石川流は、石川蔵人政春が流祖という。児玉郡、大里郡の農民から支持されたという。
他にも関東で隆盛した流派は数々あるが、これくらいで擱いておく。

3　無宿、渡世人、博徒と刀剣

これまでは、いわばまっとうな百姓、町人の時代風潮を述べてきたが、まっとうではない、つまり無宿人、渡世人、博徒または、やくざなどの状況はどのようなものであったか。

江戸後期に、幕府の目が届きにくい関八州では、天領、大名領、寺社領などが混在して御用の目が届かず、無宿人、有宿人とわず、いわゆる博徒が勢力を伸ばしていた。また同様に、流通経済の大動脈となっていた東海道筋の顔役たちがどのようであったか。

上野国の多くの村は、養蚕によって単なる石高では計る事の出来ない経済力を有していた。新国劇や映画でも有名な国定忠治は、上州佐井郡国定村（現在の伊勢崎市国定町）百姓、与五左衛門の子。本名は、長岡忠次郎。家は、養蚕によってかなり裕福であったと思われるが、忠治は青年期に無宿となっている。一説によると忠治は、馬庭念流を本間仙五郎から学んだとある。

大親分といわれ、忠治と兄弟分の大前田栄五郎も上州勢多郡大前田村（前橋市）の出である。

こうした関東では、幕府の管理が行き届かないこともあって、関東取締出役《かんとうとりしまりしゅつやく》の手先である道案内などが、悪どい稼ぎを繰り返したり、時によっては、名主などが博徒と組んで、荒稼ぎに加担していた例も多かった。忠治の縄張りであった赤城山周辺は、幕臣で、代官であった羽倉外記によって、むしろやや賞賛の意を込めて「盗区」などと記されたこともある。赤城山周辺は、忠治の仕切りによって守られた区域という意味である。博徒たちは、普段、長脇差で闊歩し、取締出役が来るときには、百姓などに身をやつしてやり過ごすのである。

このように幕末には、現代人の想像をこえる状況がおこっていたのであるが、こうした無宿、博徒たちの武器所有の実態について、民間歴史学者の田村栄太郎は、下総国香取郡清滝村に巣くっていた勢力《せいりき》富五郎という博徒を、捕縛に向かった取締出役が記したという吟味文書[95]を紹介している。それによれば、勢力宅で押収した武器は次のようであった。

勢力宅にこれある雑物
一　鉄砲十挺
一　槍七筋
一　長刀十振[121]
一　長巻一振
一　拵付大小十五腰
一　合口（匕首）五本
一　木太刀棒等数多
一　弓一張
…………
嘉永二（一八四九）酉年閏四月

富五郎の妾そのを含む十五名に対する捕物であった。三月八日の富五郎居宅急襲の後、勢力は、二十八日に山に追い立てられて割腹、鉄砲で咽を打って自害となっている。いち早く逃げ去った後の居宅になお鉄砲、槍、長刀まであって、大小拵が十五も残されていたことに驚く。この例では、長脇差どころか大小まで揃えていた。

この勢力富五郎の最期を見れば、ヘタを踏んだというべきか、兇悪の度が過ぎて人望が伴わなかったのであろう。次にうまく世の荒波を乗り切った博徒として、清水次郎長の場合。文政三年（一八二〇）生まれで、東海道の清水という時代の祝福を受けたような地に出て、明治まで生をまっとうして、そればかりか盛名をも獲得した。三河にいたころに一刀流を学んだ[96,97]という説があり、また臑切りが得意であったので、柳剛流という説もある。両方を齧ったのかもしれない。維新以前の実像は、悪辣なやくざと大差はないが、維新後の事業家的歩みを見れば、経営的才覚を有して、時代に合わせて世を渡りきったといえよう。その次郎長が、世に知られた「荒神山」[122]の決闘後に吉良仁吉の弔い合戦を仕掛けた丹波屋伝兵衛との一戦。この出入りに次郎長は、駿河、遠江、三河の子分ども四百八十人[98]を率いたという。海路で伊勢湾に入り、運んだ武器、兵糧は、長槍百七十本、鉄砲四十挺、糧米九十俵であり、当然の事、長脇差が皆の腰にあったのはいうまでもない。海路を採ったのは、海上では関所がなく、槍、鉄砲などをとがめられるおそれがなかったからと思われる。百パーセント真実であるとは断定できないが、清水湊に位置する次郎長ならではの出入り支度であった。これには安濃徳、丹波屋も謝って納まったという。これが慶応二年（一八六六）で、明治維新目前のことであった。

明治の御一新となって、東海道総督府は治安のため、博徒利用を考えて、次郎長を街道探索方[99]に任じ、帯刀御免[99]とした。

時代は変わるものであり、現代人の頭からは、想像もつかない状況が幕末から明治初の現実であった。

4　御用商人の帯刀御免

町人が帯刀を許されるのは、次の場合である。
・幕府、領主から認められた者。
・儀礼、緊急・特例時（婚礼、葬礼、旅行、火事）但し天和三年（一六八三）以前
町人が帯刀を許される条件は、一、幕府、領主の御用を勤め、献金による財政貢献など。二、孝行、善行による褒賞。

町人の帯刀御免で最も顕著なものは、両替商の場合であろう。三井家、鴻池家などが知られた例である。

三井家の場合、初代高利《たかとし》に先だって、伊勢国松坂の時代に長兄の俊次が紀州徳川家や細川家に大名貸しを行っている。そして高利も松坂時代、寛文十年（一六七〇）から延宝元年（一六七三）の間にすでに一万両を超える大名貸しを行っている。松坂は、紀州徳川家の所領であったから、関係は深いものがあったと推察される。

現在、三井記念美術館には《国宝　短刀　無銘　名物日向正宗》、《国宝　短刀　無銘　徳善院貞宗》をはじめ錚々たる刀剣が、所蔵されているが、それらの具体的な伝来は未詳である。しかし紀州徳川家との関係が大きいのは間違いがない。

享保年間に本阿弥光忠に提出させた『享保名物帳』[100]を見ると、現在三井記念美術館所蔵の《日向正宗》、《徳善院貞宗》ともに紀州徳川家所蔵となっている。徳川家にとって大事の正宗、貞宗が享保以降のどの時代かに三井家に下げ渡されているのである。穿った見方をすれば、表だって下賜したことを記せなかったとも、また維新後の事とも考えうる。三井家は、紀州徳川家にとって、金銀為替御用達商人としてそれほど大きいものであったと考えられる。

大坂の鴻池家の場合、二代喜右衛門が寛文十年（一六七〇）に幕府公金の出納をつかさどる「十人両替」となり、

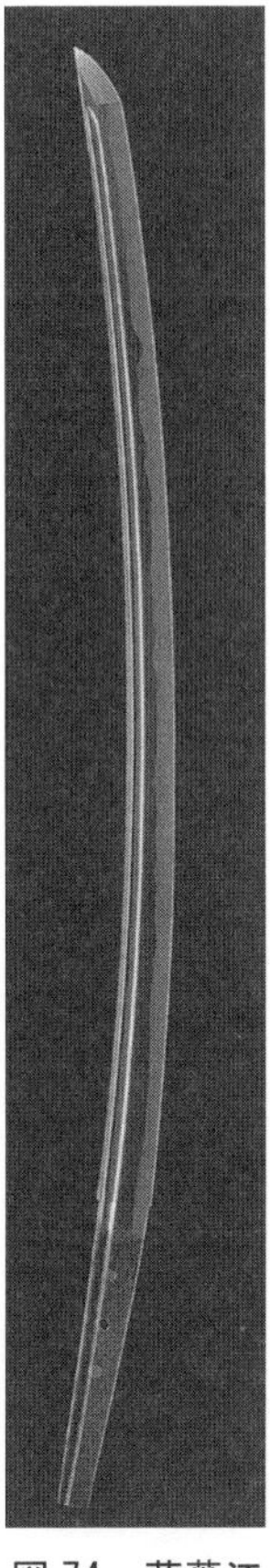
図 74　芦葉江
［高松市歴史資料館蔵］

宝永三年（一七〇六）時点で大名三十八家に対して銀一万六千貫（約二十七万両）を貸し付けていて、諸大名から藩主との面会（参勤途次の大坂滞在時）免許、刀剣や印籠を授与されていた。

鴻池家関連の刀剣で目を引くのは《刀　無銘　伝江義弘（号　芦葉江）》（図74）である。「古高松の揚一万石と称された揚家などを経て、坂出[101]の下村家から資料館へ寄贈された」という。これには鴻池家の蔵札が附属しており、古くは鴻池家の所蔵であったといわれている。他に与三左衛門祐定などもある。刀装具の所蔵は見事なほど後藤作のものが多く、財産価値としてもしっかりと見ていたことが分かる。

次に世に知られた大坂の淀屋辰五郎の場合である。

淀屋は土木事業で財をなし、大坂が幕府直轄となった初めから二十一名の惣年寄の一人として重きをなしていた。先物をも扱う米相場を創始したり、飛ぶ鳥を落とす勢いであったが、五代目三郎右衛門の代になって、闕所《けっしょ》、所払いとなった。その理由については様々な説もあるが、宝永二年（一七〇五）五月闕所の時の高札には次のように記されていたという。

淀屋[102]三郎右衛門闕所之事　宝永二年酉五月　浜和助所蔵
淀屋三郎右衛門くしさた《公事沙汰》仕候をとりもつてい《体》にてそせう《訴訟》いたし候ゆえ、斯如《かくのごとく》に行者也《おこなうものなり》

淀屋闕所之覚

一、から渡りのいんすのには鳥但し二羽之内今壹羽ハ加賀様に有

一、金の長持　一棹

一、金銀のすゝめ　十六羽

…………

一、　腰の物大小七百腰、何れも折紙有

闕所の理由について具体的なところは分からないのであるが、没収された財産の目録の中に本阿弥折紙のある刀剣、大小拵えが七百組もあったとされる。

こうした御用商人は、御用を承るに際して扶持米も頂戴することになる。幕府や藩御用を勤めるのは、幕臣や藩の一員となることに近く、苗字帯刀は、それに付随するものであったと考えられる。それを前提に、おそらくは、大名貸しの見返りとして、刀剣を賜ったということである。これは町人側も形のみに終わらせずにしっかりと後々金銭に替えやすい刀剣や刀装具にしていたということでもあろう。元大阪市立博物館長の森口隆次氏は、こうした豪商の蔵刀に対して、次のように[103]記している。

「……大坂にあっては、商品あるいは財産としての価値もあわせて認めていたということに他ならない。安永六年の難波丸綱目によると、刀脇指小道具中買が、大坂三郷の内だけで六十二軒を数える。」

こうした事情は、大坂ばかりではなかったと思われる。但し、扶持米を頂戴して武家方に取り込まれてしまっては、

元も子もなくす恐れがあり、三井家三代目高房は、その著書『町人考見録』中に、父高平の語っていた祖父高利の言葉[104]として「大名からの扶持米や合力米を貰ってはいけない」と記している。

その三井家であっても初代高利の時代（寛文十年〜延宝元年）に大名貸しが一万千百七十両、銀五十貫目あり、同時期の大坂鴻池よりも大きかった。武士の世であってみれば、そこと縁を切ることはできず、持ちつ持たれつの関係を築いていくことになる。

鴻池の方でも、延享四年（一七四七）時点で各大名からの扶持米の合計が年一万石に達していた[105]という。

5　褒賞、役割による帯刀免許

八代将軍徳川吉宗は、三代家光からの系統が七代で途絶えて、紀州家から将軍となった。それゆえにか、吉宗は、徳川家康を尊崇して、弛みの出てきた武家の意識を引き締め、さらに戦国以前の武家的質朴さを旨とする統制策によって財政も立て直そうとした。そのために「農」を重視して、その主だった農民の地位向上を図り、新たな褒賞の令制を制定している。

享保五年（一七二〇）七月　農商孝義者褒賞制[106]

田畝おほく持るか。たとへ田畝持たずとも。下部召つかふほどならば銀五枚たまはり。刀を帯び。苗字称する事ゆるさるべし。田畝持ず。下部をもつかはざるほどのものには。銀二十枚賜はるべし。又刀指添帯ぶる事は。田畝おほくたもてるか。村長にひとしきものに限るべし。

今まで指添さへ帯ざるほどのものには。差添ばかり免ずべし。されど刀指添は、其身生涯にかぎり、苗字は子孫まで呼しむべし。

商人には、刀帯する事はゆるさるべからず……かく制限を定めらる、

この令からも、吉宗がいかに米を重視し、そのために本百姓の維持、安定を図ろうとしていたかが分かる。一方、商人には、帯刀させてその地位を認めるという考えはなかったのである。勿論、幕府御用などを務める商人には、御家人的立場として認めていたのであるが。

こうした中で、農民であれば、領主の屋敷に下僕などとして仕えさせられることもあるが、郷里へ帰っても城下にいたとき同様に、刀を帯びつづけるものも少なからずいたようで、「孝義者褒賞制」の発せられた翌年に次のような令が出されている。

享保六年（一七二一）閏七月二三日　農村統治令[106]

……又すべて農民府に出て武家につかへ。郷里にかへりて後もなを刀おぶる者あるよし聞ゆ。此後はかたく停禁たるべし……

幕府の発令であるから、この場合の武家とは譜代大名や直参ということになろうが、その領地の本百姓みずからが、領主の下僕として働くことは無いので、本百姓の、あるいは農地を借りて働いている小作の次男、三男あたりの事情であると思われる。ここでも吉宗は、身分の別を厳格化しようとしていたのである。

幕府は、農民身分の格を高めようとし、その流れで商人、工人たちへの帯刀を制限したのであるが、一方、幕府御用を一時期務める場合には、その禁を解くこともしている。

こうした法度から将軍など身分尊貴なものでは、血統による正統性を重視、臣下などは、支配階層としての「武家機能」を果たすものを「士」と認める考えへの移行が見て取れる。

享保七年（一七二二）八月の達し[106]

大工棟梁鶴飛騨川舟支配中…刀帯ざれば差支ふ事あれば。在職の間は帯刀せしむべし……

享保十三年（一七二八）正月の達し[106]

……荷船の雇水夫は帯しむべからず、但し船頭は雇たりとも帯しむべしと……

具体的な褒賞の基はどのようであったか次に例を挙げる。

元文四年（一七三九）十月　美作國の里正与兵衛等が奇特褒賞[106]

銀十枚。生涯刀帯る事を許され。苗字称する事は、子孫に伝へしむ……

これは蝗荒に際して、賑救を施したためであった。同様の褒賞が九代家重、十代家治治世で多く見られる。そのほとんどが、褒賞を受けた当人の生涯帯刀御免、子孫苗字名乗御免となっている。幕府は、あくまで武士身分の表象である帯刀（両刀）を、一代限りの免許に制限していた。

6　勝手な帯刀による御仕置

天和三年に市人（町人など）の帯刀が禁じられてもなお、様々な理由によって「刀」を帯びるものは絶えなかったのであるが、それが目に余って、処罰する場合、どの程度の仕置（刑罰）が科せられたのであろうか。

町人、百姓が勝手に帯刀（大刀）した場合、通常は「軽追放」[123][107]であった。軽追放とは、御構《おかまい》場所（立ち入りを禁じる所）として、「犯罪者の居宅の国及び犯行の国、江戸拾里四方、京、大坂、東海道筋、日光、日光道中」であった。加えて、田畑・家屋敷を「闕所《けっしょ》」、つまり没収された。家財は「無構《かまいなし》」、つまり所有をそのまま認められた。けっして軽いものとは言えなかったであろうが、現在とは異なって、精緻な支配管理を行うことができなかった江戸期の、それも後期となっては、どの程度の実効性があったか一概に断ずることはできない。自宅ではなくとも御構の地域に居住して、無宿人として、却って放埒な行いをしていた者も多くいたであろう。

この百姓、町人帯刀についての御仕置で、先に述べた脇差帯用が禁じられていなかったということがよく分かる判例があるので次に記しておく。

文化六年巳年御渡[107]

佐渡奉行伺

佐渡水替人足鐵之助初筆申掛いたし候一件

佐州雑太《さわた》郡相川

貳丁目

定　助

右之もの儀道中帯刀いたし候儀ニハ無之候得共町人之身分ニ而於出雲崎無宿水替人足鐵之助外六人之もの共逃去騒動いたし候場所江帯刀人と見江候様いたし成罷越候儀道中ニおゐて帯刀之儀ハ勿論苗字等相名乗申間敷旨兼而相触置候処出雲崎ニおゐて帯刀人之趣ニいたし成候段不届ニ付所持仕候脇差取上軽追放

こういう佐渡奉行の伺いに対して、

此儀吟味書之趣に而ハ於出雲崎[124]無宿水替人足鐵之助外六人之もの共逃去右騒動之場所江罷出候節脇差計ニ而ハ人々取用も不宜存候間所持之脇差ニ新井宿ニ而相調候脇差を差添帯刀いたし候ものニは無之脇差を以帯刀人之躰にいたし成候儀ニ付自分と帯刀いたし罷在候百姓町人刀脇差とも取上軽追放之御定より軽く脇差取上越後國出雲崎を構佐州一国払

文脈の続き具合が、現代人にはかなり読みづらい文章なので、結論部分の拙訳を掲げると次のようになる。（括弧内筆者補足）

佐渡の水替人足六名が逃げて騒動となっている場へ出向くのに、脇差一本では、（軽く見られて）、人々の取り扱いも良くないように思うので新井宿で買った脇差を差添えた。（であるから）帯刀（大刀を帯びた）したのではなく、脇差にて、帯刀人（武士あるいは帯刀御免のもの）の躰（風体）にしたのであり、（禁を破って）自分勝手に帯刀（大刀）した百姓、町人に対する仕置である「刀脇差取上げ、軽追放」よりも軽くして「脇差取上、越後国出雲崎を構い（立ち入り禁止）、佐渡一国を払い（立ち入り禁止）とする。

結論として、脇差を帯びたこと自体は、罪ではなく、武士などの風儀を真似たことを問うているのである。けっして脇差は、禁じられてはいなかった。平成の現代にいたるまで、日本全国から脇差中心に日本刀の発見届が提出され、各都道府県の教育委員会で登録審査が行われているのは、こうした事情によるものである。

明治九年（一八七六）の廃刀令によって初めて一般（大禮服竝ニ軍人警察官吏以外）すべてのものが、日本刀の帯用を禁じられたのである。

註

（112）**鉄砲督促状**：「鉄砲たらず候には、家中の者どもの宿々を改め、かり候て持たせ差越すべく候…（中略）…此方へは此度二、三十丁ならでは来たらず候、その外何程出来候や、あり次第急々差し越すべく候事……」

（113）結構な拵えを禁じるこの法度は、「丹波」及び「隼人」連名の「大坂与力中江書出」とある条々のすぐ後に記されており、「丹波」は、寛永十一年（一六三四）から万治元年（一六五八）まで大坂西町奉行を務めた曽我丹波守古祐と考えられるから、内容とも併せて、慶安元年の間に出されたものと思われる。

（114）**士林**：この場合は、「幕府公務に付いている御家人」あるいは、「武士社会の一員」くらいな意味であろう

（115）**砂川**：今の掛川市細田を過ぎたあたりと思われる。東海道は、このあたりの逆川に沿って通っていた。

（116）**検束**：厳しくたがをはめる、自由を拘束する、しがたってこの「検束せざる」とは、自由放埒なこと。

（117）**花又村**：江戸時代は、天領。東京都足立区旧花畑村。花畑村は、明治二十二年足立郡の花又村を含む八ケ村が合併してできた。

（118）**勤王の志士と武道場**：江戸の武道場は、地方各藩からの武士たちの情報収集の場でもあった。これは、学問就業の塾と同様であった。

北辰一刀流：清河八郎は、玄武館、免許皆伝。坂本龍馬は、桶町千葉道場に通った。幕臣の山岡鉄舟（小野鉄太郎）もこの流派を学んだことで清河八郎はじめ、志士たちと交流するようになったと思われる。

鏡新明智流：竜馬と同じ土佐の武市半平太は、ここの塾頭であった。
神道無念流は、長州藩で盛んとなり桂小五郎（木戸孝允）は、一時期江戸の練兵館塾頭を勤め、品川弥二郎、高杉晋作なども門弟であった。新選組創設時の局長である芹沢鴨も門弟であった。
直心影流は、武州埼玉郡岩槻藩出身の山田平左衛門光徳（一風斎）が実際上の創始者である。幕臣であった男谷《おたに》精一郎信友が道統を継いでいたからか、幕臣が多く、剣一筋の硬骨漢が多かったようである。榊原健吉、島田虎之助などが知られる。異色なのは勝海舟で、島田虎之助に教えを受けて免許皆伝。

(119) **奉額**：神社に額を奉納すること。この場合は、武芸流派の繁栄、各々の武芸上達を祈願して額を奉納すること。江戸後期以降流行した

(120) **新選組隊士の出身武術流派**
近藤勇（天然理心流）、土方歳三（同上）、沖田総司（同上）、斎藤一（聖徳太子流）、山南敬助（小野派一刀流）、伊東甲子太郎（神道無念流－北辰一刀流）、永倉新八（神道無念流）、藤堂平助（北辰一刀流）、原田左之助（槍種田流、または宝蔵院流）

(121) **長刀**：田村栄太郎はこの「長刀」に、「ちょうとう」とルビを振っている。薙刀ではなく、一口の打刀と認識している。

(122) **荒神山**：伊勢国、現在の三重県鈴鹿市の高神山観音寺裏の山麓。この観音寺と同地域の加佐登神社の祭礼には賭場が開かれて、博徒たちの大きな収入源であった。この地域は、大名領、天領などが入り組んで、関八州同様に御用の手が届きにくい一帯であった。

(123) 軽追放より重い罪科として「重追放」、「中追放」がある。中追放の場合、江戸拾里四方から広がって「武蔵」一国となり、京・大坂も広がり、山城、摂津、さらに「和泉、大和、肥前、木曽路筋、下野、甲斐、駿河」が加えられる。重追放では、「相模、上野、安房、上総、下総、常陸」が加えられて、家財も闕所となる。

(124) **越後国出雲崎**：現在の新潟県三島郡出雲崎町。佐渡島の対岸にあり、金銀荷揚げ所、北前船寄港地として重要な位置にあった。

引用文献

＊第一章

1 司馬遷『史記 六』新釈漢文大系 明治書院 一九八八年
2 大塚初重・岡田茂弘・工藤雅樹・佐原真・新野直吉・豊田有恒『みちのく古代 蝦夷の世界』山川出版 一九九一年
3 熊谷公男『古代蝦夷と城柵』吉川弘文館 二〇〇四年
4 津野仁「日本刀の成立過程―木柄刀と古代刀の変遷―」『考古学雑誌』第九十四巻第三号 二〇一〇年

＊第二章

5 『日本古典選 平家物語 上中下』冨倉徳次郎校註 朝日新聞社 一九七七年

＊第三章

6 石井正國・佐々木稔『古代刀と鉄の科学』雄山閣出版 一九九五年
7 『保元物語 平治物語』日本古典文学大系31 岩波書店 一九六一年
8 「令義解」新訂増補『国史大系』黒板勝美編 吉川弘文館 一九七九年
9 「助無智秘抄」『群書類従 第八輯』続群書類従完成会 一九七七年
10 「餝抄」『群書類従 第八輯』続群書類従完成会 一九七七年
11 「高野御幸記」『群書類従 第三輯 帝王部』続群書類従完成会 一九六〇年
12 『新日本古典体系 保元物語・平治物語・承久記』岩波書店 一九九二年
13 『御出現一〇〇〇年 春日若宮社の秘法』春日大社 二〇〇三年
14 「衛府具抄」『続群書類従 第十一輯下』続群書類従完成会 一九七七年
15 『太平記』日本古典文学大系34・35・36 岩波書店 一九七一・七二年
16 「承久軍物語」『新訂群書類従 第十六巻 合戦部』内外書籍 一九二八年 国会図書館
17 『平家物語 全 付承久記』古谷知新編 国民文庫刊行会 一九一〇年
18 『西祖山方前遺跡・西祖橋本（御休幼稚園）遺跡報告書』岡山県教育委員会 一九九四年
19 鬼頭宏『図説 人口で見る日本史』ＰＨＰ出版 二〇〇七年

＊第四章

20『日本絵巻大成14 蒙古襲来絵詞』小松茂美編
中央公論社 一九七八年
21 小野尚志『八幡愚童訓諸本研究』三弥井書店 二〇〇一年
22『新訂 旧唐書倭国日本伝・宋史日本伝・元史日本伝』
石原道博編訳 岩波書店 一九八六年
23『高麗史日本伝 上下』武田幸男編訳 岩波文庫 二〇〇五年
24『歴史群像シリーズ64 北条時宗』学習研究社 二〇〇一年
25 三池純正『モンゴル襲来と神国日本』洋泉社 二〇一〇年
（『日本歴史』一二〇号 一九五八年、一四五号 一九六〇年）
26 白石一郎『蒙古襲来―歴史よもやま話』NHK出版
二〇〇一年

＊第五章

27 岡田米夫『日本史小百科 神社』近藤出版 一九八七年
28『国史大系 徳川実記 第一篇』（東照宮附録巻二十三）
黒板勝美編 吉川弘文館 一九九二年
29 窪田蔵郎『鉄の考古学』考古学選書9 雄山閣出版
一九七三年

＊第六章

30 森重都由『合武三島流船戦要法 水戦之巻』
大日本海志編纂資料1-5-29 東京大学駒場図書館
31 万歴十六年刊十四巻本（一五六六年）、笠尾恭二
『中国武術史大観』福昌堂 一九九四年
32 程宗猷「単刀法選」『蹶張心法』国会図書館
33 網野善彦『悪党と海賊』法政大学出版 一九九五年
34 石垣安造『鹿島神伝 直心影流極意伝開』新潮社
一九九二年

＊第七章

35 塙保己一編纂『群書類従』第二十輯「合戦部」
続群書類従完成会 一九七七年 合戦部五 巻百七十三
「明徳記」上・中・下
※以下40までおよび42・44同様に「合戦部」より
36 合戦部六 巻三百七十四「応永記」一名大内義弘退治記
37 合戦部六 巻三百七十四「嘉吉記」
38 合戦部八 巻三百七十六「応仁記」
39 合戦部九 巻三百七十七「応仁略記」
40 合戦部十 巻三百七十八「永禄記」
41 桑田忠親校注『信長公記』新人物往来社 一九七九年四月
第四刷
42 合戦部十二 巻三百八十「細川両家記」
43 ルイス・フロイス『日本史5』松田毅一・川崎桃太訳
中央公論社 一九七八年
44 合戦部十九 巻五百八十九「惟任退治記」

＊第八章

45 寒川正親『子孫鑑 上中下』国立国会図書館 デジタルライブラリー
46 松平春嶽『「幕儀参考」 松平春嶽全集 一』明治百年史叢書 松平春嶽全集編纂刊行会編 原書房 一九七三年
47 松浦静山『甲子夜話1 巻一（七）』東洋文庫 平凡社 一九八八年
48 大槻文彦『伊達騒動実録』吉川弘文館 一九〇九年
49 小林（平）有之『武家装束抄』高知県立図書館 山内文庫デジタル資料 光楽堂撮影
50 松浦静山『甲子夜話続編1 巻十五（十一）』東洋文庫 平凡社 一九七九年
51 松浦静山『甲子夜話1 巻二（十）』東洋文庫 平凡社 一九八八年
52『続群書類従 第二十四輯下「武家部」』続群書類従完成会 一九七九年
53 松浦静山『甲子夜話4 巻四十七（三十）』東洋文庫 平凡社 一九七七年
54 松浦静山『甲子夜話2 巻三十二（一）』東洋文庫 平凡社 一九八八年
55『徳川実紀第八編「有徳院殿御実紀 巻一」』黒板勝美編 国史大系編修会 吉川弘文館 一九八二年
56『甲子夜話続編1 巻十五（十一）』東洋文庫 平凡社 一九七九年
57『甲子夜話三篇（五） 巻四十五』東洋文庫 平凡社 一九八〇年
58 笹間良彦『江戸幕府役職集成（増補版）』雄山閣出版 一九七四年

＊第九章

59『徳川実紀』黒板勝美編 吉川弘文館 一九八一年
※以下67までおよび69・71同様
60『徳川実紀「大猷院殿御実紀 巻十」』
61『徳川実紀「大猷院殿御実紀 巻十二」』
62『徳川実紀「常憲院殿御実紀 巻十」』
63『徳川実紀「常憲院殿御実紀 巻四十三」』
64『徳川実紀「有徳院殿御実紀 巻廿一」』
65『徳川実紀「惇信院殿御実紀 巻六」』
66『徳川実紀「浚明院殿御実紀 巻五十」』
67『新燕石十種 第四巻（営中刃傷記）』中央公論社 一九八一年
68『徳川実紀「文恭院殿御実紀 巻五十八」』
69『徳川禁令考 前集三』石井良助編 創文社 一九八七年
70『徳川実紀「厳有院殿御実紀 巻四十二」』
71『窓のすさみ（第二）・武野俗談・江戸著紋集』

塚本哲三校訂　有朋堂　一九一五年
72 福永酔剣「日本刀よもやま話・春日局をめぐる刀剣」雄山閣出版　一九九三年、並びに『日本刀名工伝「長曽根虎徹」』柴田商店　一九六三年
73 大田南畝『半日閑話　巻十六』（『新百家説林蜀山人全集　巻三』吉川弘文館　一九〇八年（国立国会図書館デジタルコレクション）
74 松浦静山『甲子夜話3　巻四十二（二一）』東洋文庫　平凡社　一九七七年
75 氏家幹人『江戸の怪奇譚』講談社　二〇〇六年
76 松浦静山『甲子夜話続編2　巻二十一（四）』東洋文庫　三六四　平凡社　一九七九年

＊第十章

77 藤木久志『刀狩り』岩波書店　二〇〇五年
78 葉山禎作編『日本の近世4 生産の技術』中央公論社　一九九二年
79『徳川禁令考 第六帙　巻五十二』司法省　一八九五年（近代デジタルライブラリー）（禁令考以下同様）
80『新訂増補　国史大系　徳川実紀　第三篇』吉川弘文館　一九九〇年
81『徳川禁令考　第五帙　巻四十七』
82『徳川実紀　第四篇』吉川弘文館　一九九一年
83『徳川実紀　第五篇』五刷　吉川弘文館　一九九一年
84『徳川禁令考 第五帙　巻四十九』
85『徳川実紀　第六編』吉川弘文館　一九九一年五刷
86 松浦静山『甲子夜話4』中村幸彦・中野三敏校訂　平凡社　一九八九年
87『続徳川実紀　第二篇』吉川弘文館　一九九一年
88 十返舎一九『東海道中膝栗毛』日本古典文学大系62　岩波書店一九五八年
89『三田村鳶魚全集　第十三巻』中央公論社　一九七五年
90『徳川実紀　第十篇　巻二十六』吉川弘文館　一九九一年　第五刷
91 松浦静山『甲子夜話　三篇6』中村幸彦・中野三敏校訂　平凡社　一九八七年第二版
92 十返舎一九『東海道中木曽街道膝栗毛』三田村鳶魚校訂　博文館　一九三〇年（国立国会図書館デジタルコレクション）
93 児玉・大石編『近世農政史料集二・江戸幕府法令下』吉川弘文館　一九六八年
94『徳川禁令考　第五帙　巻四十四』
95 田村栄太郎『江戸時代選書12　江戸やくざ列伝』雄山閣　二〇〇三年
96 渡辺誠『日本剣豪こぼれ話』日本文芸社　一九八一年

97 日置昌一『日本歴史人名辞典』名著刊行会　一九七三年
98 朝日『日本歴史人物事典』朝日新聞社　一九九四年
99『コンサイス人名辞典　日本編』三省堂　一九七六年
100『図説刀剣名物帳』辻直男 補注　雄山閣出版　九七〇年
101『広報たかまつ』二〇〇三年年九月十五日号
102『大阪編年史　第七巻　自宝永元年正月至享保十四年十二月』大阪市立中央図書館　一九六九年
103 森口隆次「大坂鍛冶と大坂の経済」『大素人』第四号　青賞社　一九七九年冬
104 中田易直『人物叢書　三井高利』日本歴史学会篇　吉川弘文館　一九八八年
105 宮本又次『人物叢書　鴻池善右衛門』吉川弘文館　一九八六年
106『徳川実紀　第八編』吉川弘文館　一九九一年五刷
107『徳川禁令考　後聚　第四帙』司法資料第一六六号　司法省調査課　一九三一年（近代デジタルライブラリー）

参考文献

・網野善彦『蒙古襲来　上下』小学館　一九九二年
・飯田一雄『刀剣百科年表』刀剣春秋新聞社　一九七一年
・江馬　務『増訂新修　有職故実』星野書店　一九三七年
・大林太良編『蝦夷』社会思想社　一九七九年
・春日大社社務所『春日大社　古神宝　宝物図録』一九七三年
・岐阜市歴史博物館『兼定と兼元―戦国時代の美濃刀―』二〇〇八年
・小窪健一『図鑑　刀装のすべて』光芸出版　一九九六年
・『コンサイス人名辞典　日本編』三省堂　一九七六年
・堺屋太一『堺屋太一が解くチンギス・ハンの世界』講談社　二〇〇六年
・鈴木卓夫・杉浦良幸『室町期美濃刀工の研究』里文出版　二〇〇六年
・高橋　敏『国定忠治』岩波新書685　二〇〇〇年
・川口陟著・飯田一雄校訂『刀工総覧』刀剣春秋新聞社　一九七二年
・戸田敏男『天草・島原の乱―細川藩資料による』新人物往来社　一九八八年
・戸部新十郎『日本剣豪譚　幕末編』毎日新聞社　一九九一年
・戸部新十郎『日本剣豪譚　維新編』毎日新聞社　一九九二年
・『東京国立博物館図版目録　刀装篇』大塚巧藝社　一九九七年
・『日本刀の風俗〈拵　鐔　小道具〉日本刀全集6』徳間書店　一九六九年
・旗田　巍『元寇　蒙古帝国の内部事情』中央公論社　一九七七年
・『武家名目抄』第七　明治図書出版　一九五四年
・藤本正行『鎧をまとう人びと』吉川弘文館　二〇〇〇年
・船山　馨『幕末剣士伝』河出文庫　一九八一年
・松木武彦『「人はなぜ戦うのか」考古学からみた戦争』講談社選書メチエ　二〇〇一年
・光永真一『たたら製鉄』吉備人出版　二〇〇三年
・棟方武城『すぐわかる　日本の甲冑・武具』東京美術　二〇〇五年
・村井章介『北条時宗と蒙古襲来』日本放送出版協会　二〇〇一年
・森浩一編『日本古代文化の探究　鉄』社会思想社

一九七四年
・山本邦夫『埼玉武芸帳』さいたま出版会　一九八一年
・横浜市歴史博物館・埋蔵文化財センター編　特別展『「兵（つわもの）の時代」古代末期の東国社会』（財）横浜市ふるさと歴史財団　一九九八年
・ロバート・マーシャル著　遠藤利国訳『図説　モンゴル帝国の戦い　騎馬民族の世界制覇』東洋書林　二〇〇一年
・綿谷雪・山田忠史『武芸流派辞典』人物往来社　一九六三年

図版出典一覧

図1・12・30・46『大三島の太刀』監修・執筆　小笠原信夫　大山祇神社　一九九九年
図2・3・9・10・42～45　成東・鍾少異編著『中国古代兵器図集』中国解放軍出版　一九九〇年
図4・52・56・69　特別展　鉄のわざと武のこころ『日本のかたな』東京国立博物館　一九九七年
図5『みちのく古代 蝦夷の世界』大塚初重・岡田茂弘・工藤雅樹・佐原真・新野直吉・豊田有恒　山川出版　一九九一年
図6　西川明彦『日本の美術　第五二八号　正倉院の武器・武具・馬具』ぎょうせい　二〇〇九年
図7　石井昌国・佐々木稔『古代刀と鉄の科学』雄山閣出版　一九九五年
図8　津野仁「日本刀の成立過程―木柄刀と古代刀の変遷―」『考古学雑誌』第94巻第3号（二〇一〇年三月）
図11『「草創期の日本刀」反りのルーツを探る』佐野美術館・大阪歴史博物館・一関市博物館　二〇〇三年
図19a・b『伝頼朝像等三幅修理報告』京都国立博物館　一九八〇年
図20・23－②③⑤『華やかな日本刀　備前一文字』佐野美術館・林原美術館・大倉集古館・徳川美術館　二〇〇七年
図21　備前福岡合戦図（部分）備前福岡郷土館（岡山県瀬戸内市）
図23－④日本美術刀剣保存協会『第10回重要刀剣等図譜』
図23－⑤・34『長船町史』「刀剣編図録」長船町　一九九八年
図23－⑥・33・34・37『日本刀　京の名匠　来派の隆盛にみる』佐野美術館・文化庁・三島市　一九九九年
図27　著者撮影　二〇一二年
図29　中原信夫『詳説　刀の鑑賞（基本と実践）』二〇〇六年2刷
図31・53～55・79　明倫産業提供
図35　日本美術刀剣保存協会『第25回重要刀剣等図譜』
図36　右同『第13回重要刀剣等図譜』
表8－①右同『第21回重要刀剣等図譜』②同第7回　③同第6回　④同第42回　⑥同第31回　⑦同第18回
表8－⑤『日本刀大鑑　古刀篇二』大塚巧藝社　一九六七年

図47　笹間良彦『図録　日本の甲冑・武具事典』柏書房　一九九七年新装版
図48〜51　笠尾恭二『中国武術史大観』福昌堂　一九九四年
図60　井出正信『江戸の短刀拵え　コレクション』里文出版　一九九七年
図62　『東京国立博物館図版目録　刀装篇』大塚巧藝社　一九九七年
図66　丹羽基二『家紋』秋田書店、および熊本城ＨＰ
図68　得能一男『脇差入門』光芸出版　一九七五年
図70　日本美術刀剣保存協会『第23回重要刀剣等図譜』
図71　大槻文彦『実録伊達騒動』吉川弘文館　一九〇九年
図72　日本刀剣保存会提供　押形
図73　銀座長州屋提供
図74　『豪商鴻池―その暮らしと文化』大阪歴史博物館　二〇〇三年

あとがき

日本刀を通して歴史と文化を見ることは、やはり兵（つわもの）、武家の歴史を眺めることであって、その観点からいえることは、二一世紀の現在に至るまで、「武」の論理によって世界は動いているということである。「武」の論理とは、何か。

最期の決着は、「武」でつける

ということである。現代世界は、必死に「文」の論理で動こうとしていることも間違いがないと思うが、まだほど遠い状態に見える。

では、「武」の論理を貫徹させようとする武士のこころとは何かを考えれば、それは、そのままに「捨て置かぬ」精神と、筆者には思われた。御恩を与えられれば、奉公で返す。恥を与えられた時は、雪ぐ必要があり、侮られた時は、黙っておらず。あらゆる場面で「捨て置かない」のである。そして抜き差しならない所にまで至ったそのときは「武」で決着をつける。さればこそ「武家はおそろし※」いのである。またそうであったからこそ、武士たちは、最期の決着をつける時が至るまでに、賢明な回避努力をしてきたであろう。為政者の気侭、我欲によって、さらに大衆の抑えきれない奔流によって戦さがはじめられた時はこれ程悲惨なこともない。

武士は、善悪、吉凶、美醜の両端を併せ持った存在である。日本刀も然りである。長い歴史の中から「武」を最期の拠り所としないための知恵が生まれてくることを切に望む。

終わりに、拙論に上梓の機会を与えて頂いた雄山閣、そして編集部の羽佐田真一氏に感謝の意を表したい。

※『梁塵秘抄』巻二、第四四四番につぎの様にある。

鷲の棲む深山には
なべての鳥は棲むものか
同じき源氏と申せども
八幡太郎は恐ろしや

（『梁塵秘抄』榎克朗校注　新潮日本古典集成　新潮社　一九七九年）

日本刀が語る歴史と文化　索引

著者紹介

宮﨑 政久（みやざき　まさひさ）

1950 年大阪生まれ。1974 年大阪市立大学卒業。

刀剣の歴史・文化に関する論考を永年にわたり刀剣愛好家団体機関誌に掲載。

古武術柳生月神流三段（2002 年まで師範代理を務める）。

2018 年 3 月 10 日　初版発行　　《検印省略》

日本刀《にほんとう》が語《かた》る歴史《れきし》と文化《ぶんか》

著　者　宮﨑政久
発行者　宮田哲男
発行所　株式会社 雄山閣
東京都千代田区富士見 2-6-9
ＴＥＬ　03-3262-3231 / ＦＡＸ　03-3262-6938
ＵＲＬ　http: //www.yuzankaku.co.jp
e-mail　info@yuzankaku.co.jp
振　替：00130-5-1685
印刷・製本　株式会社 ティーケー出版印刷

ISBN978-4-639-02538-2　C0021
N.D.C.210　268p　21cm